民商法典型案例评析

（第1辑）

张平华　项先权　主　编
石文静　副主编

山东大学出版社
SHANDONG UNIVERSITY PRESS
·济南·

图书在版编目(CIP)数据

民商法典型案例评析.第1辑/张平华,项先权主编.—济南:山东大学出版社,2021.11
ISBN 978-7-5607-7166-3

Ⅰ.①民… Ⅱ.①张…②项… Ⅲ.①民商法—案例—分析—中国 Ⅳ.①D923.05

中国版本图书馆CIP数据核字(2021)第220534号

责任编辑 张韶明
文案编辑 刘晓燕
封面设计 王秋忆

出版发行 山东大学出版社
社　　址 山东省济南市山大南路20号
邮政编码 250100
发行热线 (0531)88363008
经　　销 新华书店
印　　刷 济南新科印务有限公司
规　　格 720毫米×1000毫米 1/16
　　　　 21印张 350千字
版　　次 2021年11月第1版
印　　次 2021年11月第1次印刷
定　　价 80.00元

前　言

张平华和项先权是博士同窗，具有深厚的友谊。2018年8月，二人同时萌生了助推法治营商环境建设的强烈愿望，希望通过分析典型案例来迈向具体的法治营商环境，以此方式既加深友谊，又以具体方式服务法治中国建设。为此，我们依托于山东大学法治营商环境研究中心和浙江新台州律师事务所开展具体工作。山东大学法治营商环境研究中心由张平华组织筹建，立足于营商环境建设的法律实践，致力于打造学术特色鲜明、学科背景交叉、综合实力雄厚的研究中心。浙江新台州律师事务所是由项先权担任主任的一家大型综合法律服务机构，先后荣获"浙江省优秀律师事务所""服务民营企业发展全国优秀律师事务所""浙江著名律师事务所"等荣誉称号，所内人员拥有丰富的实践经验和扎实的专业背景。我们召集有志之士，用近3年的时间完成了100余篇案例分析，每篇均采取"案例＋法律＋评析"的结构，其中案例尽量典型、真实、精炼，最终汇编成本书。本书由张平华和项先权担任主编，审定全稿。石文静担任副主编，负责统筹汇编工作，完成书稿的修改、编排等。董媛媛、刘涵、任亚平负责协助汇编，完成文稿的审校。20余名专家学者或青年才俊参与了书稿的撰写。

本书以"迈向具体的法治营商环境建设"为主题，结合建设一流营商环境的具体要求，从多个部门法出发撰写典型案例分析，分设了"民法、商法、知识产权法、行政法、刑法"等多个专题。其中，第一辑主要包含《民法典》总则编、物权编、合同编的相关内容，第二辑包含《民法典》人格权编、婚姻家庭编、继承编、侵权责任编，知识产权法，行政法，商法等相关内容。期待通过相关案例分析的撰写，能够为优化营商环境、助推经济社会高质量发展贡献法治智慧。限于组织者本身的学科背景，目前的选题主要围绕民法、商法领域而展开，未来还要进一步加大在行政法、劳动法、刑法等领域的选题。需要说明的是，本书历时较长，其间经历数个法律的颁行、修改。对此，本书采取的方式是，在分析具体案例时，以案件发生时生效的法律为准，同时在案例分析“相关规定”部分注明对应的新的法律条文，在“法理分析”部分说明新的法律生效后的变化。

在中国加快进行全面依法治国的进程中，每位社会成员都是法治中国的建设者、见证人、获益者，都应当作出我们力所能及的贡献。我们期待着以案例分析的方式阐释实践中的法理，能够推广法治信念，汇集法治共识，凝练法治思维，但限于能力和时间，作品肯定还很不成熟，有着这样那样的不足。我们期待着您能提出宝贵的意见，能加入我们的团队，一起来为法治的明天而奋斗！

编　者

2021 年 4 月 29 日

目　录

民法典专题·总则编

民法典专题·物权编

民法典专题·合同编

民法典专题

总则编

诉讼时效届满的债权能否主张抵销?

曹相见*

别人欠自己钱、自己也欠别人钱,法律上叫“互负债务”,反过来说就是互享债权。对此,没有学过法律的人也会想到互相“抵销”,法律上也确实把抵销作为债的清偿方式。那么,法律上的抵销应怎么正确行使?如果别人欠自己的钱超过了诉讼时效,能不能主张抵销呢?

一、案情与裁判

案件名称:厦门源昌房地产开发有限公司与海南悦信集团有限公司委托合同纠纷案

案件来源:最高人民法院(2018)最高法民再51号民事判决

案情简介:

2005年11月18日,悦信公司(再审被申请人、一审被告、二审上诉人)就受托办理厦门市“源昌山庄”项目地块开发所需部队手续一事,以承诺人的名义向源昌公司(再审申请人、一审原告、二审上诉人)和侯某出具《承诺函》:“本人确认截至2005年4月13日,已陆续收到源昌公司及侯某支付的委托费用2000万元;本人承诺于2006年1月28日之前完成委托事项,否则将于2006年2月18日前将2000万元委托费用全额退还源昌公司及侯某,逾期退还的,由侯某择选其他处置方式。”

2014年12月31日,源昌公司向悦信公司发出《关于再次通知2000万元债权债务互相抵销的函》,称其将相关款项支付给悦信公司后,因悦信公司未完成委托事项又未退还委托费用,要求其对悦信公司享有的2000万元债权与悦信

* 曹相见,吉林大学法学院副教授,法学博士,浙江新台州律师事务所疑案研究中心研究员。

公司对其享有的2000万元款项相互抵销。悦信公司否认收到该函。因悦信公司未偿还相关款项，源昌公司于2015年4月22日向厦门市中级人民法院提起本案诉讼，后因悦信公司提出管辖权异议，福建高院于2015年12月4日裁定案件移送海口中院处理。

另查明，2005年源昌公司与悦信公司协商投资合作事宜，悦信公司向源昌公司账户汇入投资款2000万元。2011年11月29日，悦信公司以其汇到源昌公司账上的2000万元系投资入股源昌公司的投资款为由，向福建高院起诉，请求判令源昌公司向悦信公司支付未分配投资权益款151402484元。2012年6月16日，福建高院判决驳回悦信公司的诉讼请求。2014年6月26日，悦信公司向海口中院提起诉讼，请求源昌公司返还2000万元款项及利息。2014年12月26日，源昌公司提起反诉，请求确认源昌公司有权将其对悦信公司的债权与债务抵销，后该院于2015年1月8日裁定不予受理。

一审判决

海口市中级人民法院经审理认为：(1)双方互负2000万元债务达数年之久，源昌公司一直认为其对悦信公司的债务与悦信公司对自己的债务已互相抵销，从而未向悦信公司主张权利。因悦信公司就其对源昌公司享有2000万元借款债权于2014年6月26日另案起诉后，源昌公司才知道其权利被侵害，故本案诉讼时效应从源昌公司收到该案起诉状时开始计算，源昌公司于2015年4月22日向厦门市中级人民法院提起本案诉讼，未超过法律规定的两年诉讼时效。(2)源昌公司对悦信公司享有的债权与悦信公司对源昌公司享有的债权不属于同一法律关系，故对源昌公司进行抵销的请求，本院不作处理，但其可在执行中主张抵销。

二审判决

海南省高级人民法院经审理认为：(1)按照《承诺函》约定，既然悦信公司没有如期取得“源昌山庄”项目地块开发所需手续，就应在2006年2月18日前向源昌公司及侯某返还2000万元，但悦信公司逾期未予返还，源昌公司在这个时候已知道自己权利被侵害。根据《民法通则》第135条规定，本案诉讼时效应自2006年2月18日起算，至2008年2月18日已经届满。一审判决认为源昌公司债权没有超过诉讼时效错误，应予纠正。(2)抵销是处分债权的行为，应由债权人将抵销的意思表示通知债务人，并自通知到达对方时方可生效。本案中，源昌公司虽主张其对悦信公司的2000万元债权与悦信公司对自己的2000万元债权已抵销,但源昌公司没有证据证明其曾在悦信公司起诉主张盈余分配前向悦信公司发出债务抵销通知,悦信公司也否认曾收到源昌公司的债务抵销通知,二者没有就抵销形成合意,且悦信公司对源昌公司的2000万元债权在一审判决之前是不确定的,源昌公司认为已抵销系其主观认识。因此,对源昌公司的主张不予支持。

再审判决

最高人民法院经审理认为:(1)源昌公司与悦信公司达成的共识是,如果悦信公司不能完成委托事项就应按时退还委托费用,故源昌公司在该期限于2006年2月18日届至时即有权向悦信公司主张权利,诉讼时效也从这个时候起算。源昌公司主张其在2014年6月26日悦信公司起诉源昌公司后才知道自己权利受到侵害,本案诉讼时效应从其收到悦信公司起诉状时起算,明显与诉讼时效制度中有关“可以确定履行期限的,诉讼时效期间从履行期限届满之日起计算”之规定相悖,源昌公司起诉本案确认债权已超过诉讼时效,原判决对此认定并无不当。(2)已经超过诉讼时效的债权是否能主张抵销,取决于两方面问题:一是源昌公司抵销权的形成,二是源昌公司抵销权的行使。

就第一个问题而言,按照《合同法》第99条第1款,法定抵销权的积极条件包括双方互负债务、债务均已到期,以及债务的标的物种类、品质相同。其中,债务均已到期应作如下理解:首先,双方债务均已届履行期;其次,双方债务各自从履行期届至,到诉讼时效期间届满的时间段内,存在重合的部分。本案中,源昌公司与悦信公司互负金钱债务,源昌公司的债权自2006年2月18日届至履行期,2008年2月17日诉讼时效经过;悦信公司的债权由于没有明确履行时间,根据《合同法》第62条第(4)项的规定,悦信公司可随时要求源昌公司退还。由于二者各自从履行期开始诉讼时效届满的时间内存在重合,应认为法定抵销权形成的积极条件已经具备。

就第二个问题而言,《合同法》第99条第2款规定了法定抵销权的行使:“当事人主张抵销的,应当通知对方。通知自到达对方时生效。抵销不得附条件或者附期限。”由此可见,通知只是法定抵销权的行使方式,抵销权成立后当事人是否及时行使抵销权通知对方,并不影响抵销权的成立。本案中,源昌公司行使抵销权之时虽已超出诉讼时效,但并不妨碍此前抵销权的成立。抵销通知是单方意思表示,意思表示只要到达对方,无需其同意即可发生抵销的法律后果,作为形成权,抵销权的行使不受诉讼时效限制。故而本案中双方互负的

2000 万元债务在(2012)闽民初字第 1 号案中源昌公司将债务抵销的举证证明目的告知悦信公司时即已抵销。二审法院认为不能抵销应予纠正。

二、相关规定

《合同法》第 99 条(《民法典》第 568 条):“当事人互负到期债务,该债务的标的物种类、品质相同的,任何一方可以将自己的债务与对方的债务抵销,但依照法律规定或者按照合同性质不得抵销的除外。当事人主张抵销的,应当通知对方。通知自到达对方时生效。抵销不得附条件或者附期限。”

《民法总则》第 188 条第 2 款(《民法典》第 188 条第 2 款):“诉讼时效期间自权利人知道或者应当知道权利受到损害以及义务人之日起计算。法律另有规定的,依照其规定。但是自权利受到损害之日起超过二十年的,人民法院不予保护;有特殊情况的,人民法院可以根据权利人的申请决定延长。”

《民法通则》第 137 条①:“诉讼时效期间从知道或者应当知道权利被侵害时起计算。但是,从权利被侵害之日起超过二十年的,人民法院不予保护。有特殊情况的,人民法院可以延长诉讼时效期间。”

三、典型案例或做法

案号	裁判立场
中国农业银行福建省分行营业部诉福清华信食品有限公司债权纠纷案/福建省福州市中级人民法院(2007)榕民初字第 575 号民事判决	《合同法》第 99 条关于法定抵销所规定的可用于抵销的债务应指合法成立且尚未消灭的债务,只要满足标的物种类、品质相同、已届清偿期,且不属于依照法律规定或者按照合同性质不得抵销的债务,都可列入允许行使抵销权的债务范围,包括超过诉讼时效的自然债务。

四、法理分析

本案中,就诉讼时效而言,显而易见,依《民法总则》第 188 条第 2 款、《民法通则》第 137 条,源昌公司对悦信公司的债权在 2008 年 2 月 18 日即已经过诉讼时效,因此,一审判决有误,二审、再审予以纠正是正确的。但本案的难点不在

① 2020 年 5 月 28 日,十三届全国人大三次会议表决通过了《民法典》,自 2021 年 1 月 1 日起施行。《民法通则》同时废止。

于诉讼时效是否经过，而是经过诉讼时效的债权能否向对方主张抵销。

法律上的抵销分为合意抵销、法定抵销。合意抵销只要当事人意思表示一致，即可进行抵销，债务是否到期，标的物种类、品质是否相同，在所不问。法定抵销是一种形成权，只需抵销权人的单方意思即可成立（《合同法》第 99 条第 2 款第一句："当事人主张抵销的，应当通知对方"）。但存在较为严格的构成要件：双方互负债务、债务已到期、标的物种类、品质相同（《合同法》第 99 条第 1 款规定："当事人互负到期债务，该债务的标的物种类、品质相同的，任何一方可以将自己的债务与对方的债务抵销，但依照法律规定或者按照合同性质不得抵销的除外"）。

由于缺乏悦信公司的抵销意思，所以本案不构成合意抵销，那是否构成法定抵销呢？源昌公司与悦信公司互相对对方享有债权，且均为金钱债务，因此互负债务、标的物种类与品质相同两个要件具备。问题只在于经过诉讼时效的债务是否仍然属于"到期债务"？从《合同法》第 99 条第 1 款的文义中无法直接得出结论。学说上存在两种不同意见：一是否定说，认为超过诉讼时效的债权，不得向对方主张抵销，否则相当于强迫对方履行自然债务（诉讼时效经过的债务）。二是肯定说，认为我国规定的诉讼时效过短，超过诉讼时效的债务也可以抵销，这并不违背抵销制度的规范目的。

再审判决既没有完全采纳否定说，也没有完全采纳肯定说，而是进行了一种折衷：只要在主张抵销的债权的诉讼时效期间内，被抵销债权的履行期也到了，抵销权就可以行使，至于什么时候来行使，则在所不问。由于在源昌公司对悦信公司的债权的诉讼时效经过前，悦信公司对源昌公司的债权也到了履行期，所以源昌公司对悦信公司的抵销权成立，即便后来经过诉讼时效才行使，也不存在法律障碍。

最后指出，从经营者的角度上说，为了预防风险，最好的选择仍然是在诉讼时效期间内行使法定抵销权（前提是抵销权存在）。在行使法定抵销权时，应以通知的方式作出。万一因疏忽没能及时地行使抵销权，则在抵销权形成要件具备的情况下也不要紧，因为经过诉讼时效的债权仍然可以向对方主张抵销。

利息债权的诉讼时效应如何确定?

刘耀东*

利息之债按是否已届清偿期可分为基本权利息之债与支分权利息之债。前者是尚未达清偿期的利息之债,从属于本金债权,诉讼时效与本金债权诉讼时效同时计算;后者是已届清偿期,而尚未清偿消灭的利息之债,与本金债权相分离而独立存在,具有独立性,诉讼时效与本金债权的诉讼时效应分别计算。基本权利息债权与支分权利息债权的区分,并异其诉讼时效的计算,时常为当事人及司法实践所忽略,实践中此类纠纷颇值注意。

一、案情与裁判

案件名称:中国农业银行股份有限公司陕县支行与方大炭素新材料科技股份有限公司、三门峡惠能热电有限责任公司金融借款合同纠纷二审案

案情来源:最高人民法院(2014)民二终字第147号民事判决

案情简介:

2004年8月27日,中国农业银行股份有限公司陕县支行(被上诉人、原审原告,以下简称陕县农行)与三门峡惠能热电有限责任公司(被上诉人、原审被告,以下简称惠能热电公司)签订了借款合同,方大炭素新材料科技股份有限公司(上诉人、原审被告,以下简称方大炭素公司)提供担保。截至2004年12月10日,陕县农行依约分七次向惠能热电公司发放借款1亿元整。因惠能热电公司没有按约定支付贷款利息,2007年12月20日,陕县农行向惠能公司送达了《贷款提前到期通知书》。同年12月21日,陕县农行向方大炭素公司送达了《担保人履行责任通知书》和《贷款提前到期通知书》。2009年10月27日,陕县

* 刘耀东,辽宁师范大学法学院副教授,法学博士,浙江新台州律师事务所疑案研究中心研究员。

农行再次向方大炭素公司送达了《担保人履行责任通知书》。

2010年3月10日，陕县农行诉至法院，请求判令方大炭素公司偿还惠能热电公司借款本金18700万元，利息10008244.49元(利息计算至2008年10月20日)，并承担案件全部诉讼费用。2012年10月22日，最高人民法院就该案作出(2012)民二终字第35号民事判决，判令惠能公司于判决生效后十日内偿还陕县农行借款本金18700万元、利息10008244.49元(计算至2008年10月20日)；方大炭素公司对第一笔借款8700万元人民币及利息4761976.52元(上述利息计算截至2008年10月20日)承担连带清偿责任，方大炭素公司对第二笔借款1亿元和利息承担连带清偿责任(利息按照合同约定的利率从2006年11月17日计算至2008年10月20日)。

2013年3月28日，陕县农行向河南省三门峡市中级人民法院提起诉讼，请求判令惠能热电公司偿还18700万元借款于2008年10月21日至2012年11月15日产生的利息共计81573427.83元，方大炭素公司承担连带清偿责任。

方大炭素公司抗辩认为：本案已超过诉讼时效。2009年10月27日陕县农行向方大炭素公司送达担保人履行责任通知书，本案诉讼时效延至2011年10月26日。2010年3月10日陕县农行起诉惠能热电公司、方大炭素公司偿还借款利息计算至2008年10月20日，据此陕县农行应于2012年3月9日前行使主张利息的权利，而且此时2010年案件审理尚未结束，陕县农行既可以追加诉讼请求，又可以另外起诉，但其始终未主张，直至2013年3月28日才向河南省三门峡市中级人民法院起诉，显然已超过诉讼时效。

一审判决

河南省高级人民法院经审理认为：本案中，陕县农行所主张的18700万元借款本金在2008年10月21日至2012年11月15日期间的利息，以陕县农行上一次2010年3月10日的起诉为时间节点，可以分为两部分：第一部分为2008年10月21日至2010年3月10日期间的利息，该部分利息在陕县农行2010年3月10日起诉时已经产生并开始独立计算诉讼时效期间，和2008年10月20日之前产生的利息按照借款合同约定虽然是分期计算，但仍属于同一债权，根据《最高人民法院关于审理民事案件适用诉讼时效制度若干问题的规定》第11条“权利人对同一债权中的部分债权主张权利，诉讼时效中断的效力及于剩余债权，但权利人明确表示放弃剩余债权的情形除外”的规定，陕县农行对这一时间段内利息的请求权因陕县农行2010年3月10日的起诉行为而发生诉讼时效中断的效果，而与陕县农行 2010 年 3 月 10 日的起诉相应的二审判决作出时间是 2012 年 10 月 22 日，2013 年 3 月 28 日陕县农行针对该部分利息提起诉讼，并未超过诉讼时效期间；第二部分是 2010 年 3 月 11 日至 2012 年 11 月15 日期间的利息，该部分利息在陕县农行 2010 年 3 月 10 日起诉时并未产生，作为清偿期尚未届至的利息之债，从属于本金之债，主张本金债权而发生的诉讼时效中断效力当然及于该部分利息债权。2010 年 3 月 10 日陕县农行针对 18700 万元借款本金提起诉讼，2012 年 10 月 22 日最高人民法院作出二审判决，该部分利息债权的最后一期计算到 2012 年 11 月送达时，故 2013 年 3 月 28 日陕县农行针对该部分利息提起诉讼，也未超过诉讼时效期间。惠能热电公司、方大炭素公司关于陕县农行提起本案诉讼已超过诉讼时效的抗辩理由不能成立，该院不予采信。判决：(1)惠能热电公司于判决生效后十日内偿还陕县农行借款本金 18700 万元在 2008 年 10 月 21 日至 2012 年 11 月 15 日期间的利息。(2)方大炭素公司对上述借款利息承担连带清偿责任。

方大炭素公司不服上述一审判决，向最高人民法院提起上诉。

二审判决

最高人民法院经审理认为：陕县农行在本案中主张 18700 万元借款本金于 2008 年 10 月 21 日至 2012 年 11 月 15 日期间产生的利息，其中 2008 年 10 月 21 日至 2010 年 3 月 10 日期间的利息在陕县农行 2010 年 3 月 10 日提起诉讼之时已经产生，属于已届清偿期而尚未清偿消灭的利息之债，诉讼时效应当独立计算。但该部分利息与 2008 年 10 月 21 日之前的利息同属于 18700 万元借款本金之债，属于同一债权。按照《最高人民法院关于审理民事案件适用诉讼时效制度若干问题的规定》第 11 条“权利人对同一债权中的部分债权主张权利，诉讼时效中断的效力及于剩余债权，但权利人明确表示放弃剩余债权的情形除外”的规定，陕县农行在 2010 年诉讼中对 2008 年 10 月 20 日之前利息主张权利而引起诉讼时效中断的效力及于本案利息债权。对于 2010 年 3 月 11 日至 2012 年 11 月 15 日期间的利息，因在 2010 年诉讼时尚未产生，属于清偿期尚未届至的利息之债，从属于本金之债，其诉讼时效与本金之债诉讼时效相同，因此陕县农行对于本金债权主张权利引起诉讼时效中断的效力及于该部分利息之债。2010 年的这一案件于 2012 年作出二审判决，至此诉讼时效期间重新起算，因此陕县农行在 2013 年 3 月 28 日提起本案诉讼时并未超过二年的诉讼时效期间。方大碳素公司上诉主张本案已超过诉讼时效，缺乏事实和法律依据，本院不予支持。综上，驳回上诉，维持原判。

二、相关法条

《民法总则》第 195 条(《民法典》第 195 条):“有下列情形之一的,诉讼时效中断,从中断、有关程序终结时起,诉讼时效期间重新计算:(一)权利人向义务人提出履行请求;(二)义务人同意履行义务;(三)权利人提起诉讼或者申请仲裁;(四)与提起诉讼或者申请仲裁具有同等效力的其他情形。”

《最高人民法院关于审理民事案件适用诉讼时效制度若干问题的规定》(法释〔2008〕11 号)第 11 条[《最高人民法院关于审理民事案件适用诉讼时效制度若干问题的规定》(法释〔2020〕17 号)第 9 条]:“权利人对同一债权中的部分债权主张权利,诉讼时效中断的效力及于剩余债权,但权利人明确表示放弃剩余债权的情形除外。”

三、典型案例或做法

案号	裁判立场
张家口蓝鲸大厦泛海酒店有限公司、张家口市田丰种业有限责任公司民间借贷纠纷二审案/河北省张家口市中级人民法院(2018)冀 07 民终 3149 号民事判决	本案中要查明利息是否超过诉讼时效的问题。亦即查明只主张本金债权,诉讼时效中断的效力是否及于利息债权。对于该问题的分析,应建立在对利息之债是否具有独立性的分析基础之上。利息之债按其法律性质,可分为基本权利息之债与支分权利息之债两种,上述两种利息之债的诉讼时效中断的效力并不相同。基本权利息之债即尚未达清偿期的利息之债,这种利息债权从属原本债权而存在,为原本债权的从权利,与原本债权同命运,在债的发生、移转、效力等方面具有从属性。基本权利息债权的诉讼时效与原本债权诉讼时效相同。支分权利息之债即已届清偿期,而尚未清偿消灭的利息之债。已届清偿期之利息债权,因已与原本债权分离而独立存在,故其具有独立性。支分权利息之债的诉讼时效与原本债权的诉讼时效不同,由于已届清偿期之利息债权的独立性,其与原本债权的诉讼时效应分别计算。在债权人主张原本债权的情形下,时效中断的效力并不及于支分权利息。本案中,蓝鲸公司与田丰公司、天富公司所签订的《保证担保借款合同》中约定“借款期限为一个月,自 2012 年 9 月 27 日起至 2012 年 10 月 26 日止,保证期间为借款到期日起两年”。因此,本诉的利息之债已届清偿期,与原本债权分离而独立存在,属于支分权利息之债,诉讼时效应从 2012 年 10 月 27 日起算,蓝鲸公司不能提供其在诉讼时效期间内向债务人及担保人主张过利息债权的相关证据,本案利息之债已过诉讼时效。原审法院判决驳回蓝鲸公司的诉讼请求并无不当,本院予以支持。

续表

案号	裁判立场
杨某棉、林某荣、万宁市景山大酒店与许某育民间借贷纠纷二审案/海南省第一中级人民法院(2015)海南一中民一终字第344号民事判决	由于上诉人未偿还借款本息，被上诉人于2006年8月向万宁市人民法院起诉要求上诉人偿还借款本金时，双方之间的利息之债已届清偿期，该利息属于支分权利息，因此本案中被上诉人起诉主张上诉人支付本金产生的诉讼时效中断的效力并不能及于利息债权。
卜某刚、杜某洁与常州环艺园林绿化工程有限公司、铜山县诚信花木有限公司等建设工程施工合同纠纷二审案/江苏省徐州市中级人民法院(2015)徐民终字第00482号民事判决	本案诉称的利息系已届清偿期而尚未清偿的支分权利息之债，因与原本的债权即工程欠款分离而具独立性，诉讼时效亦应分别计算。
苏州市吴江区盛泽小学与张某官民间借贷纠纷上诉案/江苏省苏州市中级人民法院(2014)苏中民终字第2076号民事判决	利息之债分为基本权利息之债和支分权利息之债。前者是尚未达清偿期的利息之债，是从属于本金之债的从权利，诉讼时效与本金之债诉讼时效同时计算；后者是已届清偿期，而尚未清偿消灭的利息之债，是与本金之债相分离而独立存在，具有独立性，诉讼时效与本金之债的诉讼时效分别计算。张金官所主张的从1994年10月15日起至2013年10月14日止的利息均已到期，属于支分权利息，诉讼时效应单独计算，即从该期间届满之次日起开始计算诉讼时效。其中2010年10月15日至2011年10月14日期间及以前的利息，在相应期间的最后1日到期，无诉讼时效中断的情形，至张金官起诉之日(2013年12月31日)，已超过2年的诉讼时效期间。2011年10月15日至2012年10月14日期间的利息于2012年10月14日到期，2012年10月15日至2013年10月14日期间的利息于2013年10月14日到期，至张金官起诉之日(2013年12月31日)，并未超过2年的诉讼时效期间。
苏某赵与张某坚、黄某艳与公司有关纠纷二审案/福建省永安市人民法院(2014)永民初字第389号民事判决	利息之债可分为基本权利息之债与支分权利息之债，本案利息系已到期利息，属支分权利息之债，支分权利息之债与本金债权不属于同一债权，因此对本金债权(投资款)主张权利，诉讼时效中断的效力不及于支分权利息之债。

四、法理分析

本案争议的焦点问题是对于陕县农行所请求的利息债权是否已过诉讼时效期间。

利息之债按其法律性质可分为基本权利息之债与支分权利息之债。利息之债成立后，债权人在本金之债消灭前，享有定期请求债务人给付利息的权利，此种抽象的请求权，乃是基于本金之债而发生，因此称为"利息之债的基本权"。基本权利息之债即尚未达清偿期的利息之债，这种利息债权从属本金债权而存在，为本金债权的从权利，其诉讼时效与本金债权诉讼时效相同。在债权人只主张本金债权或者基本权利息债权情形下，时效中断的效力及于相对应的基本权利息债权或本金债权。也就是说，基本权利息债权与本金债权同其命运，本金债权的发生、消灭、无效或被撤销，及于基本权利息之债。本金债权的担保，也同时为基本权利息债权的担保。

支分权利息之债，专指已届清偿期而尚未清偿消灭的利息债权。原本债权即使未届清偿期，已届清偿期的利息债权即分离而具有独立性。支分权利息之债可以与本金债权分离而单独转让，如果本金债权转让时，支分权利息债权尚未支付，则推定随同移转。正因为支分权利息之债具有独立性，独立于本金债权，所以其与本金债权的诉讼时效应分别计算，在债权人主张本金债权的情形下，时效中断的效力并不及于支分权利息之债。

就本案而言，陕县农行主张其18700万元借款本金于2008年10月21日至2012年11月15日期间产生的利息。其中2008年10月21日至2010年3月10日期间的利息在陕县农行2010年3月10日提起诉讼之时已经产生，与2010年3月10日诉讼中所主张的计算至2008年10月20日的利息同属于"支分权利息债权"，诉讼时效应当独立计算。并且该部分利息债权与2008年10月21日之前的利息同属18700万元借款利息之债，属于同一债权。根据《最高人民法院关于审理民事案件适用诉讼时效制度若干问题的规定》(法释〔2008〕11号)(以下简称《诉讼时效司法解释》)第11条规定："权利人对同一债权中的部分债权主张权利，诉讼时效中断的效力及于剩余债权"之规定，陕县农行在2010年诉讼中对2008年10月21日之前的支分权利息债权主张权利而引起诉讼时效中断的效力及于本案利息债权(即2008年10月21日至2010年3月10日的利息债权)。而对于2010年3月11日至2012年11月15日期间的利息，因在2010年诉讼时尚未产生，因而属于清偿期尚未届至的利息债权（基本权利息债权），从属于本金债权，故其诉讼时效与本金债权诉讼时效相同，因此陕县农行在2010年3月10日对于本金债权主张权利引起诉讼时效中断的效力及于该部分利息之债（即2010年3月11日至2012年11月15日的利息债权）。同时，因2010年3月10日陕县农行提起的本金之诉经最高人民法院二审判决于2012年11月4日生效，并判决惠能热电公司于判决生效后10日内偿还陕县农行借款本金18700万元及利息10008244.49元（计算至2008年10月20日）。因此，诉讼时效自2012年11月15日重新起算，2010年3月11日至2012年11月15日期间的利息债权也未超过2年诉讼时效期间（该案诉讼时效适用《民法通则》规定的2年，《民法典》已将诉讼时效改为3年）。

如何认定借贷纠纷中撤诉对诉讼时效的影响及还款责任?

董媛媛*

民间借贷中借款人未依据合同约定支付借款,但双方实际发生了多次金钱往来,而后就前一借款合同约定的借款数额加算新增利息再次签订合同,如何认定再次签订的合同效力以及借款金额;当事人起诉后因未缴纳诉讼费而按撤诉处理能否中断诉讼时效?下面结合审判实践,具体说明之。

一、案情与裁判

案件名称:宁乡中宇塑业有限公司等与黄某明民间借贷纠纷再审案

案情来源:最高人民法院(2019)最高法民申1151号民事裁定

案情简介:

2014年8月30日,宁乡中宇塑业有限公司(再审申请人、一审被告、二审上诉人,以下简称中宇公司)股东会决议以公司名下土地及房产作抵押向黄某明(被申请人、一审原告、二审被上诉人)借款2500万元,股东一致同意对借款承担连带责任。同年9月1日,黄某明与中宇公司签订《借款协议书》约定:中宇公司向黄某明借款2500万元并提供抵押担保,月息2%,借款期限为2014年9月1日至12月1日止;同日签订《房地产抵押合同》,约定该公司以其房产为借款提供担保。同年9月10日,中宇公司、张某连(中宇公司法定代表人、再审申请人、一审被告、二审上诉人)、钟某春(再审申请人、一审被告、二审上诉人)作为共同借款人与黄某明签订了《抵押借款合同》,约定中宇公司以名下土地和房产作为借款的抵押财产并办理了抵押登记。同年9月16日,张某连、钟某春

* 董媛媛,烟台大学法学院硕士研究生,浙江新台州律师事务所疑案研究中心研究员。

向黄某明出具内容为“今借到黄某明 2845 万元，本人承诺于 2014 年 12 月 1 日一次性归还。如未按期归还则支付违约金”[特别注明：截至 9 月 16 日共欠 2545 万元，另加毛某安（一审被告）担保的 300 万元，共计 2845 万元。之前所有条据作废]的借条，同时毛某安作担保人在借条上承诺对借款承担无限连带责任。黄某明曾于 2016 年 7 月 6 日向法院起诉，因未交诉讼费按撤诉处理，后又起诉请求判令中宇公司、张某连、钟某春偿还借款本金 2845 万元及利息、逾期利息，毛某安承担连带清偿责任，并由被告共同承担诉讼费。经查，2014 年 2 月至 9 月期间，双方多次发生资金往来，经统计：截至 9 月 16 日，共欠黄某明本金 672 万元。

一审判决

湖南省长沙市中级人民法院经审理认为：（1）本案是否超过诉讼时效问题。原告曾于 2016 年 7 月 6 日提起诉讼，虽后因未交诉讼费而按撤诉处理，但诉讼时效因此中断并从当日重新起算，故未超过诉讼时效。（2）本案借款主体问题。案涉三份合同及借条皆系真实意思表示且内容未违反法律、行政法规的强制性规定，故合法有效，双方应依约履行义务。经核实案涉合同和借条上签名与签章，认定中宇公司、张某连、钟某春系本案的共同借款人，毛某安系连带责任保证人。（3）关于借款数额和还款数额。截至 2014 年 9 月 1 日时，张某连、钟某春、中宇公司已还本金，尚不对黄某明负担债务，故暂不计息。截至同年 9 月 16 日，共欠黄某明本金 672 万元，借款利息 14800 元及后续新增利息（月利率 2%，自 2014 年 9 月 16 日起计算至清偿之日止）。

一审判决后，被告中宇公司、张某连、钟某春均不服提起上诉。

二审判决

湖南省高级人民法院经审理认为：（1）关于黄某明起诉是否超过诉讼时效。2016 年 7 月 6 日黄某明向一审法院起诉，诉讼时效即中断，故重新起算后尚未超过诉讼时效。（2）借款人如何认定以及应当承担何种法律责任。案涉合同及借条均系当事人真实意思表示且内容未违反法律、行政法规的强制性规定而认定为有效。以签章和签名认定三上诉人系本案的共同借款人并承担还款责任，毛某安为保证人并承担连带清偿责任。2014 年 9 月 16 日签订合同后黄某明未付款，故该合同未生效。民间借贷合同系实践性合同，2014 年 9 月 1 日《借款协议书》应视为对之前借款往来的结算，合同数额应以中宇公司等未付黄某明的本金认定，借款利息按合同约定。（3）借款本金与还款本息数额如何认定。中宇公司等未能提供证据证明其主张汇入孟某新等人的款项系黄某明受领，故不计入本案债务。(4)黄某明是否系职业放贷人。尚无证据证明有人在钟某春厂里闹事、案涉委托付款人与其他人存在民间借贷纠纷的行为系黄某明指使或与其有关。综上，驳回上诉，维持原判。

再审裁定

最高人民法院经审理认为：(1)黄某明提起本案诉讼是否超过诉讼时效。黄某明于2016年7月6日提起诉讼的行为，不论是否撤诉，均产生诉讼时效中断的法律效果，其再次提起本案诉讼时尚在重新计算的2年诉讼时效期间内。(2)本案借贷关系的主体如何认定。案涉合同与借条均系各方当事人真实意思表示且内容合法，对其效力予以认可。就签章及签名来看，中宇公司、张某连和钟某春应被认定为本案的借款人。上述合同签订后黄某明已支付部分款项，且张、钟二人为其办理了抵押登记，故本案借款合同已生效并履行。《借条》虽载明之前的条据作废、欠款为2845万元，但《借款协议书》未履行，故借贷金额应以实际款项往来为依据。(3)本案借还金额应如何认定。中宇公司等主张委托付款函系伪造，但未提出相反证据。《委托付款函》载明黄某明委托唐某向毛某安支付143万元，毛某安也实际收到该款项。《借条》载明毛某安为无限连带担保人，原审认定该款项属本案债务并无不当。中宇公司等未提供证据证明汇入孟某新等人的款项系黄某明受领，故不计入债务。其亦未提供充分证据证明黄某明和谭某等人是职业放贷人，本院不予采信。综上，驳回中宇公司、张某连、钟某春的再审申请。

二、相关规定

《合同法》第210条(《民法典》第680条第2、3款)：“自然人之间的借款合同，自贷款人提供借款时生效。”

《民法通则》第135条(《民法典》第188条第1款)：“向人民法院请求保护民事权利的诉讼时效期间为二年，法律另有规定的除外。”

《最高人民法院关于审理民事案件适用诉讼时效制度若干问题的规定》(法释〔2008〕11号)第12条[《最高人民法院关于审理民事案件适用诉讼时效制度若干问题的规定》(法释〔2020〕17号)第10条]：“当事人一方向人民法院提交起诉状或者口头起诉的，诉讼时效从提交起诉状或者口头起诉之日起中断。”

《最高人民法院关于适用〈中华人民共和国民事诉讼法〉的解释》(法释

〔2015〕5号)第108条第1款[《最高人民法院关于适用〈中华人民共和国民事诉讼法〉的解释》(法释〔2020〕20号)第108条第1款]:"对负有举证证明责任的当事人提供的证据,人民法院经审查并结合相关事实,确信待证事实的存在具有高度可能性的,应当认定该事实存在。"

三、典型案例或做法

案号	裁判立场
侯某江、侯某河金融借款合同纠纷案/河南省高级人民法院(2018)豫民申9588号民事裁定	本院经审查认为,关于再审申请人认为依据最高法《2011年民事审判工作会议纪要》《民事审判指导与参考》《审判监督指导》相关精神及《海商法》第267条的规定,起诉后撤诉不能产生诉讼时效中断的主张,原审法院认为最高人民法院参考意见不属于法律规定,《海商法》为特别法不适用本案并无不当。提交起诉状和口头起诉都能引起诉讼时效的中断,故再审申请理由不能成立。
广东中人集团建设有限公司、凤某东民间借贷纠纷上诉案/安徽省芜湖市中级人民法院(2020)皖02民终645号民事判决	关于本案诉讼时效问题是否超过,当事人一方向法院提交起诉状或口头起诉之日起诉讼时效中断,本案收据未约定还款期限,故凤立东可随时向中人集团主张。凤立东于2014年4月7日向法院提起诉讼,该日诉讼时效即发生中断。但其撤诉后,在2015至2017年期间催讨过借款,最后追讨时间为2017年,至2019年7月向法院起诉未超过3年的诉讼时效。
徐某青诉孙某圆、金某仙民间借贷纠纷上诉案/浙江省台州市中级人民法院(2011)浙台商终字第297号民事判决	本案的争议焦点在于,能否据当事人出具的借条认定借贷事实已经真实发生。根据《合同法》规定,自然人之间的借款合同属于实践性合同,只有存在借贷合意且贷款人提供了借款,借款关系才告成立。对于本案数额较大且债务人提出异议的借款,债权人还应当对借贷合意、款项交付等借款事实的发生承担证明责任。上诉人仅提供一份借条,未能证明其已交付借款。故上诉人的诉讼请求依据不足,驳回上诉。
广西融海房地产开发有限公司与广西壮族自治区德保县糖厂借款担保合同纠纷再审案/最高人民法院民事裁定(《民事审判指导与参考》2011年第3辑,总第47辑)	本院认为,撤诉只表明处分诉讼权利而并未处分实体权利,且本案中起诉状副本等已送达该糖厂,发生诉讼时效中断效力。最高法批复(民他字〔1999〕第12号)中明确:当事人向法院起诉,应视为诉讼时效中断,经法院准予撤诉后又起诉的,诉讼时效期间应从裁定准予撤诉之日起重新计算。法律未限制当事人必须向有管辖权的法院起诉才能引起诉讼时效中断,即使诉错法院,但其向法院请求保护民事权益的意思表示明确。法院以诉讼标的额中的部分予以立案的,诉讼时效中断效力及于全部债权。

四、法理分析

首先，起诉后撤诉不影响诉讼时效中断。撤诉包括申请撤诉和因未及时缴纳诉讼费、未到庭、未经许可退庭等按撤诉处理之情形。根据《最高法关于审理民事案件适用诉讼时效制度若干问题的规定》第 12 条，只要当事人向法院提交起诉状或者口头起诉，诉讼时效随即中断。本案《借款协议书》和《借条》均约定于 2014 年 12 月 1 日前还款。黄某明于 2016 年 7 月 6 日向法院起诉后，虽因未交诉讼费而按撤诉处理，但不论其是否撤诉均引起诉讼时效中断。根据《民法通则》第 135 条的规定，2017 年 3 月 27 日黄某明再次提起本案诉讼时未超过重新计算的 2 年诉讼时效期间。

其次，以合同内容履行情况认定借贷关系主体及其责任。中宇公司在 2014 年 9 月 1 日的《借款协议书》和《房地产抵押合同》以及 2014 年 9 月 10 日的《抵押借款合同》上签章，张、钟二人在该《抵押借款合同》借款人处和 2014 年 9 月 16 日的《借条》中签名，故前三者系共同借款人并承担还款责任，毛某安于《借条》保证人栏签名系作为保证人承担连带清偿责任。上述合同系双方真实意思表示且内容未违反法律、行政法规的强制性规定，故《借条》作为新借款合同有效。根据《合同法》第 210 条规定，自然人之间的借款合同，自贷款人提供借款时生效。《借条》虽载明以前的条据作废和最终结算欠款为 2845 万元，但《借款协议书》签订后因未依约支付 2500 万元而未生效，借款合同系实践性合同，故借贷金额应以实际款项往来确定，《借条》应视为对实际发生的借贷关系及债务人身份的确认。

最后，结合举证证明的实际款项往来认定还款金额。民间借贷出借人应对是否存在借贷关系、借贷约定内容、是否付款等事实承担举证责任，借款人应就其主张已偿还的借款承担举证责任。本案结合实际借款往来事实和证据查明欠款本金为 672 万元。其中关于借款争议部分，黄某明提供《委托付款函》证明其通过委托付款向债务人指定的毛某安的账户付款且毛某安作为连带保证人与本案借贷关系具有密切联系，故认定该款项属主债务一部分。中宇公司和张、钟二人未能证明其向他人多次汇款与本案债务偿还的关系，黄某明亦未收到该款项，故不计入债务数额，其可另行向该收款人主张。

关于起诉后撤诉能否中断诉讼时效的具体法律规定，仅《海商法》中规定：

"请求人撤回起诉、撤回仲裁或者起诉被裁定驳回的,时效不中断。"但其属特别法仅适用于海上运输和与船舶有关的特定社会关系。除此以外,司法实践中当事人向法院提交起诉状或者口头起诉即中断诉讼时效,而不论撤诉原因为何,亦不以诉讼文件送达债务人为前提。

为实现债权的合法自助行为无须承担法律责任

曹相见

当前，社会总体诚信体系尚不完善，许多人欠债不还做起了老赖，营商环境有待进一步提高。如果偶遇避而不见的债务人，可不可以采取合法措施要求还钱？在采取措施的过程中，如果债务人发生了意外，要不要承担法律责任？

一、案情与裁判

案件名称：陈某容、陈某荣、陈某1诉陈某3、吴某平、李某国、周某勇生命权纠纷案

案件来源：重庆市第一中级人民法院(2018)渝01民终2518号民事判决

案情简介：

陈某容(原告)系陈某2的妻子，陈某荣(原告)系陈某2的父亲，陈某1(原告)系陈某2的女儿。因刘某(陈某2前妻，案外人)未归还借款，陈某3(被告)曾于2013年10月起诉刘某和陈某2，重庆市渝北区人民法院审理后判令刘某和陈某2共同偿还陈某3的借款本金470000元及利息。判决生效后，陈某3与刘某达成执行和解：刘某在2014年12月31日前支付陈某3三万元，以后每月支付5000元；若刘某逾期不履行则恢复执行；若发现陈某2有可供执行的财产，可随时要求执行陈某2。后陈某3未发现过陈某2，债权尚未实现。

2017年9月27日晚，陈某3与周某勇(被告)、李某国(被告)等人在某KTV消费。凌晨左右，陈某3在前台发现陈某2等人，遂上前要求还款，陈某2否认债务存在。陈某3便抓住陈某2的胳膊，并联系其丈夫即吴某平(被告)。周某勇报警。随后，吴某平携带法院判决等材料来到现场。其间，陈某3电话联系之前执行案件的承办人未果。陈某2和陈某3等人约定到附近的回兴派出所解决问题。派出所工作人员称经济纠纷应通过司法途径解决。双方便商

定天亮后到重庆市渝北区人民法院处理。后陈某3、周某勇离开，剩下吴某平、李某国、陈某2在派出所。

在等待天亮的过程中，陈某2两次到旁边的重庆芳华医院上卫生间，吴某平和李某国跟随左右，并在卫生间外等候。早上五点左右，陈某2给陈某容发信息告知所发生事情，并让陈某容去找他拿钥匙将卡里的钱取出。五点半左右，陈某2第三次上卫生间。吴某平和李某国等候在外，一直没见陈某2出来便开始寻找，后在该卫生间窗户墙侧的楼下马路上发现陈某2。吴某平、李某国联系了民警，民警联系了医护人员。医护人员赶到后将陈某2送至医院抢救，后陈某2抢救无效死亡。

一审判决

重庆市渝北区人民法院经审理认为：

(1)陈某3的债权经过人民法院判决和执行均未得到实际清偿。2017年9月27日晚，陈某3无意间遇到了债务人陈某2，拨打报警电话向执行法官寻求公力救济，并拉住陈某2胳膊要求其偿还债务，其行为没有超过合理限度，不属于侵权行为。

(2)从陈某3发现陈某2到吴某平携带债权的相关证明文件到场，到陈某3等人拨打报警电话和执行法官电话，再到双方一同来到回兴派出所解决债务问题，最后到吴某平、李某国和陈某2一同等待天亮到重庆市渝北区人民法院解决债务纠纷，双方未发生过肢体冲突，陈某2可以自由活动和收发手机信息，该过程亦不存在侵权行为。

(3)陈某2上卫生间的时候，吴某平和李某国在卫生间外楼道等待，其目的是要保证天亮后双方均能够到达法院以便解决债务问题，而非以此方式获得非法利益，故其主观上没有侵害陈某2人身利益的故意或者过失，该行为并未超过自力救济的合理限度，故不属于侵权行为。

二审判决

重庆市第一中级人民法院经审理认为：

(1)被上诉人不存在超出法律规范的、产生直接侵犯他人身体、导致本案后果发生的加害行为。陈某3与陈某2之间的债权债务关系已经由生效判决确认，陈某3向重庆市渝北区人民法院申请执行后，陈某2一直未履行法定义务。时隔几年后，陈某3与陈某2偶然相遇，为保障债权实现，预防陈某2再次隐匿，债权人陈某3扭住陈某2，同时拨打电话寻求帮助，同行的周某勇则拨打报警电话，吴某平和李某国在派出所期间时刻关注陈某2，在陈某2上卫生间过程中，予以跟随和在卫生间外面守候，但均未与陈某2发生过肢体冲突，故不存在加害行为。

(2)被上诉人陈某3等人的行为并不存在过错。陈某3一方的目的在于实现其合法债权，一方面，拨打报警电话、致电执行法官、一起到派出所说明情况，另一方面，在派出所等候期间，密切关注陈某2的动向，甚至连陈某2上卫生间也予以跟随、守候，以确保天亮后一同去法院解决案件执行问题。陈某2最终从卫生间跳窗的事实表明了前述行为确有必要。在整个过程中，被上诉人均无侵害陈某2生命权的故意或过失，亦无法预料到陈某2的死亡结果。

(3)被上诉人陈某3等人的行为与陈某2的死亡结果并无因果关系。陈某2作为一名成年人，对跳窗可能带来的损害后果应有足够的认知，而且，正如前面分析所言，就算是其人身安全真的受到威胁，完全可以寻求正当保护，并对自己人身安全可能受到的威胁所致的损害与跳窗可能带来的损害之间亦应有所比较和判断。被上诉人的前述行为并不必然导致陈某2跳窗死亡，本案陈某2的死亡结果与被上诉人的行为之间并不存在因果关系。

综上，上诉人陈某容、陈某荣、陈某1的上诉请求不能成立，应予驳回；一审判决认定事实清楚，适用法律正确，应予维持。

二、相关法条

《民法典》第1177条："合法权益受到侵害，情况紧迫且不能及时获得国家机关保护，不立即采取措施将使其权益受到难以弥补的损害的，受害人可以在必要范围内采取扣留侵权人的财物等合理措施，但是应当立即请求有关国家机关处理。受害人采取的措施不当造成他人损害的，应当承担侵权责任。"

三、典型案例或做法

案号	裁判立场
长沙华远汇成商业有限公司与湖南艾玛兰达珠宝有限公司租赁合同纠纷案/长沙市天心区人民法院(2017)湘0103民初4639号民事判决	自助行为是人性中所共同渴望和生活中所必不可少的行为和价值理念。我国民法未规定自助行为，在此背景下，应首先对照法律有无规定行为人可有权采取的自力救济措施，在法律未作具体规定时，应从双方约定以及自助行为的紧迫性、必要性以及有无超过必要限度等方面自由裁量。实施自助行为后，行为人有义务及时向有关国家机关申请援助，请求解决处理。本案中，原告在自行收回经营场地时并不是情况紧急，而且事后也没有及时向国家机关申请援助，也未被国家机关事后认可，应该承担民事赔偿责任。

续表

案号	裁判立场
临沂市兰山区星火广告传媒有限公司、临沂海诺置业有限公司财产损害赔偿纠纷案/临沂市中级人民法院(2018)鲁13民终3950号民事判决	学理上一般认为,自助行为需具备以下要件:第一,须因保护自己的权利;第二,行为人自身权利受到威胁;第三,须来不及请求公力救济;第四,须非采取该行为,则以后权利无法实现或难以实现;第五,须采取恰当的自助方式;第六,自助行为不得逾超保全请求所必要之程度。

四、法理分析

关于自助行为,包含《民法通则》《民法总则》在内的现行法未予规定。不过,理论与实践均承认其存在的合理性。为此,《民法典》第1177条规定:"合法权益受到侵害,情况紧迫且不能及时获得国家机关保护,不立即采取措施将使其权益受到难以弥补的损害的,受害人可以在必要范围内采取扣留侵权人的财物等合理措施,但是应当立即请求有关国家机关处理。受害人采取的措施不当造成他人损害的,应当承担侵权责任。"

值得注意的是,本案二审法院的说理,主要围绕侵权责任的构成要件进行,这就是否侵害陈某2的人身自由权而言,是正确的。但就自助行为而言,其作为一种侵权责任的抗辩事由,无须以侵权责任构成要件为对照,也就是说,即便不符合侵权责任构成要件,自助行为也因不具备违法性(过错),从而免除行为人的责任。因此,自助行为有自己的构成要件。依《民法典》第1177条,自助行为的构成要件如下:

一是权益受到损害且又事出紧急。"权益受到损害"容易理解,所谓事出紧急,应指情况紧迫不能及时获得国家机关保护,不立即采取措施将无法有效保护权益。这又包含两种情况:一是原本圆满的权益受到突然侵害,不立即采取措施无法有效保护权益;二是权益一直处于不圆满(未实现)状态,不立即采取措施无法有效实现权益。本案中,陈某2作为债务人一直处于藏匿状态,导致被告人陈某3的权益一直处于未实现状态;且陈某3等人发现陈某2后,联系案件承办人未果,到派出所解决问题时,被告知到法院处理,但当时还不到法院上班时间,故符合第二种情形。

二是在必要范围内采取合理措施。对这一要件的判断,应采取比例原则。

比例原则包含三个子原则，即妥当性原则、必要性原则和均衡原则，分别指代目的正当、采最小损害之手段、手段与目的之间要成比例或相称。就本案而言，陈某3在KTV发现陈某2后，虽有同行的周某勇、李某国等人在场，但其只是“抓住陈某2的胳膊”，同时联系其丈夫吴某平。周某勇则报了警。吴某平赶到现场时，也只是携带债权证明材料，旨在证明陈某2所负债务。直到到派出所，双方均未发生肢体冲突。即便在陈某2上洗手间的过程中，吴某平、李某国等候在外，但也只是防止陈某2不去法院处理债务，陈某2坠楼身亡，不是被告行为造成的，陈某3等人的目的正当、手段无害，手段与目的之间相称无疑。

三是在采取措施后要及时请求国家机关处理。文明社会的基本特征，就是国家垄断强制力。但国家力量是有限的，在发生侵害时，公力救济往往不能及时到位，此时就应赋予公民相应的防卫与自助权，二者相得益彰。但在国家力量可及的范围内，仍应限制私力救济，以维持国家权威和社会秩序。本案中，陈某3抓住陈某2胳膊后，周某勇报警，吴某平赶来后，双方又协商到附近的回兴派出所解决问题；在派出所工作人员建议其通过司法途径解决纠纷后，双方便商定天亮后到重庆市渝北区人民法院处理，应认为尽到了采取措施后及时请求国家机关处理的义务。

综上，陈某3等人的行为符合自助行为的构成要件，不应承担民事责任。

新车瑕疵未告知的，一概算欺诈吗？

曹相见

像汽车一类的消费品，技术高端、工艺复杂，为保证其性能，售前检查不可或缺。在此过程中，发现瑕疵的合理范围是什么？如果没有告知消费者，又是否构成欺诈？

一、案情与裁判

案件名称：邓某华诉上海永达鑫悦汽车销售服务有限公司买卖合同纠纷案

案件来源：上海市第一中级人民法院（2017）沪01民终7144号民事判决

案情简介：

2016年8月30日，邓某华（原告）至上海永达鑫悦汽车销售服务有限公司（被告，以下简称永达公司）下属的永达一汽大众申江店订购轿车一辆。同年10月2日，被告向原告交付系争车辆及三包凭证、保单、售前检查证明（落款显示当日出具）等材料。系争车辆维修记录显示：2016年9月12日，维修项目“拆装后保、后保整喷”，里程数1公里；同年10月23日，维修项目“走合检查、检查130码方向盘是否抖动、一年7500km内做首保”，里程数1610公里；同年10月27日，维修项目“两前轮换位、检查行驶跑偏、陪同客户试车正常”，里程数1797公里。

审理中，被告向一审法院提供一汽大众销售有限责任公司（案外人）出具的情况说明及被告永达公司的任务派工单，欲证明2016年9月12日维修记录系在根据厂方要求为系争车辆做售前检查（PDI）时发现车辆“后保险杠倒车雷达处轻微破损漆面”，对车辆进行的售前修复。原告邓某华对此不予认可。

法院向一汽大众销售有限责任公司工作人员核实车辆从生产厂商到消费者手中的操作流程，并向其出示系争车辆的维修记录。该工作人员表示，车辆里程数1公里基本是车辆从生产厂商下线没有驾驶过的状态，拆装后保和后保整喷有可能是油漆工艺问题，如若是事故车辆就可能涉及保险杠更换、车身钣金及零件更换等维修项目；关于交付车辆后系争车辆的走合检查、动平衡检查、检查行驶跑偏等项目，均系常规检查，和是否为事故车辆无关。该工作人员同时确认售前检查（PDI）为生产的延续，是经销商根据厂商要求在车辆交付前应做的检查。

邓某华遂以永达公司未告知车辆维修情况存在欺诈为由提起诉讼，请求判令永达公司退还其购车款并赔偿三倍价款。

一审判决

上海市浦东新区人民法院经审理认为：原告邓某华、被告永达公司双方对于系争车辆于交付前有过维修记录，交付后亦进行过维修的事实不存在争议，本案争议焦点在于被告是否隐瞒系争车辆未交付即被使用、维修的事实，侵犯原告作为消费者的知情权，构成欺诈。被告辩称2016年9月12日的维修记录系在根据厂方要求为系争车辆做售前检查（PDI）时发现车辆后保险杠部位有轻微的外观瑕疵，对车辆进行的售前修复。结合法院向案外人一汽大众销售有限责任公司调查核实的情况，法院认为被告的辩称具有一定的合理性，予以采信。系争车辆于交付后的两次修理，也系车辆使用人故障描述后进行的常规检查，不能据此证明系争车辆存在重大质量问题。综上，根据现有证据及查明事实，无法认定被告的销售行为构成欺诈。

二审判决

上海市第一中级人民法院经审理认为：（1）永达公司实施的维修行为已经超出车辆正常售前检测的合理范畴。汽车售前质量检测的目的，在于判断车辆是否符合应有的安全标准和质量要求。只有属于该目的范围内的检测才可以被归于PDI检测。永达公司在二审中辩称，其为保证上诉人邓某华取得符合厂方规定的无瑕疵车辆，才对车辆的瑕疵部位进行维护。“拆装后保、后保整喷”项目，是永达公司对车辆进行售前PDI检测时所进行的合理维护，所需工时极少，并非重大维修，PDI维修是生产过程的延续。对此，需要指出，“维护”与“维修”存在重大区别。“维护”是指保全、保护，使免遭到破坏；“维修”是指维护和修理。一方面，永达公司称对系争车辆瑕疵部位进行维护；另一方面，又自认“拆装后保、后保整喷”属于维修项目，存在自相矛盾之处。

永达公司实施的行为是对系争车辆的后保险杠外观瑕疵予以“拆装后保、

后保整喷"的维修，该行为与PDI检测之间并不存在必然的联系。从常理分析，车辆出厂时应属已检验合格，原装完好，并不需要再实施"拆装后保、后保整喷"的维修，永达公司亦未就此项维修应纳入PDI检测的合理性进行举证证明。基于上述分析，永达公司实施的"拆装后保、后保整喷"行为更符合后续修理的特征，已经超出了车辆售前正常维护和PDI质量检测的应有含义和合理范畴，有违消费者对"新车"的认知标准。按照一般消费者的心理，新车是指全新、未经使用、未经维修的车辆。本案中，超出正常维护范围的拆装后保险杠、漆面维修显然不符合上述一般消费者对于新车的认知和理解。被上诉人永达公司对系争车辆进行的油漆修补与原厂喷漆存在着工艺和质量上的差异，此类维修亦不能使车辆部件和整车外观恢复至原装状态。

（2）根据《消费者权益保护法》关于保护消费者知情权和选择权的有关规定、被上诉人永达公司交付新车的合同义务以及交易上所要求的信义义务，永达公司理应交付未经维修或使用的无瑕疵新车。一旦其交付的车辆存在瑕疵并经维修，永达公司应负有说明义务，须告知上诉人邓某华瑕疵维修的事实；同时邓某华也有权期待永达公司对维修事实作出说明，因为这些信息会对消费者选择权的行使和真实意思表示产生直接影响。按照一般消费心理，消费者通常会放弃购车或在更有利于自己的价格条件下购车。本案中，被上诉人永达公司就车辆瑕疵及维修事实应负有告知义务，但纵览全案真实情况，其并未履行该项义务，使上诉人邓某华陷入错误认识，构成故意隐瞒。

二、相关规定

《消费者权益保护法》第8条第1款："消费者享有知悉其购买、使用的商品或者接受的服务的真实情况的权利。"

《消费者权益保护法》第23条："经营者应当保证在正常使用商品或者接受服务的情况下其提供的商品或者服务应当具有的质量、性能、用途和有效期限；但消费者在购买该商品或者接受该服务前已经知道其存在瑕疵，且存在该瑕疵不违反法律强制性规定的除外。"

《消费者权益保护法》第55条："经营者提供商品或者服务有欺诈行为的，应当按照消费者的要求增加赔偿其受到的损失，增加赔偿的金额为消费者购买商品的价款或者接受服务的费用的三倍；增加赔偿的金额不足五百元的，为五百元。法律另有规定的，依照其规定。"

《合同法》第153条(《民法典》第615条):“出卖人应当按照约定的质量要求交付标的物。出卖人提供有关标的物质量说明的,交付的标的物应当符合该说明的质量要求。”

三、典型案例或做法

案号	裁判立场
乐某、贵州中星宝汽车服务有限公司买卖合同纠纷案/贵州省贵阳市中级人民法院(2018)黔01民终9346号民事判决	涉案车辆轮毂更换,中星宝公司在交付车之前通过与乐某微信沟通,通过升级“大包围”方式提升案涉车辆更多使用性能,其中即包含车辆轮毂升级更换,涉案车辆轮毂由17英寸更换为18英寸,该行为在一般汽车销售意义上来说是对车辆配置的升级,在提升车辆外观及在轮胎扁平比高的情况下,提高汽车的操控稳定性。中星宝虽未将问题及情况告知乐某,但未予告知的信息并不属于影响乐某购车根本目的的重要信息,无证据证明中星宝公司存在隐瞒案涉车辆重要信息的主观故意,该类轻微问题也并不属于明显超出一般消费者心理所能承受范围之特殊事件,故不构成欺诈。

四、法理分析

按照合同法基本原理,销售商交付的新车应当符合约定的质量,并全面履行自己的义务。《消费者权益保护法》也规定,经营者应当保证在正常使用商品或者接受服务的情况下其提供的商品或者服务应当具有的质量、性能、用途和有效期限,并赋予了消费者知情权。但本案的难点在于,就汽车销售而言,何谓约定的质量?何谓正常使用时应当具有的质量、性能?与一般消费品不同,汽车作为一种高科技产品,工艺十分复杂,在销售之前也往往需要售前检查,说它是汽车生产的延续并没有问题。但瑕疵是否为售前检查所发现,不是销售者的免责事由,不能说瑕疵是售前检查所发现的,销售者就无须承担责任,或者说瑕疵在合理的范围之内。

事实上,汽车售前检查的目的,旨在发现汽车既存的瑕疵,这种瑕疵既有可能是不合理的瑕疵,即构成瑕疵履行的瑕疵,也有可能是合理的瑕疵,如螺丝松动等不影响车辆使用和观赏性能、符合消费者对“新车”的理解的瑕疵。对于前者,销售者如未告知,构成《消费者权益保护法》上的欺诈;对于后者,销售者无须主动告知,因其属于合理瑕疵。此即二审裁判所谓“维修”与“维护”的区别。

就本案而言，交车前的“拆装后保、后保整喷”应属前者，交车后的“走合检查、检查130码方向盘是否抖动、一年7500km内做首保”“两前轮换位、检查行驶跑偏、陪同客户试车正常”应属后者。应该说，二审法院针对不同瑕疵认定销售者的主动告知义务，要比一审法院高明很多，也符合民法典关于正确履行的要求。由于本案被告构成欺诈，承担惩罚性赔偿就顺理成章了。

值得注意的是，如果车辆本身不构成瑕疵，但基于升级或体验项目进行了更换、合法改装，只要取得消费者同意，同时提升了车辆使用性能、不存在质量瑕疵，则即便销售者未尽充分告知义务，也不应构成欺诈，如典型案例所示。

本案带来的启示是：对销售者而言，为减少法律风险，宜就售前检查相关事项充分告知消费者，尊重其选择权，而不能抱任何侥幸心理；对消费者而言，不是任何新车瑕疵都可以主张惩罚性赔偿，只有超出正常维护范围的瑕疵，销售者又未予告知时，才有维权的必要。

无证预售的房屋买卖为什么有效?

曹相见

2018年8月份,《新京报》报道了西安闻天科技实业集团有限公司在商品房售出两年后,以其无证预售为由,将业主告上法庭诉求购房合同无效胜诉一事,引发社会舆论发酵。12月底,西安中院改判开发商败诉,驳回其全部诉讼请求。那么,无证预售的房屋买卖为什么有效?

一、案情与裁判

案件名称:西安闻天科技实业集团有限公司与李某茹确认合同无效纠纷案

案件来源:陕西省西安市中级人民法院(2018)陕01民终8145号民事判决

案情简介:

2016年4月25日,西安闻天科技实业集团有限公司(原告,以下简称闻天公司)与李某茹(被告)签订《紫杉庄园内部认购合同》,由李某茹认购闻天公司开发建设的《紫杉庄园》项目商品房1套,房屋总价款为1204000元。当日,李某茹向闻天公司缴纳购房款1204000元,闻天公司向李某茹出具了收据。2016年8月,西安市长安区住房保障和房屋管理局对涉案项目进行检查,发现该项目未办理销售手续,涉嫌无证销售,遂于同年8月9日作出处理决定,责令闻天公司停止一切销售行为及和房屋销售相关的广告宣传活动;立即进行企业经营整改,并对违规销售的房屋逐一清退;尽快办理相关建审手续。后闻天公司仍未办理商品房预售许可证。

2018年2月12日,闻天公司以涉案房屋未取得商品房预售许可证为由将李某茹起诉至法院,请求确认双方签订的《紫杉庄园内部认购合同》无效。3月1日,住管部门因闻天公司在涉案项目中存在无证销售的违法行为,责令其停止销售、补办许可证,并处罚款人民币720758元。3月5日,原告闻天公司缴纳罚款。庭审中,被告李某茹认可本案双方当事人所签订的《紫杉庄园内部认购合同》系事实上的房屋买卖合同。另查明,涉案项目现已取得《土地使用权证》《建设用地规划许可证》《建设工程规划许可证》《建筑工程施工许可证》。

一审判决

陕西省西安市长安区人民法院经审理认为:本案争议焦点为《紫杉庄园内部认购合同》的法律性质。如涉案合同系商品房预售合同,则应适用《最高人民法院关于审理商品房买卖合同纠纷案件适用法律若干问题的解释》(以下简称《商品房买卖合同司法解释》)第2条之规定确认该合同为无效合同。本案中,《紫杉庄园内部认购合同》中约定了双方的名称、住所、房屋的基本情况、单价、总价款、付款方式、付款时间,未对交付使用条件及日期等项目予以约定,现原告认为在签订合同当时已经告知被告,被告在庭审中亦认可该合同系事实上的商品房买卖合同,因此,涉案合同应为商品房买卖合同。因原告闻天公司在本案起诉前仍未取得商品房预售许可证,故原、被告双方签订的该合同应为无效合同。

二审判决

陕西省西安市中级人民法院经审理认为:闻天公司签约时未取得预售许可证,虽然违反了商品房预售应取得预售许可的规定,但并不必然导致民事法律行为无效。但闻天公司在自身合同目的已经实现的情形下,非但不积极履行应尽的合同义务,面对房地产市场出现价格大幅上涨,反而主张合同无效的做法,显然违背诚实信用原则。闻天公司对自身不办理商品房预售许可证的违法性是明知的,其以自身原因造成的违法事实为由提起本案诉讼,目的在于获取超出合同预期的更大利益,此种行为显然与社会价值导向和公众认知相悖。为弘扬社会主义核心价值观,彰显司法公正,对此种行为不应予以支持。

二、相关规定

《最高人民法院关于审理商品房买卖合同纠纷案件适用法律若干问题的解释》(法释〔2003〕7号)**第2条**[**《最高人民法院关于审理商品房买卖合同纠纷案件适用法律若干问题的解释》**(法释〔2020〕17号)**第2条**]:出卖人未取得商品房预售许可证明,与买受人订立的商品房预售合同,应当认定无效,但在起诉前取得商品房预售许可证明的,可以认定有效。

《城市房地产管理法》第45条:"商品房预售,应当符合下列条件……

(三)按提供预售的商品房计算,投入开发建设的资金达到工程建设总投资的百分之二十五以上,并已经确定施工进度和竣工交付日期;(四)向县级以上人民政府房产管理部门办理预售登记,取得商品房预售许可证明。"

《合同法》第52条(《民法典》第153条):"有下列情形之一的,合同无效……(四)损害社会公共利益;(五)违反法律、行政法规的强制性规定。"

三、典型案例或做法

案号	裁判立场
陈某勋等诉杨燕黎等房屋买卖合同纠纷案/广州市中级人民法院(2013)穗中法民五终字第2696号民事判决	涉案房屋已属于现楼销售,原审原告以涉案房屋所在楼盘未取得预售许可证为由,认为涉案买卖合同无效的上诉理由不能成立,本院不予支持。
中国工商银行股份有限公司雅安分行与四川省雅安鑫源城市建设开发有限责任公司房屋买卖合同纠纷再审案/最高人民法院(2013)民申字第842号民事裁定	《城市房地产管理法》第39条规定的投资转让条件不是效力性强制性规定,且鑫源公司已经取得案涉土地的《国有土地使用权证书》,二审判决认定《联合开发商住楼协议》有效并无不当。

四、法理分析

本案事实清楚、法律规定明确。一审判决虽然令舆论哗然,但在法律适用上似乎毫无瑕疵:双方订立的合同属于商品房预售合同无疑,按照《商品房买卖合同司法解释》(法释〔2003〕7号)第2条的文义,预售合同无效也十分清楚。相反,二审法院虽然大快人心,却有"枉法裁判"之嫌:西安中院认为商品房买卖合同有效,直接顶撞了《商品房买卖合同司法解释》(法释〔2003〕7号)第2条规定。但这只是表象,本案显然没有这么简单:《商品房买卖合同司法解释》(法释〔2003〕7号)第2条虽然规定无证预售的商品房买卖无效,但同时存在"起诉前取得商品房预售许可证明的有效"的例外。按照民法基本法理,法律行为无效,应是自始、确定和当然无效,怎么会出现经补救有效的例外?存在补救的"无效"还是无效吗?作为一门追求公平正义的艺术,法律适用自有其方法,只看文义解释是不行的。就本案而言,其法律适用还得进行体系解释和目的解释。

《商品房买卖合同司法解释》(法释〔2003〕7号)第2条不是孤立的存在,而是对《城市房地产管理法》第45条的解释。后者规定:“商品房预售,应当符合下列条件……(三)按提供预售的商品房计算,投入开发建设的资金达到工程建设总投资的百分之二十五以上,并已经确定施工进度和竣工交付日期;(四)向县级以上人民政府房产管理部门办理预售登记,取得商品房预售许可证明。”本条规定旨在保证施工进度,确保开发商可按期竣工和交付,以保护作为弱者的房屋买受人利益。不过,就规范性质而言,应当属于管理性强制规定,而不是效力性强制规定。也就是说,违反本条规定虽然要承担行政法上的责任,但房屋预售行为本身仍然是有效的,不构成《合同法》第52条第(5)项规定的“违反法律、行政法规的强制性规定”。

不过,《商品房买卖合同司法解释》(法释〔2003〕7号)第2条毕竟是对《城市房地产管理法》第45条的进一步解释,在法律适用上理应得到尊重,除非前者的规定违反了后者的规范目的。事实恰恰如此。《城市房地产管理法》第45条要求商品房预售取得许可证,旨在保护作为弱势群体的房屋买受人,而不是否定无证销售的买卖合同的效力。事实上,就该条的规范目的而言,要求取得预售许可证再进行商品房买卖是有益的,但若规定未取得预售许可证的买卖行为无效却是有害的。道理很简单:一方面,开发商无证预售可以尽快回笼资金;另一方面,合同无效将使房价上涨的利益从买受人处转移至开发商处,从而造成开发商坐拥双重利益,买受人丧失履行利益的局面。就此而言,《商品房买卖合同司法解释》第2条规定无证预售行为无效是错误的,它因与《城市房地产管理法》规定相冲突而无效。因此,无证预售的房屋买卖也是有效的,这也符合诚实信用原则和社会主义核心价值观的要求。

如何确定建设领域拖欠农民工工资的责任承担主体和方式？

石文静*

建设工程施工领域拖欠农民工工资的现象时有发生，为保障农民工的合法权益，《建设领域农民工工资支付管理暂行办法》《保障农民工工资支付条例》等规定了承包单位等与不具备用工主体资格的组织或个人对拖欠工资的连带偿还责任。下文将结合审判实践作出简要说明。

一、案情与裁判

案件名称：曹某等诉崔某华等劳务合同纠纷案

案情来源：天津市第二中级人民法院(2018)津02民终607号民事判决

案情简介：

涉案工程中新生态城亲老公寓10号楼系生态城公司(一审被告)开发建设，汕头公司(一审被告)为总承包方，生态城公司已向汕头公司支付工程款约达95%；曹某(上诉人、一审被告)系借用恒益公司(一审被告)资质，并以恒益公司名义与汕头公司签订了《"10号楼"装修分包合同协议书》，随后，曹某又将该装修工程转包给张某民(上诉人、一审被告)，张某民承揽工程后，便与衣某达(一审被告)达成口头合伙协议，约定由衣某达负责组织所雇佣人员从事涉案工程装修工作，并由衣某达负责管理崔某华(被上诉人、一审原告)等人在施工中的出勤、记工、工资发放等事宜，工程完工后，被告恒益公司与被告汕头公司、被告曹某与被告张某民尚未对工程款进行总体结算；被告衣某达自认尚欠原告工资26600元。

---

* 石文静，山东大学法学院博士研究生，浙江新台州律师事务所疑案研究中心研究员。

一审判决

天津市滨海新区人民法院经审理认为：首先，一审法院确认应由被告张某民、衣某达承担直接给付原告劳务费的主体责任。理由如下：被告张某民从被告曹某处承揽工程后，便与被告衣某达达成口头合伙协议，约定由衣某达负责组织所雇佣人员从事涉案工程装修工作，并由其负责管理原告等人在施工中的出勤、记工、工资发放等事宜，因此，原告与被告衣某达之间形成了直接的雇佣关系。原告为被告衣某达提供劳务虽未签订书面合同，但被告衣某达自认双方存在事实上的劳务合同关系，所以，被告衣某达应向原告支付与其所提供劳务相对应的报酬。又因被告张某民、衣某达自认双方存在事实上的合伙关系，依据《民法通则》第 35 条的规定，被告张某民、衣某达应连带承担直接给付原告劳务费的主体责任，被告张某民或者被告衣某达在承担责任后，可依据该条的规定，再行主张自己的权利。其次，被告汕头公司、恒益公司、曹某对被告张某民、衣某达给付原告的劳务费应承担连带责任。理由如下：涉案工程系被告曹某借用被告恒益公司资质，并以恒益公司的名义从被告汕头公司处承揽了工程，三者之间的挂靠经营、分包行为违反了《建筑法》第 26 条第 2 款的禁止性规定，依据最高人民法院《关于审理建设工程施工合同纠纷案件适用法律问题的解释》（以下简称《建设工程施工合同司法解释》）第 1 条第（2）项的规定，被告恒益公司与被告汕头公司签订的装修分包合同应属无效；被告曹某为工程施工的实际控制人，其再次擅自将工程转包给无劳务经营资质的自然人张某民，其转包行为亦属无效，且被告汕头公司与被告恒益公司、被告曹某与被告张某民对工程款尚未进行总体结算，依据《合同法》第 58 条，参照劳动和社会保障部、建设部发布的《建设领域农民工工资支付管理暂行办法》第 12 条的规定，被告曹某、恒益公司、汕头公司应对被告张某民、衣某达给付原告的劳务费在欠付工程款范围内承担连带责任。

二审判决

天津市第二中级人民法院经审理认为：崔某华与衣某达存在劳务关系，衣某达在工程施工期间为崔某华的出勤做了考勤记录并记载出勤工费，衣某达对该事实表示认可。因此崔某华依据衣某达出具考勤记录及出勤工费数额主张工资数额 26600 元，有事实依据，应予支持。张某民主张其与衣某达是承发包关系，但其未能在一、二审期间提供充分证据证明该事实成立，因此张某民主张不承担直接付款责任，亦没有事实依据和法律依据，本院不予支持。

二、相关规定

《民法通则》第 35 条第 2 款(《民法典》第 973 条):"合伙人对合伙的债务承担连带责任,法律另有规定的除外。偿还合伙债务超过自己应当承担数额的合伙人,有权向其他合伙人追偿。"

《建筑法》(2011 年修正)第 26 条第 2 款[《建筑法》(2019 年修正)第 26 条第 2 款]:"禁止建筑施工企业超越本企业资质等级许可的业务范围或者以任何形式用其他建筑施工企业的名义承揽工程。禁止建筑施工企业以任何形式允许其他单位或者个人使用本企业的资质证书、营业执照,以本企业的名义承揽工程。"

《最高人民法院关于审理建设工程施工合同纠纷案件适用法律问题的解释》(法释〔2004〕14 号)第 1 条第(2)项①:"建设工程施工合同具有下列情形之一的,应当根据合同法第五十二条第(五)项的规定,认定无效:(二)没有资质的实际施工人借用有资质的建筑施工企业名义的。"

《建设领域农民工工资支付管理暂行办法》(劳社部发〔2004〕22 号)第 12 条:"工程总承包企业不得将工程违反规定发包、分包给不具备用工主体资格的组织或个人,否则应承担清偿拖欠工资连带责任。"

《民法总则》第 178 条(《民法典》第 178 条):"二人以上依法承担连带责任的,权利人有权请求部分或者全部连带责任人承担责任。连带责任人的责任份额根据各自责任大小确定;难以确定责任大小的,平均承担责任。实际承担责任超过自己责任份额的连带责任人,有权向其他连带责任人追偿。连带责任,由法律规定或者当事人约定。"

---

① 2020 年 12 月 29 日,最高人民法院印发《关于废止部分司法解释及相关规范性文件的决定》(法释〔2020〕16 号),决定废止 2004 年 10 月 25 日印发的《最高人民法院关于审理建设工程施工合同纠纷案件适用法律问题的解释》。

三、典型案例或做法

案号	裁判立场
李某等9人与刘某喜、李某刚、中铁某局集团第五工程有限责任公司追索劳动报酬纠纷案/湖南省委娄底市中级人民法院(2014)娄中民一终字第135号民事判决	李某钢作为雇佣方应当承担向劳动者李某等9人支付拖欠工资的用工责任。刘某喜系工程的实际施工人,其将所承包工程的部分作业交由李某钢个人带领李某等9人进行,工作期间李某钢未支付工资报酬,且其与李某钢未就工程量进行结算,故李某等9人可以向刘某喜主张支付工资的权利。中铁某局五公司具有用工主体资格,其将承包工程部分分包给不具备相关施工资质和用工主体资格的刘某喜。《建设领域农民工工资支付管理暂行办法》第12条规定,工程总承包企业不得将工程违反规定发包、分包给不具备用工主体资格的组织或个人,否则应承担清偿拖欠工资连带责任,基于此,中铁某局五公司应当承担清偿拖欠工资的连带责任。综上,李某钢应支付李某等9人工资177200元,并按银行同期贷款利率计付利息,刘某喜、中铁某局五公司承担连带清偿责任。
龙元建设集团股份有限公司诉黄连宝劳动争议纠纷上诉案/浙江省宁波市中级人民法院(2015)浙甬民一终字第683号民事判决	建筑施工企业将工程转包、分包给不具备用工主体资格的组织或自然人,该组织或自然人招用的劳动者以发包方承担用工主体责任为由要求确认与发包方存在劳动关系的,应不予支持。但对于拖欠的劳动者工资,发包方应与承包方承担连带赔偿责任。
大连亿川建设工程有限公司、大连市普兰店区墨盘街道办事处劳务合同纠纷案/辽宁省大连市中级人民法院(2020)辽02民终7014号民事判决	董某梅虽受雇于徐广友,未与亿川公司签订书面劳动合同,但亿川公司作为施工总承包单位将案涉工程转包给不具备用工主体资格的邢某斗,邢某斗又将该工程交由不具备用工主体的徐某友施工。根据《建设领域农民工工资支付管理暂行办法》第12条、《保障农民工工资支付条例》第19条第2款、第30条第4款、第36条,亿川公司应承担清偿拖欠董某梅工资连带责任。

四、法理分析

建设工程施工领域中拖欠农民工工资的行为存在多方责任主体,下文拟在厘清合伙关系、挂靠关系、承包关系的基础之上,对责任主体及责任承担方式作简要说明。

首先,合伙人(张某民和衣某达)对合伙的债务承担连带责任。一方面,本案衣某达虽然未与雇佣人员崔某华签订书面劳动合同，但是衣某达负责组织所雇佣人员从事涉案工程装修工作，并负责管理崔某华等人在施工中的出勤、记工、工资发放等事宜。所以，双方成立事实上的劳务合同关系。另一方面，张某民与衣某达达成口头合伙协议，依据《民法通则》第 35 条第 2 款，二者对拖欠工资承担连带责任。

其次，挂靠人（曹某）与被挂靠人（恒益公司）承担连带责任。《建筑法》第 66 条规定："建筑施工企业转让、出借资质证书或者以其他方式允许他人以本企业的名义承揽工程的……对因该项承揽工程不符合规定的质量标准造成的损失，建筑施工企业与使用本企业名义的单位或者个人承担连带赔偿责任。"该条规定了出现承揽工程质量问题时的挂靠人与被挂靠人的连带责任，为遵循严厉禁止挂靠行为的立法目的，应当认为，对于拖欠工资的债务问题，挂靠人与被挂靠人也应承担连带责任。

最后，总承包人（汕头公司）与转包人（曹某）承担连带责任，转包人（曹某）与张某民承担连带责任。根据《建筑法》第 26 条第 2 款、《最高人民法院关于审理建设工程施工合同纠纷案件适用法律问题的解释》第 1 条第（2）项，汕头公司分包给不具备用工主体资格的曹某，曹某转包给不具备用工主体资格的张某民的行为皆是违法的，该分包合同和转包合同无效。根据《建设领域农民工工资支付管理暂行办法》第 12 条，汕头公司与曹某、曹某与张某民应承担清偿拖欠工资的连带责任。

值得指出的是，《建设领域农民工工资支付管理暂行办法》与《保障农民工工资支付条例》就拖欠工资责任承担的相关规定并不冲突。于 2020 年生效的《保障农民工工资支付条例》第 30 条第 3、4 款规定："分包单位拖欠农民工工资的，由施工总承包单位先行清偿，再依法进行追偿。""工程建设项目转包，拖欠农民工工资的，由施工总承包单位先行清偿，再依法进行追偿。"第 36 条规定："建设单位或者施工总承包单位将建设工程发包或者分包给个人或者不具备合法经营资格的单位，导致拖欠农民工工资的，由建设单位或者施工总承包单位清偿。施工单位允许其他单位和个人以施工单位的名义对外承揽建设工程，导致拖欠农民工工资的，由施工单位清偿。"从文义解释的角度看，总承包人和转包人等应当对拖欠工资承担垫付责任，但存在支付时间上的先后；但结合体系解释和目的解释的方法，只有认为总承包人对拖欠工资承担连带责任才能切实保障农民工的合法权益。事实上，审判实践中也并未将该条例上述规定认定为垫付责任,而是径直判定为连带责任。如中建三局集团有限公司西北分公司与胡某刚、湖北中里程建筑工程劳务有限公司、严某实建设工程分包合同纠纷案[陕西省宝鸡市中级人民法院(2020)陕 03 民终 1478 号民事判决],李某林与青海永录文化传播集团有限公司、浙江中仑建设有限公司青海分公司等劳务合同纠纷案(青海省西宁市中级人民法院(2020)青 01 民终 1915 号民事判决)等。

综上可知,总承包人和转包人承担连带责任、转包人和合伙人(张某民)承担连带责任、合伙人(张某民和衣某达)之间承担连带责任、挂靠人与被挂靠人承担连带责任,所以,汕头公司、恒益公司、曹某、张某民和衣某达应当对拖欠工资负担连带责任,农民工可以任意选择部分或全部责任人请求偿还欠款。

民法典专题

物权编

不动产抵押权随其担保的债权转让而移转是否需要办理抵押权转移登记

刘耀东

为担保债务履行，在不动产上设立抵押权司空见惯。依据“从随主”的原则，主债权转让，抵押权随之转让。实践中尚存疑问的是：该抵押权转让是否需要办理登记手续？以下结合一则案例予以简要说明。

一、案情与裁判

案件名称：中国建设银行股份有限公司广州番禺支行、中国民生银行股份有限公司广州分行抵押权纠纷再审案

案情来源：最高人民法院(2018)最高法民申1397号民事裁定

案情简介：

2013年8月4日，中国民生银行股份有限公司广州分行(被申请人、一审被告、二审被上诉人，授信人、乙方，以下简称民生银行广州分行)与广州市腾航金属材料有限公司(被申请人、一审被告、二审被上诉人，受信人、甲方，以下简称腾航公司)签订《综合授信合同》约定：“甲方在本合同约定的授信有效期限内可向乙方申请使用的最高授信额度为人民币玖亿伍仟万元整，本合同项下的额度由甲方使用。”2013年8月4日，民生银行广州分行(抵押权人、乙方)与创益公司(抵押人、甲方)签订《最高额抵押合同》约定：“为确保腾航公司(以下简称主合同债务人)全面履行《综合授信合同》及项下主合同债务人与乙方签订的具体业务合同，甲方愿意为腾航公司在前述主合同项下的全部债务提供最高额担保。自被担保的债权确定之日起，至被担保的债权全部清偿完毕，若主合同债务人发生未依约履行偿债义务的情形，则乙方有权处分本合同项下抵押财产。甲方提供的抵押财产为房产，该抵押财产的数量、质量、状况、所在地等详见

《(房地产)抵押财产清单》。被担保的债权确定后,若主合同债务人发生未履行偿债义务的情形,则乙方有权处分本合同项下的抵押财产。”2013 年 8 月 4 日,民生银行广州分行(乙方)与创益公司(甲方)签订《最高额抵押合同补充协议》约定:甲、乙双方同意对《抵押合同》作出以下补充约定:“《最高额抵押合同》项下的抵押财产所担保的主债权金额为《综合授信合同》中列明的最高债权额人民币9.5 亿元整。如乙方依法处置该《最高额抵押合同》项下的抵押财产,乙方对因处置该抵押财产而产生的所有价款均享有优先受偿权。”

2014 年 12 月 31 日,第三人瑞霖公司(受让人、甲方)、民生银行广州分行(转让人、乙方)、腾航公司(债务人、丙方)签订《债权转让合同》,约定:“乙方依本合同约定向甲方转让其合法享有的债权,截至 2014 年 12 月 31 日,转让的上述债权的账面总计为人民币肆亿元整。甲方应于合同签订 3 个工作日内,将合同约定的转让价款付至乙方指定账户。丙方确认乙方对丙方享有的债权,本合同自签订之日起对丙方构成有约束力的义务,丙方同意并确认对上述债权、担保权利和所有相关权利的转让。本合同随债权转让给甲方的还有乙方就该债权基于原《借款合同》及《转让抵押权明细表》所列明的抵押合同以及相关法律而拥有的其他原合同权利和法定权利(包括但不限于乙方的不安抗辩权、提前实现主债权和担保权等权利)。”合同订立后,瑞霖公司已按《债权转让合同》的约定支付转让价款 4 亿元,抵押权人现仍登记在民生银行广州分行名下。

由于中国建设银行股份有限公司广州番禺支行(再审申请人、一审原告、二审上诉人,以下简称建行番禺支行)对腾航公司享有到期债权并已向有关法院提起诉讼,且部分案件已由法院出具判决文书确认其对腾航公司的债权及创益公司需承担的连带清偿责任。建行番禺支行发现央行系统显示民生银行广州分行对被告腾航公司仅有 500 多万的保函债权,据此认为民生银行广州分行对被告腾航公司已不享有抵押债权,民生银行广州分行对腾航公司所享有的金额为人民币 235123200 元的抵押债权已消灭。由于,该抵押债权是否已消灭及民生银行广州分行是否享有涉案抵押权与建行番禺支行能否实现债权息息相关。于是向法院提起诉讼,请求确认民生银行广州分行不享有就创益公司所属的房产所设立的抵押权。

一审判决

广州市中级人民法院经审理认为:民生银行广州分行、腾航公司、瑞霖公司签订了《债权转让合同》,民生银行广州分行将其对腾航公司享有的债权转让给瑞霖公司，依照《合同法》第 81 条“债权人转让权利的，受让人取得与债权有关的从权利，但该从权利专属于债权人自身的除外”，以及《物权法》第 192 条“债权转让的，担保该债权的抵押权一并转让，但法律另有规定或者当事人另有约定的除外”的规定，民生银行广州分行对创益公司所有的房产享有的抵押权亦应一并转让给瑞霖公司，故建行番禺支行主张上述抵押权未转让，本院不予支持。

二审判决

广东省高级人民法院经审理认为：民生银行广州分行对于创益公司名下的房产享有抵押权。虽然民生银行广州分行将其对腾航公司的涉案债权转让给第三人瑞霖公司，但根据《合同法》第 81 条“债权人转让权利的，受让人取得与债权有关的从权利，但该从权利专属于债权人自身的除外”，以及《物权法》第 192 条“债权转让的，担保该债权的抵押权一并转让，但法律另有规定或者当事人另有约定的除外”的规定，民生银行广州分行对创益公司的涉案房产享有的抵押权亦应一并转让给第三人瑞霖公司。民生银行广州分行、瑞霖公司与腾航公司签订的《债权转让合同》也已明确约定民生银行广州分行将涉案的债权及相关的从权利一并转让给瑞霖公司。本案的情形属债权包括从权利的转让，债权并没消灭，不属于《担保法》第 52 条规定的“抵押权与其担保的债权同时存在，债权消灭的，抵押权也消灭”情形。故建行番禺支行主张民生银行广州分行的涉案债权已消灭并据此认为抵押权也随之消灭，不能成立。

再审裁定

最高人民法院经审查认为：经审查查明，《综合授信合同》《最高额抵押合同》《广州市房地产他项权利登记申请书》《广州市不动产登记查册表》等均为办理抵押登记的存档材料，上述材料载明了案涉抵押房产自然状况以及权属状况的主要事项，其内容相互印证，可以清晰说明抵押房产进行担保的对象系民生银行广州分行对腾航公司的债权。依据《物权法》第 14 条关于“不动产物权的设立、变更、转让和消灭，依照法律规定应当登记的，自记载于不动产登记簿时发生效力”之规定，民生银行广州分行与创益公司、腾航公司已依照《综合授信合同》《最高额抵押合同》等约定进行了抵押登记，该抵押担保已发生法律效力。原判决认定民生银行广州分行对创益公司所属房产享有抵押权，显无不当。

关于案涉抵押权的转让问题。《物权法》第 192 条规定：“抵押权不得与债权分离而单独转让或者作为其他债权的担保。债权转让的，担保该债权的抵押权一并转让，但法律另有规定或者当事人另有约定的除外。”该法条系关于抵押权具有从属性的规定，抵押权作为从权利应随债权转让而转让。债权受让人取得抵押权系基于法律的明文规定，而非基于新的抵押合同重新设定。由此，原判决认定瑞霖公司受让民生银行广州分行对腾航公司享有的债权，同时受让与债权相关的抵押权，并无不当。综上，建设银行番禺支行关于原判决认定事实缺乏证据证明的再审申请理由，均不能成立。

二、相关规定

《合同法》第 81 条(《民法典》第 547 条)："债权人转让权利的，受让人取得与债权有关的从权利，但该从权利专属于债权人自身的除外。"(受让人取得从权利不因该从权利未办理转移登记手续或者未转移占有而受到影响)

《物权法》第 192 条(《民法典》第 407 条)："抵押权不得与债权分离而单独转让或者作为其他债权的担保。债权转让的，担保该债权的抵押权一并转让，但法律另有规定或者当事人另有约定的除外。"

《最高人民法院关于审理涉及金融资产管理公司收购、管理、处置国有银行不良贷款形成的资产的案件适用法律若干问题的规定》(法释〔2001〕第 12 号)第 9 条[①]："金融资产管理公司受让有抵押担保的债权后，可以依法取得对债权的抵押权，原抵押权登记继续有效"的规定，资产经营公司受让有抵押担保的债权后，即依法取得抵押权。"

三、典型案例或做法

案号	裁判观点
济宁龙源建材有限公司、邹城市时风经贸有限公司与济宁龙源建材有限公司、邹城市时风经贸有限公司等债权转让合同纠纷再审案/最高人民法院(2015)民申字第 2494 号民事裁定	农信社与时风公司签订《债权转让协议》转让其对丰泉公司的债权。根据《合同法》第 81 条的规定，债权人转让权利的，受让人取得与债权有关的从权利。《物权法》第 192 条亦规定，债权转让的，担保该债权的抵押权一并转让。龙源公司的抵押物已经办理抵押登记并在签订三方《协议书》后将抵押物的他项权证交付给时风公司，表明其已同意继续对本案债权承担抵押担保责任。其认为时风公司应重新办理抵押登记的主张没有法律依据。

① 2020 年 12 月 29 日，最高人民法院印发《关于废止部分司法解释及相关规范性文件的决定》(法释〔2020〕16 号)，决定废止 2001 年 4 月 11 日印发的《最高人民法院关于审理涉及金融资产管理公司收购、管理、处置国有银行不良贷款形成的资产的案件适用法律若干问题的规定》。

续表

案号	裁判观点
河北裕泰实业集团有限公司、吉林省信用担保投资集团有限公司借款合同纠纷二审案/最高人民法院(2018)最高法民终131号民事判决	《合同法》第81条规定:“债权人转让权利的,受让人取得与债权有关的从权利,但该从权利专属于债权人自身的除外。”《物权法》第192条规定:“抵押权不得与债权分离而单独转让或者作为其他债权的担保。债权转让的,担保该债权的抵押权一并转让,但法律另有规定或者当事人另有约定的除外。”吉林信托公司的债权已设定抵押权,故吉林信用担保公司作为受让人,将案涉债权及抵押权一并取得。
浙江金华科技园开发有限公司与浙江省发展资产经营有限公司、金华市机电设备有限公司债权转让合同纠纷再审案/最高人民法院(2014)民申字第1725号民事裁定	本案所涉的不动产抵押办理了抵押登记,抵押权已依法成立,根据《最高人民法院关于审理涉及金融资产管理公司收购、管理、处置国有银行不良贷款形成的资产的案件适用法律若干问题的规定》第9条“金融资产管理公司受让有抵押担保的债权后,可以依法取得对债权的抵押权,原抵押权登记继续有效”的规定,资产经营公司受让有抵押担保的债权后,即依法取得抵押权。《规定》对抵押权转移的规定,与《物权法》第192条“债权转让的,担保该债权的抵押权一并转让,但法律另有规定或者当事人另有约定的除外”的规定是一致的。二审判决适用法律并无不当,科技园公司关于资产经营公司因未办理抵押变更登记而不能取得抵押权的申请再审理由,本院不予支持。
青州青都房地产开发有限公司、山东省万方投资有限公司债权转让合同纠纷二审/山东省高级人民法院(2016)鲁民终1840号民事判决	根据《合同法》第81条之规定,万方公司在受让海岱公司对借款人青州宾馆所享有的主债权的同时,亦取得了与该债权有关的从权利,即万方公司就青州宾馆所负债务就青都公司提供的抵押物优先受偿的权利。《物权法》第192条也规定:“抵押权不得与债权分离而单独转让或者作为其他债权的担保。债权转让的,担保该债权的抵押权一并转让,但法律另有规定或者当事人另有约定的除外。”《物权法》第9条第1款规定:“不动产物权的设立、变更、转让和消灭,经依法登记,发生效力;未经登记,不发生效力,但法律另有规定的除外。”该条是对不动产登记效力的规定,与前述第192条关于抵押权处分上具有从属性的规定,两者并不矛盾,在本案海岱公司对青州宾馆的主债权已转让的情况下,依据前述规定,在无法律规定及当事人约定的除外情形下,海岱公司对青都宾馆所享有的抵押权这一从权利,也一并转让与万方公司。

续表

案号	裁判观点
丹东幸福食品有限公司、丹东益阳投资有限公司债权转让合同纠纷二审案/辽宁省高级人民法院(2017)辽民终220号民事判决	《物权法》第192条规定:“抵押权不得与债权分离而单独转让或者作为其他债权的担保。债权转让的,担保该债权的抵押权一并转让,但法律另有规定或者当事人另有约定的除外。”罐头厂以其锅炉、葡萄生产线为涉案债权设置抵押,并办理了抵押登记,涉案抵押依法设立并生效。益阳公司依法受让涉案债权,亦同时依法取得涉案抵押权。故对益阳公司的该项主张,予以支持。
湖南绿兴源糖业有限公司、丁兴耀等借款合同纠纷申请再审案/最高人民法院(2015)民申字第2040号民事裁定	《物权法》第192条规定:“抵押权不得与债权分离而单独转让或者作为其他债权的担保。债权转让的,担保该债权的抵押权一并转让,但法律另有规定或者当事人另有约定的除外。”本条系关于抵押权处分从属性的规定,抵押权作为从权利应随债权转让而转让。债权受让人取得的抵押权系基于法律的明确规定,并非基于新的抵押合同重新设定抵押权,故不因受让人未及时办理抵押权变更登记手续而消灭。

四、法理分析

本案争议的焦点问题之一就是不动产抵押权随债权之转让而移转时,是否需要办理抵押权转移登记始生效力。抵押权作为担保物权为从权利,从属于其所担保的债权而存在,随债权移转而移转,此亦为我国法律(原《合同法》第81条、《物权法》第192条)所明定。职是之故,根据“从随主”之原则,不动产抵押权即使未经登记,也发生转移的效果,跟随债权的转移而一并转移。抵押权在此情形下之变动,自不以登记为生效要件。

抵押权在此情形下之变动,自不以登记为生效要件。此种依法律之直接规定而取得的不动产物权,自与因继承、法院判决等发生的不动产物权变动无异,依规定亦须经登记始得处分。《物权法》第28～30条(《民法典》第229～231条)关于非基于法律行为的物权变动的规定,仅为一种例示性规定,这种例示性规定并未穷尽非基于法律行为而发生的物权变动的所有情形。

在《民法典》的其他规定以及其他法律规定中,也存在着非基于法律行为的物权变动情形,即“基于法律的直接规定而发生的不动产物权变动”。正因此种物权变动直接基于法律之规定而发生,故无须登记即可发生物权变动之效力。

就本案而言，民生银行广州分行将其对腾航公司的涉案债权转让给第三人瑞霖公司，根据《合同法》第 81 条及《物权法》第 192 条(《民法典》第 547 条)之规定，即“从随主”之原则，债权转让的，担保该债权的抵押权一并转让。民生银行广州分行对创益公司为担保主债务人腾航公司之债务所提供的涉案房产享有的抵押权也一并转让与瑞霖公司。瑞霖公司作为债权受让人取得抵押权系基于法律的明文规定，而非基于重新设定的抵押合同，故无须办理移转登记即发生抵押权变动之效力。

综上，本案一审、二审法院及再审最高人民法院对前述双方争议之焦点问题所作出的裁判值得肯定。

抵押期间未经抵押权人同意转让抵押物的合同是否有效

刘耀东

抵押期间未经抵押权人同意的抵押财产转让合同的效力问题，自《物权法》颁布之后，学说与实务众说纷纭。该问题既涉及对《物权法》第191条第2款规范性质的认定，也涉及对我国民事立法中的“不得转让”“不得抵押”等表述含义的理解。这些“不得”有的指向合同效力本身，有的则指向物权变动的效力。

一、案情与裁判

案件名称：上诉人曲某刚与被上诉人蔡某柱及原审第三人哈尔滨银行股份有限公司大连分行房屋买卖合同纠纷二审案

案情来源：辽宁省高级人民法院(2014)辽民一终字第00152号民事判决

案情简介：

2012年12月17日，甲方蔡某柱(被上诉人、原审被告)与乙方曲某刚(上诉人、原审原告)签订《房屋买卖协议书》。约定：曲某刚购买蔡某柱坐落于西岗区莲花山路59号3-2号公建，建筑面积为708.03平方米，房屋备案为甲方私有权利；该房屋在哈尔滨银行股份有限公司大连分行(原审第三人，以下简称大连分行)设有商业贷款抵押担保，抵押担保期为一年(2012年9月至2013年8月)，其抵押担保的责任在于甲方。双方约定房屋成交价格为人民币800万元，乙方应于2013年6月30日前一次性向甲方交付购房款800万元。甲方须在2012年12月22日前向乙方交付房屋，并由双方办理相关事宜的交接备忘记录手续；如乙方的因素未能办理交接事宜，甲方不存在相应责任。2013年6月30日前乙方未能全额向甲方交付房款的情形为违约。乙方需承担自2012年

12 月 22 日至 2013 年 6 月 30 日期间的违约金，以 800 万元人民币为日基数按照人民银行同期流动资金贷款利率的四倍计算违约金的实际数额。同时约定如乙方未能如期于 2013 年 6 月 30 日前一次性向甲方交付购房款 800 万元，甲乙双方签署的《房屋买卖协议书》自动解除。

协议签订后，蔡某柱依约将该房屋交付给曲某刚，曲某刚在接收房屋后未经蔡某柱的同意即对房屋进行了装修。截至本次诉讼时，曲某刚未向蔡某柱支付购房款和交付租金。房屋现仍由曲某刚占有使用。

2013 年 6 月 28 日，曲某刚向一审法院提起诉讼称：买卖协议签订后，曲某刚查证后得知，蔡某柱并非该房屋的真正产权人，其房屋取得存在严重瑕疵；该房屋抵押担保期限截止日期并非 2013 年 8 月，而是 2013 年 9 月 28 日，蔡某柱转让房屋并没有经过抵押权人大连分行同意，其出卖房屋的行为属违法转让。另外，该房屋并非蔡某柱一人所有，属共有房屋，但蔡某柱在向曲某刚转让房屋时并未如实告知。请求法院确认曲某刚与蔡某柱签订的《房屋买卖协议书》为无效合同；判令蔡某柱向曲某刚赔偿装修及购买办公用品损失共计 1595600 元。

一审判决

大连市中级人民法院经审理认为：关于案涉房屋买卖协议效力问题。双方签订协议时案涉房屋设定有抵押权，房屋买卖未向抵押权人大连分行通知或经其同意。对此我国《物权法》第 191 条 2 款虽规定“抵押期间，抵押人未经抵押权人同意，不得转让抵押财产，但受让人代为清偿债务消灭抵押权的除外”，但该条款并非效力性强制性规定，不能作为认定抵押物转让合同无效的依据。抵押权是以确保债务清偿为目的设立的物权，是依附于主债权而存在的从权利。主债权消灭，抵押权亦消灭。抵押权设定后，抵押人并非不能向他人转让抵押物，未经抵押权人同意转让抵押财产，如果通过清偿债务使物上设定的抵押权消灭，转让仍可以有效。

曲某刚不服一审法院判决，提起上诉称：我国《物权法》第 191 条第 2 款属效力性强制性规定，应认定案涉买卖合同违反了该法律强制性规定，属无效合同。

二审判决

辽宁省高级人民法院经审理认为：关于依据我国《物权法》第 191 条第 2 款规定，能否认定案涉房屋买卖合同无效问题。我国《合同法》第 52 条规定：“有下列情形之一的，合同无效：（一）一方以欺诈、胁迫的手段订立合同，损害国家利益；（二）恶意串通，损害国家、集体或者第三人利益；（三）以合法形式掩盖非法目的；（四）损害社会公共利益；（五）违反法律、行政法规的强制性规定。”《〈合同法〉若干问题的解释（二）》第 14 条规定：“合同法第 52 条第（五）项规定的“强制性规定”，是指效力性强制性规定。”而我国《物权法》第 191 条第 2 款并未明确规定违反该条的法律后果是合同无效。故曲某刚依据我国《物权法》第191 条第 2 款规定主张案涉合同无效，本院不予支持。

二、相关规定

《物权法》第 191 条（《民法典》第 406 条修正）：“抵押期间，抵押人经抵押权人同意转让抵押财产的，应当将转让所得的价款向抵押权人提前清偿债务或者提存。转让的价款超过债权数额的部分归抵押人所有，不足部分由债务人清偿。抵押期间，抵押人未经抵押权人同意，不得转让抵押财产，但受让人代为清偿债务消灭抵押权的除外。”

《最高人民法院关于适用〈中华人民共和国合同法〉若干问题的解释（二）》（法释〔2009〕5 号）第 14 条[①]：“合同法第五十二条第（五）项规定的‘强制性规定’，是指效力性强制性规定。”

《2015 年全国民事审判工作会议纪要》第 25 条：“物权法第一百九十一条第二款并非针对抵押财产转让合同的效力性强制性规定，当事人仅以转让抵押房地产未经抵押权人同意为由，请求确认转让合同无效的，一般不予支持。受让人因抵押登记未涂销无法办理物权转移登记而请求解除合同的，可予以支持；受让人要求转让人承担相应民事责任的，应当综合考虑当事人过错程度等因素进行处理。”

---

① 2020 年 12 月 29 日，最高人民法院印发《关于废止部分司法解释及相关规范性文件的决定》（法释〔2020〕16 号），决定废止 2009 年 4 月 24 日印发的《最高人民法院关于适用〈中华人民共和国合同法〉若干问题的解释（二）》。

三、典型案例或做法

	案号	裁判立场
转让合同有效	福建上杭农村商业银行股份有限公司、钟某雷二审案/福建省高级人民法院（2018）闽民终306号民事判决	《物权法》第191条第2款有关“抵押期间，抵押人未经抵押权人同意，不得转让抵押财产”规定中的转让，是指不动产物权变动的结果，而非不动产变动的原因，该条规定并非针对抵押财产转让合同的效力性强制性规定，根据《物权法》第15条的规定，引起抵押物变动的原因行为，即抵押物转让合同的效力不受抵押权人是否同意转让抵押物的影响。
	广西恒冠建设集团有限公司、莫某富再审案/最高人民法院（2018）最高法民申2004号民事裁定	案涉商品房是否存在未经抵押权人同意转让而无效的问题，即便先办理抵押再进行转让，商品房买卖合同也不因房屋转让未经抵押权人同意而无效，并不影响本案的审查认定。
	交通银行股份有限公司陕西省分行、刘某再审案/最高人民法院（2018）最高法民申1370号民事裁定	交行陕西分行提出，根据《物权法》第191条第2款“抵押期间未经抵押权人同意，不得转让抵押财产”的规定，刘某和瑞麟公司签订的《商品房买卖合同》无效。该主张依据不足，《物权法》该条款针对的是抵押的不动产的“过户”行为，“不得转让”即不得过户，并非针对抵押的不动产转让合同效力问题。故交行陕西分行提出的该理由，不能成立。
	交通银行股份有限公司漳州分行、福建嘉辉光电科技集团有限公司房屋买卖合同纠纷再审案/福建省高级人民法院（2017）闽民申2019号民事裁定	本案抵押期间未经抵押权人同意处分抵押物的处理规则应适用《物权法》的规定，该法第191条第2款规定的“抵押期间，抵押人未经抵押权人同意，不得转让抵押财产，但受让人代为清偿债务消灭抵押权的除外”，并非针对抵押财产转让合同的效力性强制性规定，不影响对合同效力的认定，而且该条规定限制的是抵押物的物权变动结果。
	裴某明、江苏新时代防火保安工程公司与连云港市晶都房地产开发有限公司、连云港市新明珠大酒店有限公司所有权确认纠纷二审案/江苏省高级人民法院（2013）苏民终字第0324号民事判决	新明珠大酒店提出涉案房屋已抵押给相关银行，售房合同无效的问题，涉及《物权法》第191条第2款的理解，该款规定“抵押期间，抵押人未经抵押权人同意，不得转让抵押财产，但受让人代为清偿债务消灭抵押权的除外”，因该条款并非针对抵押财产转让合同的效力性强制性规定，因此，当事人仅以转让抵押房地产未经抵押权人同意主张转让合同无效的，不足成立。

续表

案号	裁判立场	
转让合同有效	惠某、冉某庆与常某成房屋买卖合同纠纷二审案/新疆维吾尔自治区高级人民法院(2017)新民终 80 号民事判决	原《担保法》第 49 条及《物权法》第 191 条虽有未经抵押权人同意,不得转让抵押财产的规定,但上述规定体现的立法指导思想是既充分保障抵押权不受侵害,又不过分妨碍财产的自由流转,充分发挥物的效益。最高人民法院《2015 年全国民事审判工作会议纪要》指出:"物权法第一百九十一条第二款并非针对抵押财产转让合同的效力性强制性规定,当事人仅以转让抵押房地产未经抵押人同意为由,请求确认转让合同无效的,一般不予支持。"综上,双方签订的房屋买卖协议不违反法律的强制性规定,合法有效。
	龙某海与徐某利、杜某等申请执行人执行异议之诉二审案/重庆市高级人民法院(2015)渝高法民终字第 00408 号民事判决	《物权法》第 191 条第 2 款虽规定"抵押期间,抵押人未经抵押权人同意,不得转让抵押财产,但受让人代为清偿债务消灭抵押权的除外",该款规定的"不得转让抵押财产"指的是抵押财产不能发生物权变动的效力,并不当然影响《商品房买卖合同》的效力。签订《商品房买卖合同》的行为作为债权行为系抵押财产物权变动的原因行为,该债权行为是否有效应当根据《合同法》的相关规定进行评判,本案中前述《商品房买卖合同》并不存在《合同法》第 52 条规定的无效情形。
转让合同无效	袁某琨与黄某桂、建行园湖支行、广西桂嘉汇房地产集团有限公司所有权确认纠纷一审案/广西壮族自治区南宁市兴宁区人民法院(2013)兴民一初字第 1908 号民事判决	房屋在办理按揭贷款时已经办理了抵押登记,且贷款尚未还清,房屋仍处于抵押期间,即使被告对购房合同权利义务的转让实质是对该房屋权属的转让,由于其并未取得作为抵押权人的建设银行园湖支行的同意,因此并不符合《物权法》第 191 条第 2 款的规定,故被告的该转让行为亦属无效。

四、法理分析

本案争议的焦点问题之一就是抵押期间抵押人未经抵押权人同意而转让抵押财产,转让合同是否有效。

首先,合同(民事法律行为)无效制度以处理私人行为与国家利益、社会公共利益的关系为己任。正是在这一点上,为维护国家利益和社会公共利益,有必要否认合同之效力。而《物权法》第 191 条第 2 款仅涉及抵押权人之私人利益，与公共利益无涉，故其并非否定合同效力之强制性规范。

其次，我国《物权法》第15条(《民法典》第215条)规定："当事人之间订立有关设立、变更、转让和消灭不动产物权的合同，除法律另有规定或者合同另有约定外，自合同成立时生效；未办理物权登记的，不影响合同效力。"根据这一规定，债权合同只是请求权建立的法律根据，而不能将物权变动的结果作为债权合同生效的原因。该条文确立了"物权变动与其原因行为的区分原则"，即在基于法律行为的物权变动中，物权变动的原因与物权变动的结果作为两个不同的法律事实予以区分，其成立生效分别遵循不同的法律依据的原则。对作为物权变动的原因的债权合同的生效要件，与作为债权合同法律效果的物权变动的要件，加以区分。

按照区分原则，买卖合同的效力与买卖合同生效后所发生的物权变动之结果，应予以区分并依不同的规则决定其效力，买卖合同的效力在法理上属于债法的调整范围。只要双方所签订的合同是真实的意思表示，且不违反公序良俗及法律之禁止性规定，除当事人另有约定外，合同即具有法律效力，缔约双方即产生债权债务关系。

而债权合同的有效并不意味着物权即当然发生变动，物权是否在当事人间发生变动则为另一问题，属于物权法的调整范围，即取决于物权法上的变动规则。法律行为违反"命令"和"社会规范"(如公序良俗)而无效，性质上是私法自治"内容"界限的逾越，而"处分权"的僭越则仅是私法自治内部"权限"界限的逾越，两者根本不能同日而语。故此等"赋权规范"不能包括在《合同法》第52条第(5)项(《民法典》第153条第1款)规定的强制性规定中。因此，"处分权"的僭越并不影响私法自治内容的效力即法律行为(债权合同)的效力。而私法中关于"处分权权限"的规范主要表现为物权法中的强制性规范，如《物权法》第20条第1款(《民法典》第221条第1款)规定："预告登记后，未经预告登记的权利人同意，处分该不动产的，不发生物权效力。"此之所谓"不发生物权效力"即为物权变动不发生效力，但并不影响处分经预告登记不动产的债权合同效力。《物权法》第191条第2款亦是如此，亦即该条并非针对抵押财产转让合同的效力性强制性规定，而是限制抵押财产是否发生物权变动的物权性强制性规范。该条中所谓"不得转让"是指不发生物权变动的效力，即不是不能签订转让合同，而是不能过户。而《民法典》第406条对此已作了修改，抵押期间，抵押人可以转让抵押财产。抵押人转让抵押财产的，应及时通知抵押权人，抵押财产的转让不影响抵押权的效力，即承认了抵押权的追及效力。

就本案而言，房屋出卖人蔡某柱纵然在房屋抵押期间未经抵押权人大连分行的同意而与曲某刚签订了《房屋买卖协议》，但该合同并不因未经抵押权人的同意而无效。

抵押预告登记的权利人对预告登记的不动产是否享有优先受偿权?

刘耀东

预告登记是得到《物权法》明文规定,而被广泛运用于商品房预售等领域的新制度,存在商品房买卖预告登记、商品房抵押预告登记等类型。司法实践中这一制度存在许多适用误区,当事人及相关法院时常混淆预告登记与正式物权登记,进而导致此类纠纷在实践中裁判不一。

一、案情与裁判

案件名称:许某榕、攀枝花市鼎盛鑫行投资有限责任公司民间借贷纠纷再审案

案情来源:最高人民法院(2016)最高法民申 938 号民事裁定

案情简介:

2010 年 10 月 21 日,攀枝花市鼎盛鑫行投资有限责任公司(被申请人、一审被告、二审被上诉人,以下简称鼎盛鑫行公司)与许某榕(再审申请人、一审原告、二审被上诉人)签订借 20101022003 号《借款合同》,约定鼎盛鑫行公司向许某榕借款 1000 万元人民币,攀枝花市豪思佳居装饰工程有限责任公司(二审被上诉人、一审被告,以下简称豪思佳居公司)、四川天韵金沙旅游开发股份有限公司(二审被上诉人、一审被告,以下简称天韵金沙旅游公司)、郑某英为该借款提供连带责任保证担保,鼎盛鑫行公司愿以其购买且支付完毕全款、位于攀枝花市西区玉泉广场 101 号的房屋(面积 2393.03 平方米,合同备案号:38622)为上述借款提供抵押担保。许某榕与担保人豪思佳居公司、天韵金沙旅游公司、郑某英分别签订了《保证合同》。《借款合同》到期后,鼎盛鑫行公司未归还本金及约定利息,保证人豪思佳居公司、天韵金沙旅游公司亦未履行保证责任。

2010年5月24日,鼎盛鑫行公司与攀枝花市融合房地产开发有限公司(被申请人、一审第三人、二审上诉人,以下简称融合公司)签订《商品房买卖合同》,事后因鼎盛鑫行公司未履行付款义务,融合公司解除双方所签《商品房买卖合同》。10月22日,鼎盛鑫行公司与融合公司共同申请攀枝花市房地产管理局撤销了该《商品房买卖合同》的备案。10月26日,鼎盛鑫行公司与融合公司再次签订《商品房买卖合同》,同日,融合公司与鼎盛鑫行公司共同到攀枝花市房地产管理局对此合同办理了备案登记,合同备案号为39143。10月27日,融合公司与鼎盛鑫行公司向攀枝花市房地产管理局申请办理了该房屋的预购商品房预告登记。同日,鼎盛鑫行公司与许某榕共同到攀枝花市房屋产权交易登记中心申请办理案涉101号房屋抵押权预告登记,融合公司在场。10月28日,攀枝花市房屋产权交易登记中心向许某榕出具预登记《证明》,载明:"抵押人为鼎盛鑫行公司,抵押权人为许某榕,权利存续期限为2010年10月22日至2010年12月21日;开发商为融合公司;证明经审核抵押双方提供的登记资料后,证明在建工程符合抵押登记规定的条件,准予抵押。待房屋竣工验收后,请于2011年4月30日前完善抵押登记手续,否则将解除预登记。"2011年2月28日,融合公司与鼎盛鑫行公司又签订协议:双方一致同意撤销所签订的《商品房买卖合同》。2012年8月31日,攀枝花市房地产管理局出具《关于攀房预西字第00000001号预购商品房预告登记的说明》,称该局已经撤销了关于案涉预购商品房预告登记,攀房预西字第00000001号预购商品房预告登记证明已经失效。同日,攀枝花市房地产管理局出具了《关于32-0247号〈证明〉的说明》,载明:"鼎盛鑫行公司与许某榕约定办理案涉预购商品房抵押权预告登记,向我局提供了相关资料,2010年10月28日我局为他们办理了该房屋的预购商品房抵押权预告登记,并出具了32-0247证明,我局特对此作如下说明:1.该证明的内容为预购商品房抵押权预告登记,不是在建工程抵押权登记;2.我局已撤销了关于攀枝花市西区玉泉广场大厦101号房屋的预购商品房抵押权预告登记,32-0247证明已经没有任何效力。"2012年9月13日,四川省攀枝花市中级人民法院就鼎盛鑫行公司与融合公司商品房预售合同纠纷案作出(2012)攀民终字第394号民事判决,判令鼎盛鑫行公司协助融合公司办理攀枝花市西区玉泉广场101号房屋的预告登记的撤销手续。

一审判决

四川省成都市中级人民法院经审理认为:讼争房屋办理抵押权预告登记

后，在竣工验收具备了办理抵押登记条件之日起三个月内，许某榕可申请办理抵押权登记从而设立抵押权。但由于融合公司与鼎盛鑫行公司2010年10月26日解除了房屋买卖合同致抵押权预告登记被撤销，许某榕依据预告登记申请办理抵押登记已事实不能。根据已查明事实，融合公司在明知鼎盛鑫行公司无支付房款能力的情况下与其反复签订房屋买卖合同。并在参与配合办理讼争房屋的抵押权预告登记取得许某榕的1000万元借款后，以鼎盛鑫行公司未按约支付房款为由再次签订内容与前一份《协议书》完全一致的协议解除房屋买卖合同，从而逃避将来办理抵押登记应承担的民事责任；而鼎盛鑫行公司在无履行借款合同能力及购房合同能力的情况下，利用虚假的付款收据、办理预购商品房预告登记、抵押权预告登记取得许某榕的信任，从而获取1000万元的借款。综上所述，融合公司与鼎盛鑫行公司系以融资为共同目的，相互配合实施了签订房屋买卖合同、出具虚假的付款收据、办理预购商品房预告登记、办理抵押权预告登记等一系列行为，上述行为旨在引诱许某榕相信其债权能够实现从而出借1000万元借款。之后，融合公司与鼎盛鑫行公司又通过解除房屋买卖合同、申请办理撤销预购商品房抵押权预告登记等行为，恶意阻却抵押登记的办理，致使讼争房屋现虽已竣工验收具备抵押登记的条件却不能办理抵押登记。法律的实施不应产生使恶意行为人受益之违反公序良俗之后果。融合公司与鼎盛鑫行公司的上述行为严重违反了合同法诚实信用的基本原则，其意图通过解除房屋买卖合同、办理撤销抵押权预告登记而致抵押登记不能从而规避应承担的法律责任的目的亦不应通过诉讼得到实现。鉴于《物权法》第20条规定预告登记权利人在抵押登记条件成就后即可行使法定的登记权利，本案讼争房屋竣工验收后，许某榕行使抵押登记的法定条件已成就，许某榕已行使请求权主张抵押登记，该请求权的行使即应产生设立抵押权的法律后果。因此，许某榕对讼争房屋享有抵押权。

宣判后，融合公司不服，提出上诉。

二审判决

四川省高级人民法院经审理认为：关于许某榕对讼争房屋是否享有优先受偿权的问题。根据原《物权法》第9条第1款“不动产物权的设立、变更、转让和消灭，经依法登记，发生效力；未经登记，不发生效力，但法律另有规定的除外”和第187条“以本法第一百八十条第一款第一项至第三项规定的财产或者第五项规定的正在建造的建筑物抵押的，应当办理抵押登记。抵押权自登记时设立”的规定，本案讼争房屋抵押权的设立应当进行登记并自登记时正式设立。根据已查明事实，本案的出借人许某榕就讼争房屋办理了抵押权预告登记，根据原《物权法》第 20 条的规定，抵押权预告登记并不能直接产生设立抵押权的法律效果。因此，在未办理正式的房屋抵押权登记之前，许某榕享有的是当抵押登记条件成就或约定期限届满时对讼争房屋办理抵押权登记的债权请求权，而不享有讼争房屋的抵押权，故不能就本案讼争房屋享有优先受偿的权利。

再审裁定

最高人民法院经审查认为：抵押权预告登记的法律效力并非设立现实的抵押权，而是产生对将来设立抵押权的排他性请求权。2012 年 8 月 31 日，攀枝花市房地产管理局出具了《关于 32-0247 号〈证明〉的说明》，载明已经撤销了许某榕就案涉房屋的抵押权预告登记，前述《证明》已经没有预告登记的效力。鉴于抵押权预告登记不具备直接产生物权的效力且已被撤销，故许某榕主张享有对案涉房屋的抵押权不能成立。

二、相关规定

《物权法》第 9 条(《民法典》第 209 条)：“不动产物权的设立、变更、转让和消灭，经依法登记，发生效力；未经登记，不发生效力，但法律另有规定的除外。”

《物权法》第 20 条(《民法典》第 221 条)：“当事人签订买卖房屋或者其他不动产物权的协议，为保障将来实现物权，按照约定可以向登记机构申请预告登记。预告登记后，未经预告登记的权利人同意，处分该不动产的，不发生物权效力。预告登记后，债权消灭或者自能够进行不动产登记之日起三个月内未申请登记的，预告登记失效。”

《物权法》第 187 条(《民法典》第 402 条)：“以本法第一百八十条第一款第一项至第三项规定的财产或者第五项规定的正在建造的建筑物抵押的，应当办理抵押登记。抵押权自登记时设立。”

三、典型案例或做法

裁判进路	案号	裁判立场
认定抵押预告登记权利人并不享有抵押权	厦门明瑞达投资咨询有限公司与福建省晋江市陈埭苏厝强达鞋塑服装厂、苏某强等借款合同纠纷再审案/最高人民法院(2015)民申字第766号民事裁定	在建房屋抵押预告登记并不产生债务人不履行债务时从拍卖在建房屋的价款中优先受偿的法律后果,而只是对将来建成房屋所作的一种事先约束,以约束债务人以将来建成房屋作为抵押标的物。当房屋建成后,债务人有履行在建房屋抵押合同规定的义务和在建房屋抵押预告登记的责任,配合在建房屋抵押预告登记权利人向房屋登记机关提出变更登记,转变为房屋抵押登记,从而实现在债务人不能清偿债务时,以拍卖、变卖建成房屋的价款优先受偿。债务人不履行配合义务,抵押权人只能主张违约责任。
	大连市住房公积金管理中心、花旗银行(中国)有限公司大连分行再审案/最高人民法院(2019)最高法民申1049号民事裁定	《民事诉讼法司法解释》第508条第2款规定:"对人民法院查封、扣押、冻结的财产有优先权、担保物权的债权人,可以直接申请参与分配,主张优先受偿权。"根据前述规定,对于其他人享有抵押权的被执行人财产,人民法院可以采取强制执行措施,抵押权人则可以通过对拍卖变卖的价款参与分配、主张优先受偿维护自己的合法权益,但不能排除强制执行。本案中,公积金中心对案涉房屋仅办理了抵押权预告登记,尚未享有抵押权,根据前述司法解释的规定,人民法院显然可以采取强制执行措施。即被执行财产上的抵押权预告登记并不具有阻却人民法院强制执行的效力。《执行异议和复议若干问题的规定》第30条规定:"金钱债权执行中,对被查封的办理了受让物权预告登记的不动产,受让人提出停止处分异议的,人民法院应予支持;符合物权登记条件,受让人提出排除执行异议的,应予支持。"根据文义可知,该条司法解释中可以排除人民法院执行处分行为的,系不动产买卖关系中已对标的物办理了预告登记的买受人,而并非抵押权预告登记的权利人。公积金中心以其对案涉房屋办理了抵押权预告登记为由要求排除人民法院的强制执行,没有法律依据。
	中国银行股份有限公司延边分行、边英玉、崔某健与延吉市宇航房地产开发有限公司及鲍某伯金融借款合同纠纷二审案/吉林省高级人民法院(2019)吉民终187号民事判决	边某玉与中行延边分行签订《个人购房借款与担保合同》中约定将所购房产进行贷款抵押,《延吉市房地产预购商品房抵押登记备案证明》及中行延边分行二审提供的延吉市房地产交易中心出具的《按揭协议抵押备案证明》只能证明本案所诉争房产设立的是抵押预告登记,均不能证明依法进行了抵押登记。依据《物权法》第20条的规定,《延吉市房地产预购商品房抵押登记备案证明》《按揭协议抵押备案证明》均不能证明边某玉、崔某健与宇航公司房屋买卖关系发生抵押登记的法律效果,中行延边分行没有办理抵押登记,不具有他项权利证,故其主张对诉争房产享有优先受偿权没有法律依据。

续表

裁判进路	案号	裁判立场
认定抵押预告登记权利人并不享有抵押权	刘某达与中国工商银行股份有限公司南京城西支行、邱某等二审案/江苏省高级人民法院（2017）苏民终 404 号民事判决	《物权法》第 20 条规定确立了我国不动产物权预告登记制度，该制度旨在保障将来物权的实现，使预告登记权利人享有当不动产物权登记条件成就时对不动产优先办理物权登记的请求权，并可排他性地对抗他人针对不动产的处分，故预告登记具有债权保全措施的效力。同时，根据该条规定，在能够进行不动产登记时仍需办理正式登记，故预告登记并不是正式的物权登记，在仅办理了预购商品房抵押预告登记情况下，抵押权并未依登记而设立。本案中，邱某向工行城西支行申请购房借款，同时，工行城西支行与邱某、吴某祥签订了《南京市房地产抵押合同》，邱某、吴某祥将所购买的位于南京市雨花台区龙西路 318 号 2 幢一单元 601 室房屋抵押给工行城西支行，为上述借款提供担保，并办理了抵押预告登记，但由于未办理正式的抵押登记，故抵押权尚未设立。
认定抵押预告登记权利人具有优先受偿权	安徽省高级人民法院（2014）皖民二终字第 780 号民事判决	根据《物权法》第 185 条第 1 款第（5）项及第 187 条之规定，正在建造中的房屋可以进行抵押，抵押权自登记时设立，且未限定抵押登记的形式。因此，无论是抵押预告登记还是正式的抵押登记，只要当事人在登记机构办理了以抵押为意思表示的登记，其抵押权就有效设立，当债务人不能清偿到期债务时，债权人对抵押物享有优先受偿权。当债权届至而尚未办理产权登记及抵押登记时，如果要求抵押权人必须等待办理房屋产权证和正式抵押登记后才能行使抵押权，显然不符合立法本意及当事人签订抵押合同的本意。
	上海农村商业银行股份有限公司青浦支行与上海征鹏实业有限公司、周某良金融借款合同纠纷二审案/上海市第二中级人民法院（2015）沪二中民六（商）终字第 452 号民事判决	《物权法》规定，以正在建造的建筑物抵押，应办理抵押登记，而《上海市房地产登记条例》则规定，在建工程设立抵押须申请预告登记。从法律的适用来看，在建工程抵押预告登记行为的法律性质应根据物权法判断。《物权法》明确以正在建造的建筑物抵押的，应当办理抵押登记。据此，以建设用地使用权、正在建造的建筑物设立抵押的，因其符合物权法本登记的规定，只要在有权登记机构办理了登记，即应产生抵押权设立的法律后果。而对于市场经济主体以建设用地使用权、正在建造的建筑物设立抵押办理相关登记手续事宜，在相关地方性法规有明确规定的情况下，市场经济主体应遵从之。本案中系争不动产抵押登记符合地方性法规《上海市房地产登记条例》，因此系争抵押权已设立，具备物权法第 195 条规定的优先受偿权。

四、法理分析

抵押预告登记是否等同于抵押登记？许某榕就案涉房屋办理了抵押预告登记，依此能否直接主张抵押权？

预告登记制度是指在当事人所期待的不动产物权变动所需的条件缺乏或尚未成就时，法律为保护权利取得人对未来取得物权所享有的请求权而进行的一种登记。预告登记作出后，并不导致不动产物权的设立或变动，而只是使登记申请人取得了一种请求将来发生不动产物权变动的权利。就抵押预告登记而言，其目的是为了保障将来设立抵押权，权利人所享有的只是请求抵押人履行抵押登记义务，并使抵押权得以成立的请求权。抵押预告登记并不能产生抵押权设立的法律效果，抵押权的设立仍须办理抵押权登记，当事人不能仅以抵押预告登记而主张享有优先受偿权。因此，在抵押权登记尚未办理的情况下，抵押预告登记权利人主张抵押权，并就抵押财产拍卖、变卖所得价款优先受偿的，并无法律依据。

抵押预告登记所登记的并非现实的抵押权，而是将来设立抵押权的请求权，该请求权具有排他效力。就本案而言，许某榕作为系争房屋抵押预告登记的权利人，在未办理房屋抵押权设立登记之前，其所享有的只是当抵押权登记的条件成就时请求抵押人（鼎盛鑫行公司）对系争房屋办理抵押权登记的请求权，并可排他性地对抗房屋所有人针对系争房屋的处分。

本案中，针对鼎盛鑫行公司与融合公司之间的商品房预告登记，四川省攀枝花市中级人民法院已作出生效判决，判令鼎盛鑫行公司协助融合公司办理案涉房屋的预告登记撤销手续，且事后许某榕就案涉房屋的抵押权预告登记业已被攀枝花市房地产管理局撤销。在存在有效的抵押预告登记的情况下，预告登记权利人尚且不能主张抵押权，何况本案抵押权预告登记已被撤销，故许某榕主张享有抵押权的请求无法律依据，不能成立。

已网签备案的房屋买受人能否排除法院的强制执行?

刘耀东

商品房交易实践中的网签备案登记能否发生物权变动效力?购房者能否主张已办理网签备案登记而取得房屋所有权,进而在强制执行程序中,提出执行异议以排除对网签备案登记房屋的强制执行?

一、案情与裁判

案件名称:刘某波、邓某再审审查与审判监督案

案情来源:最高人民法院(2018)最高法民申350号民事裁定

案情简介:

德州市中级人民法院(2013)德中商初字第43号民事判决认定,德州天翔置业有限责任公司(被申请人、一审被告、二审上诉人,以下简称天翔公司)、德州三沅工贸有限公司(一审第三人,以下简称三沅公司)双方在签订《电梯订购合同》后,天翔公司按约履行了付款义务,三沅公司却没有交付电梯,其行为已构成违约,在合同解除后,应返还原告货款647万元,赔偿损失1072918元。天翔公司提供的证据仅能证明刘某波(再审申请人、一审原告、二审被上诉人)、邓某(再审申请人、一审原告、二审被上诉人)购房时,三沅公司支付过部分房款,不能据此推定该公司财产与个人财产混同,天翔公司缺乏充分的证据证明刘某波、邓某作为公司股东滥用公司人格,侵害公司债权人的合法权益。根据合同的相对性原理,天翔公司只能向三沅公司主张权利,而不能要求刘某波、邓某为公司的债务承担连带责任。判决:(1)解除原告德州天翔置业有限责任公司与被告德州三沅工贸有限公司签订的《电梯订购合同》。(2)被告德州三沅工贸有限公司返还原告德州天翔置业有限责任公司货款

647 万元,赔偿损失 1072918 元。

德州市中级人民法院在执行(2013)德中商初字第 43 号民事判决时,查封了刘某波、邓某位于德州市德兴中大道 699 号的楼房,对刘某波、邓某提出的异议,于 2016 年 3 月 4 日作出(2015)德中法执异字第 9 号执行裁定书予以驳回,刘某波、邓某于 2016 年 3 月 12 日向德州市中级人民法院提起诉讼。

一审判决

德州市中级人民法院经审理认为:本案的争议焦点系被查封房屋的所有权问题及是否应予执行该房屋。首先,刘某波、邓某购买涉案房屋并办理了网签,说明该房屋归刘某波、邓某所有,虽然三沅公司支付了 2773938 元,也只能说明刘某波、邓某对三沅公司负有 2773938 元的债务。《民事诉讼法司法解释》第 501 条第 2 款规定:"该他人对到期债权有异议,申请执行人请求对异议部分强制执行的,人民法院不予支持。"一审法院不应继续执行该债权即涉案房产,而应由天翔公司通过代位诉讼救济权利。其次,刘某波、邓某在(2013)德中商初字第 43 号判决中没有承担责任,在该案件的执行中属于案外人,针对其房产被查封对其与三沅公司之间的债权债务关系提出异议的诉讼为案外人执行异议之诉,而非立案时的案由执行异议之诉,审理案外人就执行标的是否享有排除强制执行的民事权益,案外人同时提出确认其权利的诉讼请求的,法院可以一并审理,但撤销执行异议裁定书不是一审法院的审理范围,对此不予审查。综上所述,原告刘某波、邓某合法购买了涉案房屋,即拥有该房屋的所有权,原告的诉讼请求成立,应予支持。判决:(1)位于德州市德兴中大道 699 号的房产归原告刘某波、邓某所有;(2)不得执行位于德州市德兴中大道 699 号房产。

一审判决后天翔公司不服,提起上诉。

二审判决

山东省高级人民法院经审理认为:商品房网签登记所登记的不是现实的不动产物权,而是行政机关对于商品房买卖合同进行管理的一项措施,网签登记并不直接产生不动产物权设立或变动的效力,刘某波、邓某对涉案房产只是享有债权请求权,而非物权请求权。从不动产物权公示的效果看,刘某波、邓某并不享有涉案房产的所有权。《物权法》第 9 条规定:"不动产物权的设立、变更、转让和消灭,经依法登记,发生效力;未经登记,不发生效力,但法律另有规定的除外。"涉案房产没有登记在刘某波、邓某名下,刘某波、邓某未占有涉案房产,且本案不存在法律另有规定的情形。因此,刘某波、邓某以涉案房产已网签登记在其名下为由，主张其享有涉案房产的所有权的主张不能成立。

判决撤销德州市中级人民法院(2016)鲁14民初190号民事判决；驳回刘某波、邓某的诉讼请求。

二审判决后刘某波、邓某不服，向最高人民法院申请再审。

再审裁定

最高人民法院经审查认为：刘某波、邓某为支持其诉讼请求而提供的主要证据为(2013)德中商初字第43号民事判决所确认涉案的房产由刘某波、邓某自然人购买，并办理网签登记的事实。从《物权法》的规定看，物权公示原则为法律规定的基本原则。对不动产而言，其设立、变更、转让和消灭，应当依照法律规定登记。结合本案相关事实，案涉房屋并未登记在刘某波、邓某名下，刘某波、邓某仅进行了商品房网签登记，但商品房网签登记是政府部门依托其建立的商品房网上签约备案平台，为规范房地产开发企业、房屋中介公司等相关主体进行商品房预售管理的网上备案登记行为，商品房网签登记并不具有物权变动性质，而是行政机关对于商品房买卖合同进行管理的一项措施，商品房网签登记并不直接产生不动产物权设立或变动的效力。故本案中刘某波、邓某对涉案房产只是享有债权请求权，而非物权请求权。刘某波、邓某向法院提起的执行异议之诉，并未提供相应的证据证明其享有足以排除强制执行的民事权益，依法应承担举证不能的法律后果。综上，刘某波、邓某以涉案房产已网签登记在其名下为由，主张对涉案房产享有所有权的再审事由，缺乏事实和法律依据。

二、相关规定

《物权法》第9条(《民法典》第209条)："不动产物权的设立、变更、转让和消灭，经依法登记，发生效力；未经登记，不发生效力，但法律另有规定的除外。"

《物权法》第14条(《民法典》第214条)："不动产物权的设立、变更、转让和消灭，依照法律规定应当登记的，自记载于不动产登记簿时发生效力。"

《最高人民法院关于适用〈中华人民共和国民事诉讼法〉的解释》(法释〔2015〕5号)第311条："案外人或者申请执行人提起执行异议之诉的，案外人应当就其对执行标的享有足以排除强制执行的民事权益承担举证证明责任。"

《最高人民法院关于人民法院办理执行异议和复议案件若干问题的规定》(法释〔2015〕10号)第26条[《最高人民法院关于人民法院办理执行异议和复议

案件若干问题的规定》(法释〔2020〕21号)第26条]:“金钱债权执行中,案外人依据执行标的被查封、扣押、冻结前作出的另案生效法律文书提出排除执行异议,人民法院应当按照下列情形,分别处理:(一)该法律文书系就案外人与被执行人之间的权属纠纷以及租赁、借用、保管等不以转移财产权属为目的的合同纠纷,判决、裁决执行标的归属于案外人或者向其返还执行标的且其权利能够排除执行的,应予支持;(二)该法律文书系就案外人与被执行人之间除前项所列合同之外的债权纠纷,判决、裁决执行标的归属于案外人或者向其交付、返还执行标的的,不予支持。(三)该法律文书系案外人受让执行标的的拍卖、变卖成交裁定或者以物抵债裁定且其权利能够排除执行的,应予支持。金钱债权执行中,案外人依据执行标的被查封、扣押、冻结后作出的另案生效法律文书提出排除执行异议的,人民法院不予支持。非金钱债权执行中,案外人依据另案生效法律文书提出排除执行异议,该法律文书对执行标的权属作出不同认定的,人民法院应当告知案外人依法申请再审或者通过其他程序解决。”

《最高人民法院关于人民法院办理执行异议和复议案件若干问题的规定》(法释〔2015〕10号)第28条[《最高人民法院关于人民法院办理执行异议和复议案件若干问题的规定》(法释〔2020〕21号)第28条]:“金钱债权执行中,买受人对登记在被执行人名下的不动产提出异议,符合下列情形且其权利能够排除执行的,人民法院应予支持:(一)在人民法院查封之前已签订合法有效的书面买卖合同;(二)在人民法院查封之前已合法占有该不动产;(三)已支付全部价款,或者已按照合同约定支付部分价款且将剩余价款按照人民法院的要求交付执行;(四)非因买受人自身原因未办理过户登记。”

《最高人民法院关于人民法院办理执行异议和复议案件若干问题的规定》(法释〔2015〕10号)第29条[《最高人民法院关于人民法院办理执行异议和复议案件若干问题的规定》(法释〔2020〕21号)第29条]:“金钱债权执行中,买受人对登记在被执行的房地产开发企业名下的商品房提出异议,符合下列情形且其权利能够排除执行的,人民法院应予支持:(一)在人民法院查封之前已签订合法有效的书面买卖合同;(二)所购商品房系用于居住且买受人名下无其他用于居住的房屋;(三)已支付的价款超过合同约定总价款的百分之五十。”

三、典型案例或做法

案号	裁判立场
汤某安与海南星禾装饰工程有限公司、陵水骏高实业发展有限公司案外人执行异议再审案/最高人民法院(2017)最高法民申4900号民事裁定	汤某安与骏高公司虽在签订《商品房买卖合同》后办理了网签备案手续,但涉案房产所有权仍登记在骏高公司名下,网签备案行为并未产生变动物权的法律效果,也不改变汤某安作为买受人仅享有请求交付房产之债权的客观事实,其基于前述合同享有的债权亦不因办理网签备案手续而具有优于一般债权的效力。因此,汤某安关于针对涉案房产已经享有物权期待权并可以排除法院强制执行的主张,不符合前述法律规定。
王某中、余某明等与湖南泰山工程有限公司重庆分公司建设工程合同纠纷执行行为异议案/重庆市第四中级人民法院(2018)渝04执异506号执行裁定	案涉36套房屋并未登记在黄某名下,黄某仅进行了商品房网签登记,但商品房网签登记是政府部门依托其建立的商品房网上签约备案平台,规范房地产开发企业、房屋中介公司等相关主体进行商品房预售管理的网上备案登记行为,商品房网签登记并不具有物权变动性质,而是行政机关对于商品房买卖合同进行管理的一项措施,商品房网签登记并不直接产生不动产物权设立或变动的效力。故黄某对案涉36套房屋不享有所有权。依据《最高人民法院关于人民法院办理执行异议和复议案件若干问题规定》第28条的规定,不享有足以排除强制执行的民事权益。
上海绿地集团江西申江置业有限公司、张某民执行异议之诉再审案/江西省高级人民法院(2018)赣民再60号民事判决	对购房合同进行备案登记是《城市房屋地产管理法》所规定的,属于行政管理范畴,并不必然产生物权变动的法律效力。就本案而言,虽然聂某与绿地集团在签订《南昌市商品房买卖合同》后办理了购房合同的网签备案手续,亦虽然聂某已付清案涉房款的法律事实成立,但因《不动产产权情况表》显示案涉房屋的权属人系绿地集团而非聂某,房屋所有权未变更登记在聂某名下。故绿地集团作为出售案涉房屋的所有权人,仍应确认其享有足以排除强制拍卖等处分行为的民事权益。

四、法理分析

本案争议的焦点是刘某波、邓某对涉案房产进行了网签备案登记能否取得涉案房产所有权并进而排除法院的强制执行。

根据《物权法》第9条及第14条(《民法典》第209条及第214条)之规定,不动产物权变动以登记(过户登记)为生效要件。不动产物权自记载于不动产登记簿时发生物权变动效力。而商品房交易实践中的网签备案登记是政府部门为规范房地产开发企业、房屋中介公司等相关主体进行商品房预售管理，依托其所建立的商品房网上签约备案平台所进行的一种网上备案登记，此种登记并非作为房屋产权变动生效要件的登记，只是政府对于商品房买卖合同进行管理的一种行政措施，本身并不具有物权变动的性质，因而也并不能直接产生不动产物权设立或变动的效力。

就本案而言，刘某波、邓某仅对涉案房产进行了网签备案登记而并未进行不动产物权变动过户登记，涉案房产没有登记在刘某波、邓某名下，因而其并未取得涉案房产所有权，仅享有债权。且本案也并不存在《最高人民法院关于人民法院办理执行异议和复议案件若干问题的规定》(法释〔2015〕10 号)第 26 条、第 28 条及第 29 条所规定的可以排除强制执行之情形。因此，刘某波、邓某仅以涉案房产已网签登记在其名下为由，主张其享有涉案房产所有权进而可排除法院强制执行的主张不能成立。

保证金账户质权的成立与效力

王　佳*

破解民营企业融资问题的重要举措之一是成立融资性担保公司，担保公司与商业银行开展中小企业贷款担保业务合作，由担保公司为中小企业贷款提供担保，从银行贷款获取资金。实践中，银行为降低经营风险，一般要求担保公司除提供信用保证外，还要开立保证金账户，但同时产生大量针对法院执行融资性担保公司在合作银行开立的保证金账户而产生的执行异议之诉。那么企业为融资在银行开设专门账户并按照比例缴纳保证金是否形成质押？金钱质押的条件是什么？银行是否据此享有排除人民法院另案对保证金账户强制执行的民事权益？

一、案情与裁判

案件名称：中国农业发展银行安徽省分行与张某标民间借贷纠纷上诉案

案情来源：安徽省高级人民法院(2013)皖民二终字第00261号民事判决

案情简介：

2009年4月7日，乙方中国农业发展银行安徽省分行(上诉人、原审原告，以下简称农发行安徽分行)与甲方安徽长江融资担保集团有限公司(第三人，以下简称长江担保公司)签订一份贷款担保业务合作协议。其中约定了"担保保证金"条款：甲方在乙方开立担保保证金专户，担保保证金专户行为农发行安徽分行营业部。签订合作协议后，长江担保公司按照约定在农发行安徽分行处开立担保保证金账户并按照协议约定缴存规定比例的担保保证金，并据此为相应额度的贷款提供了连带保证责任担保。之后，该账户发生一百余笔交易业务。

---

* 王佳，东南大学法学院博士研究生，浙江新台州律师事务所疑案研究中心研究员。

2011年12月19日，合肥市中院在审理有关长江担保公司的民间借贷纠纷一案中，根据申请，对长江担保公司上述保证金账户内的资金进行保全。该案判决生效后，合肥市中院将上述保证金账户内的资金划至该院账户。农发行安徽分行作为案外人提出执行异议被驳回之后。农发行安徽分行提起本案诉讼，请求判令农发行安徽分行对长江担保公司在农发行安徽分行处开设的担保保证金账户内的资金享有质权，请求人民法院对该账户内资金停止强制执行。

一审判决

安徽省合肥市中级人民法院经审理认为：本案争议及审理的焦点问题是长江担保公司就涉案账户中的资金对农发行安徽分行是否构成质押担保。根据担保法及其司法解释规定，金钱作为特殊的动产质押须具备以下要件：一是双方当事人要签订质押合同，有将金钱作为质押的意思表示；二是要对质押物的金钱进行特定化，并移交债权人占有。

本案中，首先，本案签订的是合作协议，并非质押合同，且约定的保证方式为连带责任保证，整个合同行文中没有质押条款，由此表明双方并无将金钱作为质押的意思表示。其次，合作协议中虽然约定长江担保公司向约定账户存入一定数额的保证金，但没有约定农发行安徽分行就保证金在债务人不清偿到期债务时享有优先受偿权的相关内容。再次，保证金账户是长江担保公司开立，在形式上不符合法定的“移交债权人占有”要件。最后，涉案保证金账户存有多次进出账的情形，账户内的资金数额不断浮动，不符合法律规定的特定化的要件。上述事实表明，长江担保公司并无就涉案账户中的资金提供质押担保的意思表示。

一审判决后，农发行安徽分行不服，提起上诉。

二审判决

安徽省合肥市中级人民法院经审理认为：应当从质押合意以及质权是否设立两个方面进行审查农发行安徽分行是否享有质权。

(1)是否存在质押关系。根据案涉合作协议第4条“担保保证金”及第8条“违约责任”约定内容，农发行安徽分行与长江担保公司之间协商一致，达成对长江担保公司为担保业务所缴存的保证金设立担保保证金专户，长江担保公司按照贷款额度的一定比例缴存保证金；农发行安徽分行作为开户行对长江担保公司存入该账户的保证金取得控制权，长江担保公司不能自由使用该账户内的资金；如长江担保公司未履行保证责任，农发行安徽分行有权从该账户中扣划相应的款项优先受偿的合意。该合意具备质押合同的一般要件。

(2)案涉质权是否设立。金钱质押生效的条件包括金钱特定化和移交债权人占有两个方面。双方当事人已经按照协议约定为出质金钱开立了担保保证金专用账户。保证金专户开立后,长江担保公司按照每次担保贷款额度的一定比例向该账户缴存保证金,该账户亦未作日常结算使用。另,占有是指对物进行控制和管理的事实状态,因案涉账户开立在农发行安徽分行,农发行安徽分行作为质权人,取得对该账户的控制权,实际控制和管理该账户,符合出质金钱移交债权人占有的要求。故案涉质权依法设立。

二、相关规定

《物权法》第 210 条(**《民法典》**第 427 条):"设立质权,当事人应当采取书面形式订立质权合同。质权合同一般包括下列条款:(一)被担保债权的种类和数额;(二)债务人履行债务的期限;(三)质押财产的名称、数量、质量、状况;(四)担保的范围;(五)质押财产交付的时间。"

《物权法》第 224 条(**《民法典》**第 441 条):"以汇票、支票、本票、债券、存款单、仓单、提单出质的,当事人应当订立书面合同。质权自权利凭证交付质权人时设立;没有权利凭证的,质权自有关部门办理出质登记时设立。"

《最高人民法院关于适用〈中华人民共和国担保法〉若干问题的解释》(法释〔2000〕44 号)第 85 条[①]:"债务人或者第三人将其金钱以特户、封金、保证金等形式特定化后,移交债权人占有作为债权的担保,债务人不履行债务时,债权人可以以该金钱优先受偿。"

《人民币银行账户管理办法》第 13 条:"专用存款账户是存款人按照法律、行政法规和规章,对其特定用途资金进行专项管理和使用而开立的银行结算账户。"

《最高人民法院关于人民法院能否对信用证开证保证金采取冻结和扣划措施问题的规定》(法释〔1997〕4 号)第 1 条[**《最高人民法院关于人民法院能否对信用证开证保证金采取冻结和扣划措施问题的规定》**(法释〔2020〕21 号)第

① 2020 年 12 月 29 日,最高人民法院印发《关于废止部分司法解释及相关规范性文件的决定》(法释〔2020〕16 号),决定废止 2000 年 12 月 8 日印发的《最高人民法院关于适用〈中华人民共和国担保法〉若干问题的解释》。

1条]:“人民法院在审理或执行案件时,依法可以对信用证开证保证金采取冻结措施,但不得扣划。如果当事人认为人民法院冻结和扣划的某项资金属于信用证开证保证金的,应当提供证据予以证明。人民法院审查后,可按以下原则处理:对于确系信用证开证保证金的,不得采取扣划措施。”

三、典型案例或做法

案号	裁判立场
天津银行股份有限公司唐山分行等诉浙江物产融资租赁有限公司、刘某利、王某玲、王某丽、王某案外人执行异议之诉再审案/最高人民法院(2018)最高法民再27号民事判决	依据账户管理规定以及交易内容,可确定涉案账户属于信用证保证金专用存款账户;依据商业银行相关规定,可以确定唐山分行占有账户内保证金。因此,案中实际形成银行账户质押合同,唐山银行享有质权,可排除人民法院强制执行。
张某诉中国建设银行股份有限公司达拉特旗支行公司执行异议之诉纠纷案/最高人民法院(2017)最高法民申1829号民事裁定	首先,建行达旗支行与鑫源房地产公司签订保证金质押合同,约定了保证金专用账户及账号,该账户内金钱即已经完成金钱特定化。其次,在质权人开户并存入保证金即完成金钱特定化,建行达旗支行据此享有质权。再次,保证金质押的账户名称是专门的保证金账户还是出质人自己的账户不影响质权的成立。最后,保证金质权的成立并不以查封、冻结、登记、特别标记等为前提。
刘某刚诉株洲农村商业银行股份有限公司等执行人执行异议之诉案/最高人民法院(2017)最高法民申3538号民事裁定	株洲农商行与东泰公司签订的两份信贷业务担保合作协议书实际上属于质押合同,保证金存入账户属于完成金钱特定化且移交债权人即银行占有,银行据此享有质权,可排除人民法院作为另案标的的强制执行。

四、法理分析

保证金账户质押是银行与担保公司开展担保贷款业务合作时出现的一种新型担保方式,主要内容是担保公司在向银行贷款时以其在银行开立的账户作为“质押标的”担保贷款债权的实现,其间银行实际控制和管理质押账户。

首先,农发行安徽分行与长江担保公司是否形成了质押关系?尽管双方没有签订专门带有“质押”字样的合同,而仅签订了合作协议,但协议中约定:其一，担保公司在贷款银行中设立专门账户用于贷款担保；其二，未经银行同意，担保公司不得动用该账户内资金；其三，担保贷款到期未获清偿时，银行有权扣划其账户内资金用于清偿逾期贷款。协议约定表明农发行安徽分行与长江担保公司之间存在就用保证金账户资金作为贷款担保的书面合意。据此，应当认定双方存在质押合意，成立质押关系。

其次，农发行安徽分行是否享有质权？质权之设立要求质物转移归质权人占有，但并不改变质物所有权。然而，金钱作为特殊动产，不同于其他动产，通常情形下，金钱所有权变动遵循“占有即所有”原则，金钱的所有权随着交付而绝对转移。这意味着金钱质权不能通过直接移交金钱物理上占有形式进行，而需用特定的方式。

本案银行与担保公司按照协议约定为出质金钱开立担保保证金专用账户，专户开立之后，担保公司按期缴纳一定比例的保证金，符合《担保法司法解释》（法释〔2000〕44 号）第 85 条规定的金钱以特户形式特定化的要求。同时，账户在银行开立，银行实际管理和控制账户，符合质物移归质权人占有的要求。故农发行安徽分行依法享有质权。

最后，保证金账户质权有何效力？账户质权成立生效后，质权人即本案银行依据《担保法》《物权法》关于动产质押的规定以及《担保法司法解释》（法释〔2000〕44 号）获得质权，质权人可以排除法院将账户内资金作为另案标的的强制执行。本案中，法院将账户内资金作为另案执行标的进行扣划损害了银行的质权权益，银行可依据其质权对抗强制执行。在银行行使质权之前，第三人可以冻结账户内资金，即本案担保公司在另案中被申请冻结账户资金。但是当账户质权符合行使条件且质权人向法院申请执行账户内资金时，第三人不能再行对该账户内资金主张任何权利，亦不能要求法院继续冻结账户。同时，银行作为质权人对该账户内资金享有优先受偿权。

以物抵债协议的法律效力

周　颖*

债权人与债务人之间存在金钱债务，有时双方约定以特定物替代原金钱债务的清偿。实务上将该种替代履行债务的方式称为以物抵债。一般情形下，当事人设定以物抵债是为了及时还清债务，但有的以物抵债则是为了担保债权、转化高额利息或逃避债务。那么司法实践中对于以物抵债协议的效力究竟如何认定？

一、案情与裁判

案件名称：汤某、刘某龙等诉新疆鄂尔多斯彦海房地产开发有限公司商品房买卖合同纠纷案

案例来源：最高人民法院(2015)民一终字第180号民事判决

案情简介：

2013年汤某、刘某龙、马某太、王某刚(一审原告、二审上诉人)与彦海公司(一审被告、二审被上诉人)先后签订多份借款合同，通过实际出借并接受他人债权转让，取得对彦海公司合计2.6亿元借款的债权。

2013年7月18日至2014年3月27日，为担保上述借款合同履行，该四人分别与彦海公司签订了15份《商品房预售合同》，并向当地房屋产权交易管理中心办理了备案登记。

债权陆续到期，彦海公司并未偿还借款本息。2014年6月18日，双方协议以物抵债，确定未到期的借款提前到期。双方经对账，确认彦海公司尚欠四人借款本息361398017.78元(汤某等四人提交与彦海公司对账表显示，双方之间

* 周颖，青岛大学法学院讲师，法学博士，浙江新台州律师事务所疑案研究中心研究员。

的借款利息系分别按照月利率3%和4%、逾期利率10%计算,并计算复利)。并于同日,双方签订《商品房买卖合同》,约定彦海公司将其名下房屋出售给四人,上述欠款本息转为已付购房款,剩余购房款38601982.22元,待办理完毕全部标的物产权转移登记后一次性支付给彦海公司。

后,彦海公司拒不履行房屋交付义务,汤某等四人诉至法院,请求彦海公司支付违约金及相关费用。

一审判决

新疆维吾尔自治区高级人民法院经审理认为:汤某等四人与彦海公司之间的借贷关系已通过协商一致予以解除,其基于借贷关系而发生的债权债务因设立新的商品买卖合同法律关系而归于消灭。而双方签订的《商品房买卖合同》和《预售商品房补充协议》系双方真实意思表示,不违反法律、法规的强制性规定,属合法有效。合同相对人应按约定忠实履行各自合同义务。履行合同不符合约定的,应当承担违约责任。故,判令彦海公司向汤某等四人支付违约金及律师费。

二审判决

最高人民法院经审理认为:本案双方经协商一致终止借款合同关系,建立商品房买卖合同关系,并非为双方之间的借款合同履行提供担保,而是借款合同到期彦海公司难以清偿债务时,通过将彦海公司所有的商品房出售给汤某等四位债权人的方式,实现双方权利义务平衡的一种交易安排。该交易安排并未违反法律、行政法规的强制性规定,不属于《物权法》第186条规定禁止的情形,亦不适用《最高人民法院关于审理民间借贷案件适用法律若干问题的规定》第24条之规定。因而该商品房买卖合同合法有效。

但对于双方当事人包含高额利息的欠款数额,依法不能予以确认。应当认为汤某等四人作为购房人,尚未足额支付合同约定的购房款,彦海公司未按照约定时间交付房屋,不应视为违约。故,一审判令彦海公司承担支付违约金及律师费的违约责任错误,予以纠正。

二、相关规定

《物权法》第186条(《民法典》第401条):"抵押权人在债务履行期届满前,不得与抵押人约定债务人不履行到期债务时抵押财产归债权人所有。"

《合同法》第52条(《民法典》第153条):"有下列情形之一的,合同无效:

(一)一方以欺诈、胁迫的手段订立合同,损害国家利益;(二)恶意串通,损害国家、集体或者第三人利益;(三)以合法形式掩盖非法目的;(四)损害社会公共利益;(五)违反法律、行政法规的强制性规定。"

《合同法》第74条(《民法典》第538条):"因债务人放弃其到期债权或者无偿转让财产,对债权人造成损害的,债权人可以请求人民法院撤销债务人的行为。债务人以明显不合理的低价转让财产,对债权人造成损害,并且受让人知道该情形的,债权人也可以请求人民法院撤销债务人的行为。撤销权的行使范围以债权人的债权为限。债权人行使撤销权的必要费用,由债务人负担。"

《最高人民法院关于审理民间借贷案件适用法律若干问题的规定》(法释〔2015〕18号)第24条[《最高人民法院关于审理民间借贷案件适用法律若干问题的规定》(法释〔2020〕17号)第23条]:"当事人以签订买卖合同作为民间借贷合同的担保,借款到期后借款人不能还款,出借人请求履行买卖合同的,人民法院应当按照民间借贷法律关系审理,并向当事人释明变更诉讼请求。当事人拒绝变更的,人民法院裁定驳回起诉。按照民间借贷法律关系审理作出的判决生效后,借款人不履行生效判决确定的金钱债务,出借人可以申请拍卖买卖合同标的物,以偿还债务。就拍卖所得的价款与应偿还借款本息之间的差额,借款人或者出借人有权主张返还或补偿。"

三、典型案例或做法

案号	裁判立场
张某华、常德堂皇置业有限公司房屋买卖合同纠纷案/最高人民法院(2017)最高法民申128号民事判决	当事人双方签订以物抵债协议,如果协议中未明确约定以债权人受领抵债物作为成立要件,该以物抵债协议应为诺成性合同,只要双方达成合意,该协议即成立。
通州建总集团有限公司与内蒙古兴华房地产有限责任公司建设工程施工合同纠纷案/最高人民法院(2016)最高法民终484号民事判决	当事人于债务清偿期届满后签订的以物抵债协议,并不以债权人现实地受领抵债物,或取得抵债物所有权,为成立或生效要件。只要双方当事人的意思表示真实,合同内容不违反法律、行政法规的强制性规定,合同即为有效。

四、法理分析

本案的争议焦点在于以物抵债协议(《商品房买卖合同》及其补充协议)的

法律效力。以物抵债,并非严格的法律术语,司法实践中只能通过合同解释来具体确定以物抵债协议的性质和效力。

首先涉及债务履行期届满前签订的以物抵债协议。由于抵债物价值与债权数额在债务到期时方能最终确定,因而在债务履行期届满前签订的以物抵债协议可能存在抵债物价值与债权数额相差较大的情形,这在本质上属于《物权法》第186条所禁止的流押。然而,依据《民法典》物权编第401条,不再完全否定以物抵债协议的效力,允许债权人依法就抵债物优先折价受偿,更能实现债权人与债务人之前的利益平衡。此外,相关交易还可以被视为以买卖合同担保民间借贷,而依据《最高人民法院关于审理民间借贷案件适用法律若干问题的规定》(法释〔2015〕18号)第24条,为防范"套路贷",法院应驳回债权人履行买卖合同(亦即以物抵债协议)的诉讼请求,按民间借贷关系来审理此类案件。

在债务履行期届满后签订的以物抵债协议,其性质及效力就应另当别论了。因为,于此情形下,双方签订以物抵债协议,一方面债权人没有了担保之目的;另一方面,抵债物的价值与债权的数额都是确定的,一般不会存在利益失衡的问题,既无流押之嫌,也无套路贷之忧。此外,双方当事人协商一致签订以物抵债协议,将原债权债务关系转变为新的债权债务关系,是实现双方权利义务平衡的一种交易安排。只要该交易安排并未违反法律、行政法规的强制性规定,就应尊重当事人的意思自治,承认以物抵债协议的效力。

当然,我们并不能排除债务履行期届满后签订的以物抵债协议,仍可能存在对债务人显失公平的情况,或者债务人恶意逃避债务的情况。但此两种情形,并不是以物抵债协议"初始效力"应当讨论的范畴。若债务人或债务人的其他债权人认为该交易价格显失公平,则应根据《合同法》第54条或第74条之规定,对以物抵债协议依法行使撤销权。

具体到本案,虽然彦海公司与汤某等四人之间确实存在借款合同关系。但双方系争商品房买卖合同是在彦海公司未偿还借款本息的情况下,经重新协商并对账,将借款合同关系转变为商品房买卖合同关系,将借款本息转为已付购房款。属于在债务履行期届满后签订的以物抵债协议,且并未违反法律、行政法规的强制性规定,应依据意思自治原则认定为有效。若彦海公司或彦海公司的其他债权人认为该交易价格显失公平,则可根据合同法规定,依法行使撤销权。

顺便指出,本案《商品房买卖合同》中的已付购房款系由原借款本息转化而来。而原借款合同的利率远高于法律保护的民间借贷的利率，属于高利贷的范畴。因而应对原债权债务关系中的欠款数额，亦即《商品房买卖合同》中的已付购房款数额重新予以确定。从而进一步确定该《商品房买卖合同》的具体履行情况，以及彦海公司是否构成违约。

动产抵押权善意取得相关问题

刘忞旻*

抵押人以合法占有但无处分权的他人动产作抵押，此种情况下，抵押权可否设立？权利人可否善意取得此抵押权？如果可以，此时构成善意取得的要件又为何？试结合以下一则案例说明之。

一、案情与裁判

案件名称：海安县农村信用合作联社诉海安县爱之缘服饰有限公司借款合同案

案件来源：江苏省南通市中级人民法院（2006）通中民二终字第215号民事判决

案情简介：

2004年4月22日，海安县农村信用合作联社（原告、被上诉人）下属的老坝港信用社与海安县爱之缘服饰有限公司（被告、被上诉人，以下简称爱之缘公司）签订了最高额抵押担保借款合同一份，并于2004年4月27日在南通市海安工商行政管理局办理了抵押登记，抵押物为爱之缘公司设备平缝车26套、电子套结机4套、双针机10套、电子平锁机4套。合同签订后，2005年11月10日和2006年3月26日，被告分别向老坝港信用社借款35万元和10万元，合计45万元，约定还款日期为2006年4月20日。贷款到期后，被告爱之缘公司未履行还款义务，原告因此诉至法院请求判令被告爱之缘公司立即归还借款本金45万元、利息12789元及至实际给付之日止的利息。如果被告不能履行还款义务，请求行使抵押权。

---

* 刘忞旻，山东大学法学院硕士研究生，浙江新台州律师事务所疑案研究中心研究员。

2003年9月23日,上海贵宏实业发展有限公司扬州分公司(第三人、上诉人,以下简称贵宏公司扬州分公司)与被告爱之缘公司签订销售合同一份,由贵宏公司扬州分公司将“日星”牌工业缝纫机设备出售给爱之缘公司,合同总价款92.5万元,该合同中双方约定:货款未付清之前,货物产权仍归第三人所有。合同签订后,第三人按约交付了该批设备,被告亦给付货款543582元,尚欠货款381417元未能给付,引起纠纷。2005年12月19日,贵宏公司扬州分公司向东台市人民法院提起诉讼,要求爱之缘公司给付货款,该案经东台市人民法院调解结案,贵宏公司扬州分公司已向东台市人民法院申请执行。故此,贵宏公司扬州分公司称相关设备所有权并未转移给被告,被告公司抵押行为无效。

一审判决

江苏省海安县人民法院经审理认为:爱之缘公司欠款事实清楚,应当归还。爱之缘公司与老坝港信用社签订抵押合同时,有义务将抵押物的权属状况告知老坝港信用社,但该公司却隐瞒真实情况与老坝港信用社订立抵押合同,明显违背了我国《民法通则》规定的诚实信用原则,显系恶意,但不能因此而得出老坝港信用社抵押权无效的结论。基于被告与第三人之间的买卖合同,该批设备作为动产,事实上是由爱之缘公司合法占有和使用,购买设备的发票也是爱之缘公司所持有,老坝港信用社与爱之缘公司订立抵押合同时,没有理由不相信该批设备不属于爱之缘公司所有,老坝港信用社主观上并无过错。而且该抵押物依法办理了抵押登记,因此,老坝港信用社的抵押权属善意取得。原告的诉讼请求成立,应当支持。

一审判决后,贵宏公司扬州分公司不服,提起上诉。

二审判决

江苏省南通市中级人民法院经审理认为:由于贵宏公司扬州分公司供货后爱之缘公司尚未付清全部货款,根据约定,贵宏公司扬州分公司对所供缝纫机设备仍享有所有权。本案中爱之缘公司在付清货款、取得设备所有权之前,未经所有权人贵宏公司扬州分公司的授权在上述标的物上设定抵押属于无权处分。但维护交易安全、保护善意第三人利益的善意保护原则已为我国民法制度所承认。我国法律承认善意第三人可以自无权处分人处取得动产所有权和动产质权的担保权益。动产抵押权属于动产担保物权,在他人之物上设定抵押比直接转移他人之物的所有权在对他人权力的损害程度上要轻微得多,法律既然保护善意第三人自无权处分人处直接取得他人之物的所有权,那更应当保护善意第三人自无权处分人处取得在他人之物上设定抵押权的担保权益。而且与动产抵押权同属动产担保物权的质权已经明确可以使用善意保护原则,对与之类似的动产抵押权也应当适用这一原则。所以本案中应当运用善意保护原则,保护第三人的利益、维护交易的安全。

经查,老坝港信用社与爱之缘公司订立抵押合同时善意无过失,并办理了抵押物的登记手续,依法善意取得了该设备的抵押权。原审事实清楚,处理正确,应当维持。综上,二审法院驳回上诉,维持原判。

二、相关规定

《物权法》第180条(《民法典》第395条):"债务人或者第三人有权处分的下列财产可以抵押:(一)建筑物和其他土地附着物;(二)建设用地使用权;(三)以招标、拍卖、公开协商等方式取得的荒地等土地承包经营权;(四)生产设备、原材料、半成品、产品;(五)正在建造的建筑物、船舶、航空器;(六)交通运输工具;(七)法律、行政法规未禁止抵押的其他财产。抵押人可以将前款所列财产一并抵押。"

《物权法》第188条(《民法典》第403条):"以本法第一百八十条第一款第四项、第六项规定的财产或者第五项规定的正在建造的船舶、航空器抵押的,抵押权自抵押合同生效时设立;未经登记,不得对抗善意第三人。"

《物权法》第106条(《民法典》第311条):"无处分权人将不动产或者动产转让给受让人的,所有权人有权追回;除法律另有规定外,符合下列情形的,受让人取得该不动产或者动产的所有权:(一)受让人受让该不动产或者动产时是善意的;(二)以合理的价格转让;(三)转让的不动产或者动产依照法律规定应当登记的已经登记,不需要登记的已经交付给受让人。受让人依照前款规定取得不动产或者动产的所有权的,原所有权人有权向无处分权人请求赔偿损失。当事人善意取得其他物权的,参照前两款规定。"

《最高人民法院关于适用〈中华人民共和国物权法〉若干问题的解释(一)》(法释〔2016〕5号)第15条[《最高人民法院关于适用〈中华人民共和国民法典〉物权编的解释(一)》(法释〔2020〕24号)第14条]:"受让人受让不动产或者动产时,不知道转让人无处分权,且无重大过失的,应当认定受让人为善意。真实权利人主张受让人不构成善意的,应当承担举证证明责任。"

三、典型案例或做法

案号	裁判立场
江苏涟水太商村镇银行股份有限公司与淮安世迈科技有限公司、李某等金融借款合同纠纷案/江苏省淮安市中级人民法院(2015)淮中商初字第123号民事判决	对于原告对该32台抵押物所形成的抵押权是否构成善意取得问题,本院认为,《物权法》第106条明确规定了善意取得制度,而该条第3款规定:"当事人善意取得其他物权的,参照前两款规定。"因涉案抵押物存放于被告世迈公司的厂房内,根据物权法的公示原则,在世迈公司实际占有抵押物的情况下,原告取得其他物权的,参照前两款规定,故动产抵押权亦适用善意取得制度。本案中,原告与被告世迈公司签订了《最高额抵押担保合同》,且该合同已经生效,依据《物权法》第188条之规定,涉案抵押权自抵押合同生效时有理由相信世迈公司为抵押物的实际所有人,且原告在签订《最高额抵押担保合同》时对抵押物的购置发票进行了审查,增值税发票查询结果亦为真实,综合上述因素考虑,原告在取得涉案抵押权时应为善意。
上海电气租赁有限公司、华融湘江银行股份有限公司湘潭分行第三人撤销之诉/湖南省湘潭市中级人民法院(2018)湘03民终856号民事判决	本案争议的焦点为:被上诉人华融湘江银行对本案诉争设备即上海紫光机械有限公司生产的商务表格印刷机上设立的抵押权,是否构成善意取得。《物权法》第106条第3款规定:"当事人善意取得其他物权的,参照前两款规定。"故动产抵押权亦适用善意取得制度。本案中,诉争设备放置在被上诉人华毅印务公司内,根据物权公示原则,在华毅印务公司实际占有抵押物的情况下,华融湘江银行有理由相信其为抵押物的实际所有人。在办理抵押登记时,华融湘江银行亦未发现该设备已被法院查封及设备上存在有限制办理抵押登记的其他情形。因此能够认定被上诉人华融湘江银行在取得涉案抵押权时为善意,符合动产抵押权善意取得的法律要件,其就本案诉争设备取得的抵押权应当受到法律保护。

四、法理分析

本案主要争议是被告在未获得相关设备所有权的情况下,将其抵押给不知情的原告,为原告设立抵押权。主要涉及两个问题:第一,动产抵押是否可以适用善意取得制度?第二,如果动产抵押权可以善意取得,其构成要件为何,与一般善意取得是否有所区别?

首先,动产抵押权可以适用善意取得制度。《物权法》第106条规定了物权善意取得制度,该条第3款明文规定:"当事人善意取得其他物权的,参照前两款规定。”此处“其他物权”是指除所有权外法律规定的其他物权，动产抵押权属于我国《物权法》明文规定的物权，因此动产抵押权也可以适用善意取得制度。本案中，两审法院均支持原告善意取得设备抵押权。时值《物权法》颁布前，二审法院通过对相关法律规定作当然解释与类推解释，也得出抵押权可适用善意取得制度的结论。

其次，善意取得动产抵押权需要权利人签订抵押合同时为善意。根据我国《物权法》第 106 条规定，一般情况下，善意取得需要具备三个要件：(1)受让人受让该不动产或者动产时是善意；(2)以合理的价格转让；(3)转让的不动产或者动产依照法律规定应当登记的已经登记，不需要登记的已经交付给受让人。但动产抵押权的善意取得具有其特殊性。比照以上三个要件具体而言：第一，善意取得动产抵押权不需要“以合理价格转让”要件。抵押仅是在抵押财产上设立一项负担，并不发生所有权变动，也不单独发生交易行为，故抵押权的设立不以支付对价为要件，抵押合同为无偿、单务合同。因为无偿性，判断善意取得时，自然无须“以合理价格转让”这一要件。第二，善意取得动产抵押权也不需要登记或交付要件。《物权法》第 188 条规定，动产抵押权自抵押合同生效时设立，登记仅为对抗要件。而抵押也无须转移占有，故动产抵押判断善意取得时，也无登记或交付要件。第三，善意取得动产抵押权，只需满足“取得动产抵押权时为善意”这一要件。具体而言，是权利人在签订动产抵押合同时为善意。而是否为善意的判断，需要通过《物权法司法解释(一)》(法释〔2016〕5 号)第 15 条等相关规定加以确定，即权利人是否不知情，且无重大过失，善意判断标准与一般情况相同。

本案中，被告爱之缘公司合法占有并使用相关设备，原告有理由相信被告有设备处分权，不知被告无所有权事实，主观为善意。并且原告还审查了被告购买设备时的发票，已尽相关注意义务，无重大过失。所以法院认定原告善意取得抵押权应属妥当。

股权让与担保的性质与效力

周　颖

《物权法》没有规定让与担保制度，但让与担保一直在担保实践中扮演重要角色。而近年来股权让与担保颇受欢迎，同时股权让与担保所引发的纠纷也日益增多。不仅如此，股权让与担保因股权的特性和公司这一主体的加入，也使得相关纠纷更为复杂。

一、案情与裁判

案例名称：赵某莲、新疆爱家园投资有限公司确认合同无效纠纷案

案例来源：最高人民法院（2017）最高法民再136号民事判决

案情简介：

2011年5月20日，百富公司与爱家园公司（再审申请人、一审被告、二审被上诉人）签订《房产定购合同书》，爱家园公司向百富公司定购由百富公司开发建设的房产，总价2.16亿元。该合同第6.4条约定：百富公司股东自愿将其所拥有的50%股份变更登记至爱家园公司指定的自然人名下，待百富公司将全部房产及产权手续办至爱家园公司名下后，由爱家园公司将股权变更至百富公司名下，该股东行使权利范围仅限于房产项目。

同日，张某贵、赵某莲（再审申请人、一审被告、二审被上诉人）签订《股权转让协议书》，约定："为保证百富公司和爱家园公司定购房屋合同的顺利履行，双方达成如下协议：1.百富公司张某贵持有50%股权转让给赵某莲……4.赵某莲依法享有股东权利和义务。"2011年5月30日，双方办理了股权变更登记。后因合同履行问题，双方发生纠纷，张某贵向法院起诉请求确认《股权转让协议》无效，要求赵某莲返还其50%股权。

一审判决

乌鲁木齐市中级人民法院经审理认为：驳回张某贵的诉讼请求。

二审判决

新疆维吾尔自治区高级人民法院经审理认为：百富公司股东张某贵、爱家园公司指定的自然人赵某莲以签订股权转让合同形式为房产定购合同提供担保不符合法律规定的担保方式，且属于担保方张某贵与房产购买人爱家园公司在债务履行期限届满前，变相约定将担保财产即股权归爱家园公司指定的自然人赵某莲，该行为符合流质契约的要件，应当认定为无效。

张某贵请求确认《股权转让协议》无效并判令赵某莲将持有的百富公司50％的股权恢复登记到张某贵名下的诉讼请求，法院予以支持。

再审判决

最高人民法院经审理认为：《房产定购合同书》中第6.4条的约定、《股权转让协议书》中关于股权转让的约定仅为在担保期间以案涉股权为百富公司履行房产过户义务提供担保，其不违反物权法关于禁止流押的规定。关于案涉百富公司50％股权的最终归属，应根据《房屋定购合同书》第6.4条的约定，视该条约定的房产过户义务履行情况而定。

由于本案张某贵是以案涉《房产定购合同书》中第6.4条以及两份股权转让协议无效为由请求判令将案涉股权返还给张某贵，故在上述条款和协议有效，股权回转条件尚未成就的情形下，张某贵的该诉讼请求不能得到支持。

二、相关规定

《物权法》第186条（《民法典》第401条）：“抵押权人在债务履行期届满前，不得与抵押人约定债务人不履行到期债务时抵押财产归债权人所有。”

《物权法》第226条（《民法典》第443条）：“以基金份额、股权出质的，当事人应当订立书面合同。以基金份额、证券登记结算机构登记的股权出质的，质权自证券登记结算机构办理出质登记时设立；以其他股权出质的，质权自工商行政管理部门办理出质登记时设立。基金份额、股权出质后，不得转让，但经出质人与质权人协商同意的除外。出质人转让基金份额、股权所得的价款，应当向质权人提前清偿债务或者提存。”

《民法总则》第153条（《民法典》第153条）：“违反法律、行政法规的强制性规定的民事法律行为无效。但是，该强制性规定不导致该民事法律行为无效的除外。”

《全国法院民商事审判工作会议纪要》(法〔2019〕254号)第71条:“债务人或者第三人与债权人订立合同,约定将财产形式上转让至债权人名下,债务人到期清偿债务,债权人将该财产返还给债务人或第三人,债务人到期没有清偿债务,债权人可以对财产拍卖、变卖、折价偿还债权的,人民法院应当认定合同有效。合同如果约定债务人到期没有清偿债务,财产归债权人所有的,人民法院应当认定该部分约定无效,但不影响合同其他部分的效力。当事人根据上述合同约定,已经完成财产权利变动的公示方式转让至债权人名下,债务人到期没有清偿债务,债权人请求确认财产归其所有的,人民法院不予支持,但债权人请求参照法律关于担保物权的规定对财产拍卖、变卖、折价优先偿还其债权的,人民法院依法予以支持。债务人因到期没有清偿债务,请求对该财产拍卖、变卖、折价偿还所欠债权人合同项下债务的,人民法院亦应依法予以支持。”

三、典型案例或做法

案号	裁判立场
大连永欣香榭里实业有限公司与邵某1、邵某2、大连普吉酒店管理有限公司、王某祥民间借贷纠纷二审案/辽宁省高级人民法院(2015)辽民二终字第00266号民事判决	本案股权转让协议是基于借款合同而签订,虽然双方办理了股权转让登记,但均认为该协议具有担保性质,且永欣公司仍经营管理该公司,故该股权转让协议并不属于“流质”的约定。
王某维、殷某岚与赵某恒、郑某超等股东资格确认纠纷申请再审案/最高人民法院(2015)民申字第3620号民事判决	此种通过转让标的物的所有权来担保债权实现的方式属于非典型担保中的让与担保,殷某岚、王某维可以依据约定主张担保权利,但其并未取得股权。原一、二审判决将案涉担保方式认定为股权质押有误,本院予以纠正。

四、法理分析

本案的争议焦点在于股权让与担保的性质与效力。这一方面涉及让与担保合同的效力,以及让与担保是否具有物权效力的问题;另一方面还需关注,股权作为兼具财产权和人身权属性的复合型权利，股权让与担保中的股权受让人在何种程度上享有股权的问题。

首先，关于让与担保的效力问题。让与担保是指债务人或第三人为担保债务的履行，将标的物移转给他人，于债务不履行时，该他人可就标的物受偿的一种非典型担保。由于《物权法》没有规定让与担保制度，司法实践对于让与担保的性质和效力曾有过不同的主张。有观点认为，让与担保构成流质应属无效；有观点认为，让与担保违反物权法定原则，应属无效；亦有观点认为，名为让与、实为担保构成通谋虚伪意思表示，应属无效。然而，现阶段我国司法实务界倾向于不否认让与担保合同的效力，并承认让与担保的物权效力。其一，物权法关于禁止流质的规定，只能否定事前归属型让与担保的效力，清算型让与担保并不存在流质的问题。其二，让与担保本身并未创设新的物权类型，也未新设物权的内容，与物权法定原则并不冲突。其三，依据《民法总则》第146条规定，在名为让与、实为担保的情形下，让与担保为虚假意思表示隐藏的民事法律行为，应根据《合同法》的相关规定认定其效力，并非一概无效。因此，只要让与担保合同是双方当事人的真实意思表示，不违反法律及行政法规的强制性规定，让与担保合同就应认定为有效。并且，在物权转让满足公示要求的情况下，让与担保还应当认定具有物权效力，即在主债务期限届满后仍未履行的情况下，债权人（即受让人）对变价后的标的物价值享有优先受偿权。因为，担保权人取得优先受偿权的基础在于，当事人之间设定的担保权能够借助于一定手段为第三人所知悉。具体到本案中，上述争议就体现为，二审法院认为双方当事人之间的《股权转让协议书》构成流质，应为无效；而再审中最高院则认定，双方当事人之间的股权转让系为担保百富公司房产过户义务的履行，且有约定待百富公司债务履行后再由爱家园公司将股权变更至百富公司名下，因而构成清算型让与担保，应为有效。

其次，关于股权让与担保中的股权受让人在何种程度上享有股权的问题。由于从意思表示的角度来看，的确可以将股权让与担保理解为名为股权转让、实为担保。因而，股权让与担保中的股权转让协议作为用以隐藏真实民事法律行为的虚假意思表示，其效力绝不能等同于一般的股权转让协议。而是应该从实现股权让与担保功能的角度认定股权转让协议的效力。也就是说，在股权让与担保中，名义上的股权受让人应在不超过担保目的的范围内取得股权，原则上无权对股权进行使用收益，不能享有公司法规定的股东所享有的参与决策、选择管理者、分取红利的权利。因而，在本案中赵某莲虽受让了百富公司50%的股权，但在担保权存续期间，赵某莲只能根据约定在有限范围内行使股权。并且，在百富公司依约履行了房产过户义务后，赵某莲应将案涉百富公司50%股权返还张某贵。

业主大会追索物业专项维修资金的主体资格及诉讼时效问题分析

董媛媛

业主当交不交物业专项维修资金，业主大会能否代表业主提起诉讼追索专项维修资金？追索专项维修资金的请求权基础为何？拖欠该资金的业主能否以追索物业专项维修资金超过诉讼时效为由进行抗辩？以下结合审判实践说明之。

一、案情与裁判

案件名称：上海环亚实业总公司与上海市虹口区久乐大厦小区业主大会所有权纠纷上诉案

案情来源：上海市第二中级人民法院(2011)沪二中民二(民)终字第1908号民事判决

案情简介：

2004年1月5日，甲方上海虹口商业房地产经营公司(案外人)与乙方上海环亚实业总公司(上诉人、原审被告，以下简称环亚公司)签订了《关于交付中山北一路某号久乐大厦补偿用房的协议》，约定：由甲方交付乙方的商场位于中山北一路某号的一层和二层，一层691.36平方米，二层910.39平方米；甲乙双方共同办理交付房屋的产证手续，直至手续完备；办理产证的所需费用，由乙方自行负担。2004年3月1日，环亚公司取得上海市中山北一路某号底层、二层房屋的产权。环亚公司未支付过系争房屋的维修资金。2010年9月15日，上海市虹口区久乐大厦小区业主大会(被上诉人、原审原告，以下简称久乐业主大会)就是否向法院起诉环亚公司追讨维修基金征求全体业主意见，表决结果为：应到业主80人(户)，其中同意78人(户)，弃权2人(户)，该表决结果显示超过二分之一以上业主同意起诉环亚公司，会议决定由久乐业主大会代表业主提起相关诉讼。现久乐业主大会起诉要求环亚公司交纳维修资金 57,566.9 元。

一审判决

上海市虹口区人民法院经审理认为：住宅物业、住宅小区内的非住宅物业或者与单幢住宅楼结构相连的非住宅物业的业主，应当按照国家有关规定交纳专项维修资金。现环亚公司未缴纳维修资金，根据法律规定业主大会有权依照法律、法规以及管理规约，主张权利。缴纳维修资金的义务系业主的法定义务，并非系业主大会与业主基于债权关系而形成的债务，故对于维修资金的催讨不适用诉讼时效的规定。环亚公司关于久乐业主大会不符合诉讼法中规定的诉讼主体及业主大会起诉已超过诉讼时效的辩称意见，不予采信。故判决支持久乐业主大会的诉请。

一审判决后，环亚公司不服，提起上诉。

二审判决

上海市第二中级人民法院经审理认为：业主大会作为自治组织，管理全体业主的共有财产、共同事务，可以作为其他组织参加诉讼。业主大会具有社团性质，业主即是社团之社员，享有社员权，承担社员义务，其权利义务包含多种性质。业主大会作为全体业主的共有财产管理者，对房屋共有部分的维修和改良具有法律规定的权利。维修资金是法律规定的业主应当缴纳的款项，其用途就是对房屋共有部分的维修和改良。因此，业主大会要求作为业主之一的上诉人缴纳维修资金，这一权利基于业主是业主大会的社员，基于业主大会是房屋共有部分维修和改良的管理者而产生，并非是单纯的债权请求权，不是时效制度的客体。故驳回上诉，维持原判。

二、相关规定

《物权法》第 83 条(《民法典》第 286 条)：“业主应当遵守法律、法规以及管理规约。业主大会和业主委员会，对任意弃置垃圾、排放污染物或者噪声、违反规定饲养动物、违章搭建、侵占通道、拒付物业费等损害他人合法权益的行为，有权依照法律、法规以及管理规约，要求行为人停止侵害、消除危险、排除妨害、赔偿损失。业主对侵害自己合法权益的行为，可以依法向人民法院提起诉讼。”

《最高人民法院关于适用〈中华人民共和国民事诉讼法〉的解释》(法释〔2015〕5 号)第 52 条第一句[《最高人民法院关于适用〈中华人民共和国民事诉讼法〉的解释》(法释〔2020〕20 号)第 52 条第一句]：“民事诉讼法第四十八条规定的其他组织是指合法成立、有一定的组织机构和财产，但又不具备法人资格的组织。”

《最高人民法院关于审理民事案件适用诉讼时效制度若干问题的规定》(法释〔2008〕11号)第1条[《最高人民法院关于审理民事案件适用诉讼时效制度若干问题的规定》(法释〔2020〕17号)第1条]:“当事人可以对债权请求权提出诉讼时效抗辩,但对下列债权请求权提出诉讼时效抗辩的,人民法院不予支持:(一)支付存款本金及利息请求权;(二)兑付国债、金融债券以及向不特定对象发行的企业债券本息请求权;(三)基于投资关系产生的缴付出资请求权;(四)其他依法不适用诉讼时效规定的债权请求权。”

三、典型案例或做法

案号	裁判立场
南通市天兴物业管理有限公司诉张某祥所有权纠纷案/江苏省南通市崇川区人民法院(2017)苏0602民初3449号民事判决	本院认为,业主对建筑物专有部分以外的共有部分,享有权利承担义务;不得以放弃权利不履行义务。筹集和使用建筑物及其附属设施的维修资金,应当由业主共同决定,经专有部分占建筑物总面积2/3以上的业主且占总人数2/3以上的业主同意。被告对2013、2014年度维修资金应分摊数额已签字认可,应当承担支付义务。被告收取明细表并签字确认,表明对该债务关系的确认。但明细表并未约定给付期限,被告也未举证证明其在本次诉讼立案计算诉讼时效起算点前已经明示拒付该款项,故对其诉讼时效抗辩不予采信。
曾某林等诉冷水江市新天地商铺业主委员会物权纠纷案/湖南省娄底市中级人民法院(2017)湘13民终780号民事判决	诉讼时效主要适用于债权请求权。交纳专项维修资金义务的产生不是依据特定法律交易或法律关系,而是源于一种法律事实,即曾某林属于新天地商铺专有部分所有权人之一。因此,按时交纳专项维修资金是基于新天地商铺共同体成员身份,并为共同体的共同利益而产生的公益性、成员性义务,具有法定性。故不适用诉讼时效制度的规定。二审中,根据《诉讼时效司法解释》第22条“诉讼时效期间届满,当事人一方向对方当事人作出同意履行义务的意思表示或自愿履行义务后,又以诉讼时效期间届满为由进行抗辩的,人民法院不予支持”之规定,曾某林以自己行为履行义务,又提出诉讼时效抗辩,不符合该规定,故不予支持。
重庆市江北区爱丁名苑业主委员会与重庆新洲实业(集团)有限公司物权保护纠纷案/重庆市江北区人民法院(2015)江法民初字第12142号民事判决	关于被告提出的诉讼时效抗辩问题。业主交纳的物业专项维修资金属全体业主共有,由全体业主享有所有权,此种共有不能处分、转让、分割,原告经业主大会决议,要求被告将其代收的物业专项维修资金支付至管理局资金专户,是行使共同管理职责,这种对财产的管理关系所反映的是财产的归属关系,并非向被告主张债权请求权。故本案不适用诉讼时效的规定,本院对被告的此项抗辩意见不予采纳。

四、法理分析

我国法律并未明确赋予业主大会及业主委员会民事主体和民事诉讼当事人地位。最高人民法院〔2002〕民立他字第46号复函中认为，根据《民事诉讼法》及其司法解释的规定，业主委员会符合“其他组织”条件。因本案中原告为业主大会，故需就业主大会的诉讼主体资格进行探讨。欲判断追索专项维修资金请求权是否适用诉讼时效的规定，其前提为明确该项请求权属于债权请求权还是物权请求权。

首先，久乐业主大会有权代表业主起诉环亚公司催缴专项维修资金。《物权法》第83条第2款规定了业主大会和业委会有权根据法律法规和管理规约，对损害他人合法权益的行为请求停止侵害、排除妨碍、消除危险、恢复原状、赔偿损失。但不能据此认为业主大会对管理事项享有诉权，具备诉讼主体资格。根据《民事诉讼法司法解释》(法释〔2015〕5号)第52条可知，民事诉讼当事人中“其他组织”需具备三个要件：一是依照法律规定的程序和条件成立；二是有一定的组织机构和财产；三是不具备法人资格。具体而言，业主大会的决策机构和执行机构分别为业主大会会议、业主委员会。由《业主大会和业主委员会指导规则》(建房〔2009〕274号)可知，业主大会、业主委员会的工作经费由全体业主承担，经筹集后作为业主大会所有的财产供其支配。现行法并未规定业主大会的民事主体地位，其当然不具备法人资格。因此，依法成立的业主大会符合民事诉讼当事人中“其他组织”的要件。又据《物权法》第76条之规定，决定有关共有和共同管理的其他事项应当经专有部分占建筑物总面积过半数的业主且占总人数过半数的业主同意。本案关于起诉环亚公司追讨维修资金和由业主大会代表业主起诉的表决结果符合前述《物权法》规定。因此，久乐业主大会代表业主作为原告起诉环亚公司，诉讼主体适格。

其次，追索专项维修资金属于行使债权请求权。《物业管理条例》第7条规定，业主需按照国家有关规定履行交纳专项维修资金的义务，即交纳专项维修资金系行政法规规定的义务。《住宅专项维修资金管理办法》第7条第1款规定，每平方米建筑面积交存首期住宅专项维修资金的数额为当地住宅建筑安装工程每平方米造价的5%～8%。因前述法定义务规定较为笼统，一般仍需通过商品房买卖合同或者业主大会决议再行约定具体的履行数额和履行方式。《民法典》第 134 条第 2 款规定:“法人、非法人组织依照法律或者章程规定的议事方式和表决程序作出决议的,该决议行为成立。”明确将决议行为规定在民事法律行为一章,实施主体限制为法人、非法人组织。业主大会虽不属于前述主体类型,但理论与实践一般将业主大会决议归为法律行为类别下的决议行为。债是特定当事人之间请求为一定给付的民事法律关系,依据发生原因可分为法定之债和意定之债。意定之债是由当事人根据意思自治实施法律行为所产生的债。商品房买卖合同和业主大会决议中专项维修资金交纳的具体约定都是以给付一定数量的货币为内容的当事人自主协商之结果。故而在当事人之间产生债之法律关系。决议行为系团体内部形成方向相同的意思,以团体或团体机关为受领人。单个业主负有交纳其应缴份额维修资金的债务,全体业主作为一个团体享有债权。因此,请求业主支付专项维修资金属于行使债权请求权。

最后,行使追索专项维修资金请求权不应受诉讼时效限制。《诉讼时效司法解释》(法释〔2008〕11 号)第 1 条规定:“不受诉讼时效限制的债权请求权包括:1.支付存款本金及利息请求权;2.兑付国债、金融债券以及向不特定对象发行的企业债券本息请求权;3.基于投资关系产生的缴付出资请求权;4.其他依法不适用诉讼时效规定的债权请求权。”这些债权请求权具有两个共同特点:一是债的内容源于法定义务。储蓄机构向存款人支付存款本金及利息、债券发行人向购买人兑付债券本金及利息是《商业银行法》《证券法》明确的义务。投资人依约足额出资的义务为《公司法》所规定。二是债的履行与主体存续利益密切相关。存款并无特定履行期限,主要为民众消费保障;债券投资类似于储蓄,系长期存续的稳健性投资;缴付出资是企业设立、长期经营的主要来源。若受诉讼时效限制,则会危及存款人和购买人的生存利益、违背公司资本充足原则。《民法典》第 26 条规定了父母对未成年子女的抚养、教育和保护义务以及成年子女对父母的赡养、扶助和保护义务,其履行包括抚养费、赡养费和扶养费等给付义务。受抚养、赡养或者扶养者系年幼、年老或者缺乏劳动能力者,此等费用是其基本生活来源。故《民法典》第 196 条规定了请求支付抚养费、赡养费或扶养费不适用诉讼时效。同理,前文已论及交纳专项维修资金系业主的法定义务,该资金的筹集和使用是业主居住和生活利益的重要保障。故请求交纳专项维修资金具备法定不适用诉讼时效的债权请求权的一般共性,不应受诉讼时效的限制。因此,环亚公司应支付其应交份额的维修资金。

担保人对“借新还旧”不知情的应当免除担保责任

周　颖

依据《担保法司法解释》关于保证合同的规定，主合同当事人双方协议以新贷偿还旧贷的，保证人可主张对此不知情而免除保证责任。那么，何为“借新还旧”？该规定是否能够适用于抵押担保合同？对于约定有“贷款人与借款人协议变更主合同，无须经担保人同意”条款的合同，担保人还能否依据上述规定主张免责？

一、案情与裁判

案件名称：中国长城资产管理公司哈尔滨办事处与黑龙江华夏造纸有限公司、佳木斯金地造纸股份有限公司借款担保合同纠纷案

案例来源：最高人民法院(2010)民二终字第72号民事判决

案情简介：

2003年12月，银行与金地造纸公司(原审被告)签订借款合同，约定借款用途为8.5万吨牛皮箱板纸项目，借款1.9亿余元，同时，华夏造纸公司(被上诉人、原审被告)与银行签订前述借款额度内的《最高额抵押合同》，约定华夏造纸公司“完全了解借款用途，除展期和增加贷款金额外，银行与主合同借款人协议变更主合同，无须经华夏造纸公司同意，华夏造纸公司仍在本合同确定的抵押担保范围内承担抵押担保责任”。担保期间，金地造纸公司向银行6次借款本金共计1.2亿元，借款合同中约定，借款用途为借新还旧，即以新贷偿还旧贷，并未实际发生新的债权。2005年7月中国长城资产管理公司(上诉人、原审原告)受让银行对金地造纸公司的债权。2008年，中国长城资产管理公司提起诉讼，请求判令金地造纸公司偿还借款本息2亿余元，在金地造纸公司不能履行

债务时,华夏造纸公司以其抵押财产折价、拍卖、变卖的价款优先偿还借款本息。

一审判决

黑龙江省高级人民法院经审理认为:长城资产管理公司主张权利所依据的六份借款合同虽然发生在华夏造纸公司与工行的《最高额抵押合同》约定的期间内,但上述借款合同约定借款用途为借新还旧,且长城资产管理公司未能提供证据证明华夏造纸公司明知或应当知道上述借款为借新还旧。依据《担保法司法解释》第39条,华夏造纸公司不承担担保责任。

此外,依据六份借款合同的约定,金地造纸公司有义务协助工行与担保人重新签订担保合同,但其后工行并未与华夏造纸公司重新签订担保合同。因此,案涉六份借款合同项下的债权不应属于华夏造纸公司最高额抵押担保的债权范围,华夏造纸公司亦不应对上述债务承担抵押担保责任。

二审判决

最高人民法院经审理认为:金地造纸公司与工行之间的六份借款合同发生在本案最高额抵押合同所限定的期间内,除此之外主债务双方并未签订其他借款合同,且该六份借款合同在有关担保的格式条款中注明的担保合同编号即为本案最高额抵押合同编号。因此,上述六份借款合同属于华夏造纸公司提供最高额抵押担保的范围。

华夏造纸公司对六份借款合同约定的借新还旧的借款用途并不知情。虽然,最高额抵押合同中约定,工行与金地造纸公司协议变更主合同无须经华夏造纸公司同意。但上述约定不能对抗《担保法司法解释》第39条的规定,华夏造纸公司不应承担担保责任。

二、相关规定

《物权法》第203条(《民法典》第420条):"为担保债务的履行,债务人或者第三人对一定期间内将要连续发生的债权提供担保财产的,债务人不履行到期债务或者发生当事人约定的实现抵押权的情形,抵押权人有权在最高债权额限度内就该担保财产优先受偿。最高额抵押权设立前已经存在的债权,经当事人同意,可以转入最高额抵押担保的债权范围。"

《担保法》第24条(《民法典》第695条):"债权人与债务人协议变更主合同的,应当取得保证人书面同意,未经保证人书面同意的,保证人不再承担保证责任。保证合同另有约定的，按照约定。”

《担保法》第 30 条(《民法典》第 148 条、149 条、150 条)：“有下列情形之一的，保证人不承担民事责任：(一)主合同当事人双方串通，骗取保证人提供保证的；(二)主合同债权人采取欺诈、胁迫等手段，使保证人在违背真实意思的情况下提供保证的。”

《最高人民法院关于适用〈中华人民共和国担保法〉若干问题的解释》(法释〔2000〕44 号)第 39 条[《最高人民法院关于适用〈中华人民共和国民法典〉有关担保制度的解释》(法释〔2020〕28 号)第 16 条]：“主合同当事人双方协议以新贷偿还旧贷，除保证人知道或应当知道的外，保证人不承担民事责任。新贷与旧贷系同一保证人的，不适用前款的规定。”

三、典型案例或做法

案号	裁判立场
工行邢台分行营业部与某橡胶材料公司、邢台市力车胎公司借款保证合同纠纷案/河北省高级人民法院(2001)冀经一终字第 103 号民事判决	该种以贷还贷的用途改变，无论是签合同前，还是之后，均系将原来他人担保或无担保的债务转嫁至新的担保人轮胎公司，加重了轮胎公司责任，严重损害了轮胎公司利益，且不能证明轮胎公司对此知情，根据最高人民法院《担保法司法解释》第 39 条规定，保证人轮胎公司不承担责任。
中国农业银行股份有限公司博尔塔拉分行诉新疆新诚基饮服培训商贸有限责任公司承担担保责任再审案/最高人民法院(2014)民提字第 136 号民事判决	借款用途所称的“解付信用证”，实质是通过借新贷用以偿付在信用证交易中所欠的融资垫款，法律性质上均属以新债偿还旧债。《担保法司法解释》第 39 条虽从文义来看仅针对保证，但在以第三人财产设定抵押的情形下，抵押担保与保证担保相近似，在司法解释未对“借新还旧”中抵押人的责任承担作出规定的情形下，该条规定可比照适用于抵押。

四、法理分析

首先，“借新还旧”看似是一个简单的行为概念，实际上包含有多种不同的情形。从目前主流的司法裁判观点来看，其一，《担保法司法解释》(法释〔2000〕44 号)第 39 条中“借新还旧”的构成须以新贷和旧贷的债权人、债务人同一为要件，债务人从第三人处拆借资金偿还所欠债权人旧贷，不属于“借新还旧”。因为，就前者而言，债权人与债务人之间并未实际发生新的债权，而只是延长了合同履行的期限，这意味着保证人所保证的很可能是一笔不良债务，且债权人与债务人对此皆明知，而此时若让保证人出具保证则有违民法上的公平原则。而对于后者，新的债权人系基于对债务人新的信用评估发放了贷款，一方面新贷属于不良债务的可能性低，另一方面债权人不存在迫切实现债权的需求，因而对保证人隐瞒实情的可能性亦低，因此不宜直接免除保证人的保证责任。其二，“借新还旧”中新贷偿还的旧贷不仅可以是直接的金钱借贷，还可以是债务人因信用证、保函、票据等业务与金融机构之间发生的负债。后者虽然在形式上与“以新贷偿还旧贷”有所不同(因信用证、保函、票据等业务与金融机构之间发生的负债并非贷款)，但本质上都是新贷中的款项不实际支付给债务人，直接用以冲抵旧债。所以，将该种情形认定为“借新还旧”并无不当。具体到本案中，金地造纸公司与工商银行签订的六份借款合同，其借款用途皆明确约定为“借新还旧”，即工商银行依合同发放的1.2亿借款并未由借款人金地公司实际获得，而是用于偿还金地公司原本所欠工商银行的借款。新贷与旧贷的债权人、债务人同一，皆为工商银行与金地造纸公司，显然属于《担保法司法解释》(法释〔2000〕44号)第39条规定的“借新还旧”的范畴。

其次，《担保法司法解释》(法释〔2000〕44号)第39条关于保证合同的规定可类推适用于抵押担保合同。本案中担保人华夏造纸公司依据《担保法司法解释》(法释〔2000〕44号)第39条主张免责，并不存在合同性质上的障碍。因为，抵押担保与保证同为担保的法定方式，借款人的“借新还旧”行为无论对于抵押人或保证人而言均会改变其在提供担保时对担保风险的预期，导致对担保人不公平的结果。本案中，华夏造纸公司与工商银行之间签订的虽然是最高额抵押担保合同，但同样可适用《担保法司法解释》(法释〔2000〕44号)第39条的规定。

最后，合同中约定的“贷款人与借款人协议变更主合同，无须经担保人同意，担保人仍承担抵押担保责任”的条款，不能对抗《担保法司法解释》(法释〔2000〕44号)第39条的规定。合同中约定此类条款，虽然意味着担保人放弃以特定的借款用途作为其承担担保责任的前提，但这并不能对抗法律规定的担保人免责的法定情形。因而，本案中华夏造纸公司对六份借款合同约定的“借新还旧”的借款用途并不知情，符合《担保法司法解释》(法释〔2000〕44号)39条规定的情形，应免除其担保责任。

如何理解提单的法律属性及提单持有人所享有的权利?

任亚平[*]

港口作为对外开放的重要门户、对外贸易的重要窗口和跨境贸易的核心环节,在优化口岸营商环境中扮演着重要的角色,而提单在港口海上货物运输过程中更是承担着重要任务。在通过跟单信用证进行国际货物买卖的交易中,因付款而合法持有提单的开证行对提单项下货物享有何种权利,司法实践中对该问题一直缺乏定论,众说纷纭。在信用证开证纠纷案中,提单的法律属性应如何理解?提单持有人又享有何种权利?以下结合一则案例说明之。

一、案情与裁判

案件名称:中国建设银行股份有限公司广州荔湾支行诉广东蓝粤能源发展有限公司等信用证开证纠纷案

案情来源:最高人民法院(2015)民提字第126号民事判决

案情简介:

2011年12月5日,中国建设银行股份有限公司广州荔湾支行(再审申请人、一审原告、二审上诉人,以下简称建行荔湾支行)与广东蓝粤能源发展有限公司(被申请人、一审被告、二审被上诉人,以下简称蓝粤能源)签订编号为2011荔贸额011号的《贸易融资额度合同》,约定原告同意向蓝粤能源提供最高不超过等值人民币5.5亿元的贸易融资总额度。

同日,惠来粤东电力燃料有限公司(被申请人、一审被告、二审被上诉人,以下简称粤东电力)、广东蓝海海运有限公司(被申请人、一审被告、二审被上诉

* 任亚平,烟台大学法学院硕士研究生,浙江新台州律师事务所疑案研究中心研究员。

人,以下简称蓝海海运)作为保证人,分别与作为债权人的原告签订编号为2011荔最高额035号、2011荔最高额036号《最高额保证合同》,保证方式为连带责任保证。蓝文彬(被申请人、一审被告、二审被上诉人)作为保证人,与作为债权人的原告签订编号为2011荔自保070号《最高额自然人保证合同》,保证方式为连带责任保证。

蓝粤能源为履行其与日照香港公司之间的煤炭进口合同,向原告发出《跟单信用证开立申请书》,申请支用贸易融资额度开立金额为美元1342.5万元的即期信用证。原告依其申请于2012年9月3日为其开出编号为44016×××945号的信用证,并向其发出《开立信用证通知书》。信用证金额为美元1342.5万元,金额浮动允许范围为上下3%。2012年9月5日,日照香港公司通过其代理行汇丰银行(中国)有限公司向原告提交了信用证项下的相关单据并发出《索汇通知书》要求承兑,金额为美元13731362.55元。2012年9月13日,蓝粤能源向原告发出《付款委托书》,表示接受信用证项下单据,并同意原告按美元13731362.55元承兑付款。原告于2012年9月17日向日照香港公司付款美元13731362.55元,蓝粤能源及其法定代表人蓝文彬在原告发出的《对外付款/承兑通知书》付款人处签章确认。

2012年9月17日,原告开出《核定贷款指标通知》《中国建设银行贷款转存凭证》,向蓝粤能源发放信托收据贷款美元13731362.55元。

2012年12月17日,蓝粤能源向原告发出《信托收据贷款申请书》,申请办理与前述信用证相关的信托收据贷款业务,贷款金额为美元13731362.55元,贷款天数为85天。

2014年1月21日,原告向蓝粤能源、粤东电力、蓝海海运、蓝文彬邮寄送达《逾期贷款(垫款)催收通知书》。要求偿还全部贷款款项13731362.55美元及293848.78美元利息(含罚息)。

一审判决

广东省广州市中级人民法院经审理认为:建行荔湾支行因开具信用证,与蓝粤之间产生债权债务关系。建行荔湾支行诉请判令蓝粤能源及保证人清偿垫付款的同时,又诉请要求确认164998吨煤炭的所有权,不仅系在一起案件中主张了两个不同的法律关系,也因此会产生建行荔湾支行因同一法律事实而双重获利的结果,且该两项诉请本身自相矛盾。本案中,建行荔湾支行并非就164998吨煤炭的权属问题与蓝粤能源、粤东电力、蓝海海运、蓝文彬发生争议。

建行荔湾支行要求确认164998吨煤炭权属的请求，不属于本案审理的范围，对其该项诉请应予驳回。建行荔湾支行虽持有164998吨煤炭的货运提单，但建行荔湾支行与蓝粤能源并未就该提单依法定程序设定质押。信托收据及提单的交付即便具有为本案债务进行担保的含义，其效力也仅限于双方当事人之间，不产生对抗第三人的效力。对建行荔湾支行要求确认其对164998吨煤炭享有优先受偿权的诉请，不予支持。

二审判决

广东省高级人民法院经审理认为：本案中，建行荔湾支行并未提供充分证据证明已经将货物转让的事实通知实际占有货物的承运人以完成交付，故建行荔湾支行要求确认其对涉案煤炭的所有权，依据不足，不予支持。一审判决驳回建行荔湾支行该项诉讼请求，在处理结果上并无不当，应予维持。从《信托收据》的内容看，信托财产为涉案煤炭，建行荔湾支行作为委托人，并未取得涉案煤炭的所有权，故以涉案煤炭为信托财产的信托并未有效设立。尽管《信托收据》中存在将处置涉案煤炭的价款用于偿还建行荔湾支行借款的内容，蓝粤能源也将提单交付给建行荔湾支行，但并没有证据证明建行荔湾支行或蓝粤能源将涉案煤炭设定质权情况通知承运人，故建行荔湾支行对涉案煤炭不享有质权。综上，一审判决驳回建行荔湾支行对涉案煤炭享有优先受偿权的诉讼请求，理据充分，应予维持。

再审判决

最高人民法院经审理认为：根据《信托收据》的记载，建行荔湾支行虽持有提单，但并非当然对提单项下货物享有所有权，只有在建行荔湾支行将提单或提单项下货物交由蓝粤能源处置的情况下，蓝粤能源才让与其提单项下货物的所有权。事实上，建行荔湾支行并未将案涉提单或提单项下货物交由蓝粤能源处置，《信托收据》当然亦不能作为其取得提单项下货物所有权的合同依据。因此，建行荔湾支行关于“提单是所有权凭证，其合法持有提单，就享有提单项下货物所有权”的主张，缺乏事实与法律依据，本院不予支持。建行荔湾支行持有提单，提单可以设立权利质权，有关合同既有设定担保的一般约定，又有以自己的意思处分提单的明确约定，依据《合同法》第125条有关合同解释的规定以及《物权法》第224条关于权利质押的规定，应当认定建行荔湾支行享有提单权利质权。由于提单具有物权凭证属性，建行荔湾支行行使提单质权的方式与行使提单项下动产质权的方式相同，即对提单项下货物折价、变卖、拍卖后所得的价款享有优先受偿权。

二、相关规定

《海商法》第 71 条："提单，是指用以证明海上货物运输合同和货物已经由承运人接收或者装船，以及承运人保证据以交付货物的单证。提单中载明的向记名人交付货物，或者按照指示人的指示交付货物，或者向提单持有人交付货物的条款，构成承运人据以交付货物的保证。"

《海商法》第 78 条："承运人同收货人、提单持有人之间的权利、义务关系，依据提单的规定确定。收货人、提单持有人不承担在装货港发生的滞期费、亏舱费和其他与装货有关的费用，但是提单中明确载明上述费用由收货人、提单持有人承担的除外。"

《物权法》第 224 条(《民法典》第 441 条)："以汇票、支票、本票、债券、存款单、仓单、提单出质的，当事人应当订立书面合同。质权自权利凭证交付质权人时设立；没有权利凭证的，质权自有关部门办理出质登记时设立。"

《最高人民法院关于审理无正本提单交付货物案件适用法律若干问题的规定》(法释〔2009〕1 号)第 3 条第 1 款[《最高人民法院关于审理无正本提单交付货物案件适用法律若干问题的规定》(法释〔2020〕18 号)第 3 条第 1 款]："承运人因无正本提单交付货物造成正本提单持有人损失的，正本提单持有人可以要求承运人承担违约责任，或者承担侵权责任。"

《信托法》第 7 条："设立信托，必须有确定的信托财产，并且该信托财产必须是委托人合法所有的财产。本法所称财产包括合法的财产权利。"

三、典型案例或做法

案号	裁判立场
中国光大银行股份有限公司宁波分行与宁波保税区长荣国际贸易有限公司、浙江开源石化有限公司信用证开证纠纷案/浙江省宁波市中级人民法院(2019)浙 02 民初 128 号民事判决	光大宁波分行与各被告签订的合同均系各方真实意思表示，内容不违反法律、行政法规的禁止性规定，应为合法有效，对各方当事人均有约束力。长荣公司未按约定足额存入本案所涉信用证项下款项，致使光大宁波分行为其垫款，现光大宁波分行要求长荣公司归还信用证垫付款本金，并按双方约定支付相应的罚息，同时赔偿光大宁波分行为实现债权支出的律师费，并无不当，应予支持。

续表

案号	裁判立场
恒丰银行股份有限公司宁波分行诉宁波港迪贸易有限公司等信用证开证纠纷案/浙江省宁波市中级人民法院(2017)浙02民初498号民事判决	港迪公司未按约定足额存入本案所涉信用证项下款项,致使恒丰银行宁波分行为其垫款,现恒丰银行宁波分行要求其归还上述垫款本金,于法有据,本院予以支持。涉案汇票质押后,恒丰银行宁波分行获得的是该汇票的质权,汇票权利人仍然是港迪公司,相应地,港迪公司也未成为汇票债务人,其与恒丰银行宁波分行间并非前后手关系。汇票质押具有权利担保的性质,恒丰银行宁波分行依据其质权享有的是请求付款以优先受偿的权利,行使汇票权利仅仅是恒丰银行宁波分行实现质权的方式;而且有色金属公司也未证明恒丰银行宁波分行在质押授信过程中存在恶意,恒丰银行宁波分行支付了对价,其作为善意第三人的民事权利应当受到保护,故有色金属公司对港迪公司的抗辩不能及于恒丰银行宁波分行。
中国农业银行海口市南航支行诉洋浦新鸿运实业有限公司等信用证开证担保案/海南省海口市新华区人民法院(2000)新经初字第15号民事判决	原告与两被告签订的《开证担保合同》及原告与被告洋浦新鸿运实业有限公司之间建立的开立信用证关系,是当事人的真实意思表示,应受法律保护。原告与被告洋浦新鸿运实业有限公司建立的进口押汇关系,除了对被告应支付利息的年利率的约定不符合中国人民银行的规定外,其他内容是当事人的真实意思表示,应确认为有效。原告依约为洋浦新鸿运实业有限公司垫付了部分款项,但该公司未依约还清该款,已构成违约,故原告要求偿还垫付款27885107日元及利息有理,本院予以支持。

四、法理分析

提单是指用以证明海上货物运输合同和货物已经由承运人接收或者装船,以及承运人保证据以交付货物的单证。提单持有人是否因受领提单的交付而取得物权以及取得何种类型的物权,取决于合同的约定。开证行根据其与开证申请人之间的合同约定持有提单时,人民法院应结合信用证交易的特点,对案涉合同进行合理解释,确定开证行持有提单的真实意思表示。

首先,提单具有所有权凭证和债权凭证的双重属性。提单既是证明运输合同成立的证据,也是承运人保证交付货物的单证。提单持有人享有提单载明的债权请求权,亦即提单是提单持有人请求承运人交付货物的债权请求权凭证,从这一意义上而言,提单是债权凭证。与此同时,在海上货物运输合同中,货物所有权人将货物交付给承运人并由承运人实际占有后,并未丧失所有权。既然货物所有权人对货物仍然享有所有权，其当然可以基于对货物的所有权请求承运人返还货物，此为基于所有权产生的原物返还请求权，属于物权请求权的范畴。提单是据以向承运人提取货物的唯一凭证，自然可以表征基于货物所有权所产生的原物返还请求权。从这一意义上说，提单亦系所有权凭证。由此可见，提单具有债权凭证与所有权凭证的双重属性。

其次，建行荔湾支行对案涉提单项下货物并非当然享有所有权。建行荔湾支行虽持有提单，但其是否享有提单项下货物所有权，取决于其与蓝粤能源之间的有关合同如何约定。如果建行荔湾支行合法持有提单系根据买受货物或转移货物所有权的约定，则其是所有权人；如果系根据设定动产质权或权利质权的约定，则其是质权人。本案中，建行荔湾支行与蓝粤能源签订的《贸易融资额度合同》及《关于开立信用证的特别约定》，均没有关于在蓝粤能源不能付款赎单情况下建行荔湾支行对提单项下货物享有所有权的任何约定。蓝粤能源向建行荔湾支行出具的《信托收据》载明，一旦建行荔湾支行向蓝粤能源交付或者同意蓝粤能源使用信用证项下的货物或该货物的权利凭证、单据等文件，自该收据出具之日起建行荔湾支行取得信用证项下所涉单据和货物的所有权。根据《信托收据》的上述记载，建行荔湾支行虽持有提单，但并非当然对提单项下货物享有所有权，只有在建行荔湾支行将提单或提单项下货物交由蓝粤能源处置的情况下，蓝粤能源才让与其提单项下货物的所有权。事实上，建行荔湾支行并未将案涉提单或提单项下货物交由蓝粤能源处置，《信托收据》当然亦不能作为其取得提单项下货物所有权的合同依据。

最后，建行荔湾支行对案涉提单对应的货物处置所得的价款享有优先受偿权。根据《物权法》第224条有关设立权利质押的规定，设立提单权利质押应当同时具备两个要件：一是双方签订了设立提单权利质押的书面合同；二是满足物权公示要件，将权利凭证即提单交付质权人。建行荔湾支行持有提单，具备提单权利质押设立的公示要件，并且具有合同依据。因此建行荔湾支行享有提单权利质权。建行荔湾支行与蓝粤能源在《贸易融资额度合同》约定表明，建行荔湾支行有权以自己的意思处分提单及提单项下货物，处分当然包括设定提单质押。由于这种处分权的事先赋予，建行荔湾支行事后作出将自己所持有的提单设定质权的意思表示完全符合当事人的约定。当然，即便建行荔湾支行事后作出以提单项下货物所有权担保其债权实现的意思表示亦符合当事人的约定，只是以货物所有权担保其债权实现，违反物权法定原则。在建行荔湾支行既主张以提单项下货物所有权担保其债权，又主张提单质权的情况下，应当支持更符合法律规定的主张，认定该项约定所谓的处分为设定提单质权。由于提单具有物权凭证属性，建行荔湾支行行使提单质权的方式与行使提单项下动产质权的方式相同，即对提单项下货物折价、变卖、拍卖后所得的价款享有优先受偿权。

民法典专题

合同编

悬赏广告不是广告

侯圣贺*

遗失物品后，遗失人常会发布悬赏广告。实践中常望文生义，依名称将其认定为广告。但事实并非如此，应如何认定悬赏广告的性质？以下结合案例作出说明。

一、案情与裁判

案例名称：刘某平诉冯某全悬赏广告案

案例来源：四川省成都市中级人民法院（2009）成民终字第4207号民事判决

案情简介：

2007年10月3日，被告冯某全之子冯某某（5岁）在其暂住地成都市青羊区苏坡乡清波村被人拐卖。被告报警后又自行张贴悬赏广告，该悬赏广告注明“如有知情者告知其家人，并重谢人民币50000元”。2008年8月初，原告刘某平得知其所在地发生多名儿童被拐卖事件，遂与被告取得联系。8月21日，原告与某报社记者一同赶到双流县九江镇张某英家，了解其孩子李某某被犯罪嫌疑人拐卖后又送回家的有关情况，后原告将这一信息告诉了被告。25日，在原告的协助下，被告等被拐儿童家长与张某英见面。30日，在一名被拐儿童家长的提议和被告的组织下，被拐儿童家长与张某英及其子李某某一起找到罪犯曾经留宿的窝点。后公安机关通过其他线索侦破此案，成功解救出包括被告之子在内的多名被拐儿童。原告认为其为被告等被拐儿童家长及公安机关提供了重要线索，遂要求被告冯某全履行悬赏广告中注明的支付5万元报酬的义务。

---

* 侯圣贺，山东农业大学法学院讲师，法学硕士，浙江新台州律师事务所疑案研究中心研究员。

被告认为,原告并未完成悬赏广告中指定的行为,拒绝支付报酬,被告遂将原告起诉到法院。

一审判决

四川省成都市青羊区人民法院经审理认为:悬赏广告是以广告方式声明对完成特定行为的人给予一定报酬的行为。被告以公开方式声明"如有知情者告知其家人,并重谢人民币 50000 元",该悬赏广告中所要求的特定行为应理解为知晓冯某某被拐卖的具体情形并将其告知被告冯某全或公安机关。本案中,冯某某被解救回家系公安机关根据其他线索侦破案件,原告并没有完成悬赏广告中指定的行为。一审法院遂据《合同法司法解释(二)》第 3 条之规定,判决驳回原告的诉讼请求。

二审判决

四川省成都市中级人民法院经审理认为:被上诉人冯某全以公开方式承诺对完成特定行为的人支付报酬,这是悬赏人向不特定多数人发出的要约,但此时悬赏广告合同并未成立。按照合同成立的原则,订立悬赏广告的双方当事人之间必须有合意,即相对人完成悬赏广告指定的行为才是作出承诺,悬赏广告合同始成立。此时,特定行为的完成即意味着合同义务的履行,相对人有权请求悬赏人支付报酬。就本案而言,上诉人刘某平的报料使得公安机关以及被上诉人冯某全获取到有关线索,但其并未达到悬赏广告的要求,故依照《民事诉讼法》第 120 条第 1 款、第 153 条第 1 款第(1)项之规定,判决驳回上诉请求,维持原判。

二、相关规定

《最高人民法院关于适用〈中华人民共和国合同法〉若干问题的解释(二)》(法释〔2009〕5 号)第 3 条[①]:"悬赏人以公开方式声明对完成一定行为的人支付报酬,完成特定行为的人请求悬赏人支付报酬的,人民法院依法予以支持。但悬赏有合同法第五十二条规定情形的除外。"

《合同法》第 14 条(《民法典》第 472 条):"要约是希望和他人订立合同的意

① 2020 年 12 月 29 日,最高人民法院印发《关于废止部分司法解释及相关规范性文件的决定》(法释〔2020〕16 号),决定废止 2009 年 4 月 24 日印发的《最高人民法院关于适用〈中华人民共和国合同法〉若干问题的解释(二)》。

思表示,该意思表示应当符合下列规定:(一)内容具体确定;(二)表明经受要约人承诺,要约人即受该意思表示约束。”

《合同法》第 15 条(《民法典》第 473 条):“要约邀请是希望他人向自己发出要约的意思表示。寄送的价目表、拍卖公告、招标公告、招股说明书、商业广告等为要约邀请。商业广告的内容符合要约规定的,视为要约。”

《合同法》第 25 条(《民法典》第 483 条):“承诺生效时合同成立。”

《合同法》第 66 条(《民法典》第 525 条):“当事人互负债务,没有先后履行顺序的,应当同时履行。一方在对方履行之前有权拒绝其履行要求。一方在对方履行债务不符合约定时,有权拒绝其相应的履行要求。”

《物权法》第 112 条(《民法典》第 317 条):“权利人领取遗失物时,应当向拾得人或者有关部门支付保管遗失物等支出的必要费用。权利人悬赏寻找遗失物的,领取遗失物时应当按照承诺履行义务。拾得人侵占遗失物的,无权请求保管遗失物等支出的费用,也无权请求权利人按照承诺履行义务。”

《民法典》第 499 条:“悬赏人以公开方式声明对完成特定行为的人支付报酬的,完成该行为的人可以请求其支付。”

三、法理分析

悬赏广告是生活中常见的法律现象,我国《民法典》《物权法》和《合同法》均有相关规定。其指广告人以公开告知的方法声明对完成一定行为的人给付报酬的意思表示。政府以非公开文件形式要求特定人员完成指定行为并给予一定奖励的,不是悬赏广告[(2016)赣 09 民终 1396 号]。

关于悬赏广告的性质,学理上有“单方行为说”和“要约说”(契约说)之争。“单方行为说”认为,悬赏广告是一种单方法律行为,仅依广告人一方的意思表示即可成立。只不过,它是一种附停止条件的民事法律行为,待指定行为完成时法律行为始发生效力。该说的优势是,可以简明地在广告人与相对人之间成立债的关系,降低交易风险,维护交易安全。依单方之债保证双方当事人享有权利、履行义务。但其不足是背离了双方当事人存在合意这一现实,加之法律对单方之债规定不足,无法适用发达的合同制度解决相关争议问题。“要约说”认为,悬赏广告是对不特定人发出的要约,相对人完成指定行为是对此要约的承诺,二者结合而成立契约(合同)[(2014)二中民终字第 08358 号]。“要约说”解决了悬赏广告的法律依据问题。但其不足是,悬赏人发出的悬赏广告未必合乎要约的条件，且即便符合要约的条件，也只有在相对人知道有此广告的前提下完成指定行为才构成承诺，否则，承诺不能成立。这不利于保护相对人的利益，也不利于促成助人为乐的良好道德风尚。

在“李某诉朱某华、李某华悬赏广告酬金纠纷上诉案”中，一审法院对悬赏广告坚持“单方行为说”，二审法院改采“要约说”，并被最高人民法院以公报的形式予以承认(《最高人民法院公报》1995 年第 2 期)。在“鲁瑞庚诉东港市公安局悬赏广告纠纷案”(《最高人民法院公报》2003 年第 1 期)中，采“单方行为说”。《民法典》采“要约说”。结合上述案例，我们说明以下几个要点：

1.广告是特定主体公开发布的希望他人向自己发出要约的意思表示，其法律性质为要约邀请。发布广告的目的不是订立合同，而是邀请相对人向自己发出要约。本案中，悬赏人冯某全发布的悬赏广告明确指出“如有知情者告知其家人，并重谢人民币 50000 元”，其具有明确的内容和意图，属于要约而不是要约邀请，从这个角度说，悬赏广告不是广告！而对于知情的“情”字为何，悬赏广告的表述并不明确，探究悬赏人之本意，其应当是提供找回孩子的直接线索。本案中，虽然相对人刘某平的报料可能使公安机关及悬赏人冯某全从中获取到被拐卖儿童的线索，但其并未达到悬赏广告的要求，相对人无权要求原告支付悬赏报酬。因此，法院判决驳回诉讼请求是没有问题的。但问题在于，相对人刘某平作为热心市民，本无帮助悬赏人冯某全寻找孩子的义务，尽管其行为不满足悬赏广告的要求，但助人过程中或有支出，不予支付相应报酬难谓公平。综合本案，刘某平的行为构成无因管理，其可向债务人冯某全主张无因管理之债，以填补管理费用[(2018)黑 02 民终 60 号]。

2.无行为能力人或限制行为能力人实施的悬赏广告所规定的行为后，可否成立合同？按照“要约说”，无行为能力人或限制行为能力人不具备相应的行为能力，本来无法承诺不应成立合同，但如不承认又不合乎常理。解决之道可以包括：一是可以适用代理制度，由代理人追认无行为能力人或限制行为能力人所订立的悬赏广告合同。二是在限制行为能力人完成了悬赏广告规定的行为时，承认该行为与其年龄、智力相适应，随之其具备了缔约能力。三是无行为能力人或限制行为能力人完成了悬赏广告规定的行为，如果该行为构成纯获利益的行为，也可认为其具有缔约能力。四是为保护无行为能力人或限制行为能力人的利益，根据事实契约理论，也可将其实施的悬赏广告行为解释为有效。

3.当事人不知道悬赏广告而完成广告规定行为的，可否成立合同？根据“要约说”，只有按照要约内容进行承诺，才能成立合同。依此而论，如果完成悬赏广告的人不知道悬赏广告，将无法承诺，合同不成立。然而，为鼓励助人为乐、助成良好社会秩序、方便依据合同制度解决纠纷，尽管行为人不知道悬赏广告，只要其完成了广告规定的行为，也可以认为该行为构成承诺，成立合同。

4.既然适用“要约说”，如果广告人不给付悬赏报酬，相对人可否行使同时履行抗辩权？在悬赏人不给付悬赏报酬时，相对人是否有权留置悬赏物？如果广告内容是拾得遗失物时，可否留置遗失物？在悬赏广告合同中，当相对人完成指定行为时，承诺生效，悬赏广告合同成立，相对人的契约义务因指定行为的完成而履行完毕。因此，悬赏广告实际上为单务合同，相对人在悬赏契约中不享有同时履行抗辩权，也无权留置悬赏标的物。根据《民法典》第 447 条，债务人不履行到期债务，债权人可以留置已经合法占有的债务人的动产。但对于悬赏广告合同，相对人完成特定行为时始成立并生效，即相对人交付悬赏标的物时尚可享有报酬请求权，但此时悬赏标的物已交付广告人，其自不享有留置标的物的权利。

所有权保留制度的适用范围、效力及标的物取回权的行使

侯圣贺

市场交易中，双方当事人之间并非都具有高度的信任关系，难免会发生买受人收到标的物后不履行付款义务的情形，所有权保留制度可保全先行交货的出卖人的利益，实现担保功能。

一、案情与裁判

案件名称：无锡安尔特起重机械有限公司诉宜兴市易达混凝土有限公司定作合同纠纷案

案情来源：江苏省无锡市高新技术产业开发区人民法院(2013)新民商初字第0013号民事判决

案情简介：

2011年2月，安尔特公司(原告)与易达公司(被告)签订《工业品定作合同》，约定由安尔特公司为易达公司定作6台起重机及相应辅助设备；2011年4月，易达公司又向安尔特公司订购路轨、平板车等辅助设备。双方在合同中约定了合同价款、付款方式、标的物交付及相关费用承担方式；并约定标的物所有权自易达公司付清全部价款时转移，易达公司未履行付款义务的，标的物属于安尔特公司所有。后安尔特公司按约履行了合同义务，但易达公司至今尚有余款532750元未付。安尔特公司遂向法院提起诉讼，请求确认《工业品定作合同》所涉定作设备的所有权属安尔特公司所有，要求从易达公司取回相应设备，同时要求易达公司偿付设备折价损失41500元、取回费用24560元。

一审判决

江苏省无锡市高新技术产业开发区人民法院经审理认为：安尔特公司与易达公司签订的《工业品定作合同》虽属承揽合同，但该合同约定的标的物所有权转移条款，即合同标的物的所有权自易达公司付清价款时转移，易达公司未履行支付价款义务的，标的物属于安尔特公司所有，符合《合同法》第134条的规定，合法、有效。易达公司至今仅支付价款200000元，安尔特公司按约要求确认上述定作合同所涉起重机及相应辅助设备的所有权仍属于其所有，于法有据，本院予以支持。

《最高人民法院关于审理买卖合同纠纷案件适用法律问题的解释》（以下简称《买卖合同司法解释》）第36条规定："当事人约定所有权保留，在标的物所有权转移前，买受人未按约定支付价款，对出卖人造成损害，出卖人主张取回标的物的，人民法院应予支持。"第35条规定："取回的标的物价值显著减少，出卖人要求买受人赔偿损失的，人民法院应予支持。"现易达公司未按约付款，且已付价款不足上述定作合同总价款的75%，故安尔特公司要求从易达公司取回上述定作合同所涉的设备，并要求易达公司偿付取回设备的折价损失，于法有据，本院予以支持。

根据《买卖合同司法解释》第37条第3款的规定，出卖人另行出卖标的物的，出卖所得价款依次扣除取回和保管费用、再交易费用、利息、未清偿的价金后仍有剩余的，应返还原买受人等。安尔特公司要求从易达公司取回上述定作合同所涉设备时，同意将易达公司依照上述定作合同预付的200000元返还给易达公司，但要求易达公司另行向安尔特公司订购起重机辅助设备的价款133940元、易达公司应偿付安尔特公司取回设备的折价损失41500元亦应一并结算，不违反法律规定，本院予以支持。

二、相关规定

《最高人民法院关于审理买卖合同纠纷案件适用法律问题的解释》（法释〔2012〕8号）第35条[①]："当事人约定所有权保留，在标的物所有权转移前，买受人有下列情形之一，对出卖人造成损害，出卖人主张取回标的物的，人民法院应

① 《最高人民法院关于审理买卖合同纠纷案件适用法律问题的解释》（法释〔2020〕17号）已删除该条。

予支持：(一)未按约定支付价款的；(二)未按约定完成特定条件的；(三)将标的物出卖、出质或者作出其他不当处分的。取回的标的物价值显著减少，出卖人要求买受人赔偿损失的，人民法院应予支持。”

《最高人民法院关于审理买卖合同纠纷案件适用法律问题的解释》(法释〔2012〕8号)**第36条**[**《最高人民法院关于审理买卖合同纠纷案件适用法律问题的解释》**(法释〔2020〕17号)**第26条**]：“买受人已经支付标的物总价款的百分之七十五以上，出卖人主张取回标的物的，人民法院不予支持。在本解释第三十五条第一款第(三)项情形下，第三人依据物权法第一百零六条的规定已经善意取得标的物所有权或者其他物权，出卖人主张取回标的物的，人民法院不予支持。”

《最高人民法院关于审理买卖合同纠纷案件适用法律问题的解释》(法释〔2012〕8号)**第37条**[①]：“出卖人取回标的物后，买受人在双方约定的或者出卖人指定的回赎期间内，消除出卖人取回标的物的事由，主张回赎标的物的，人民法院应予支持。买受人在回赎期间内没有回赎标的物的，出卖人可以另行出卖标的物。出卖人另行出卖标的物的，出卖所得价款依次扣除取回和保管费用、再交易费用、利息、未清偿的价金后仍有剩余的，应返还原买受人；如有不足，出卖人要求原买受人清偿的，人民法院应予支持，但原买受人有证据证明出卖人另行出卖的价格明显低于市场价格的除外。”

《合同法》第134条(**《民法典》第641条修正**)：“当事人可以在买卖合同中约定买受人未履行支付价款或者其他义务的，标的物的所有权属于出卖人。”

《民法典》第642条：“当事人约定出卖人保留合同标的物的所有权，在标的物所有权转移前，买受人有下列情形之一，造成出卖人损害的，除当事人另有约定外，出卖人有权取回标的物：(一)未按照约定支付价款，经催告后在合理期限内仍未支付；(二)未按照约定完成特定条件；(三)将标的物出卖、出质或者作出其他不当处分。出卖人可以与买受人协商取回标的物；协商不成的，可以参照适用担保物权的实现程序。”

《民法典》第643条：“出卖人依据前条第一款的规定取回标的物后，买受人在双方约定或者出卖人指定的合理回赎期限内，消除出卖人取回标的物的事由

① 《最高人民法院关于审理买卖合同纠纷案件适用法律问题的解释》(法释〔2020〕17号)已删除该条。

的，可以请求回赎标的物。买受人在回赎期限内没有回赎标的物，出卖人可以以合理价格将标的物出卖给第三人，出卖所得价款扣除买受人未支付的价款以及必要费用后仍有剩余的，应当返还买受人；不足部分由买受人清偿。”

三、典型案例或做法

案号	裁判立场
宁波海星塑料机械制造有限公司诉霸州市盛华塑料制品厂买卖合同纠纷案/浙江省宁波市鄞州区人民法院(2010)甬鄞邱商初字第308号民事判决	裁判立场：海星公司与盛华塑料厂签订的《工矿产品购销合同》中约定“在需方货款没有付清之前，设备的所有权属于供方，需方无权转让或出售”，说明本案双方当事人约定买受人支付价款之前出卖人保留所有权，在买受人支付全部价款时所有权才发生转移，其符合《合同法》第134条的规定。现被告盛华塑料厂未按约付清价款，注塑机的所有权仍属于原告海星公司，其可以取回标的物，故原告海星公司要求返还注塑机的诉讼请求符合法律规定，本院予以支持。
卖方北铁开发公司诉买方吉元公司支付所有权保留买卖合同拖欠的货款买方以卖方应取回该部分货物抗辩案/新疆维吾尔自治区人民法院2001年民事判决	裁判立场：民事行为在不违反法律规定的情况下，应当以当事人双方的约定来约束。北铁开发公司与吉元公司在合同中明确约定了在需方收到货物但未付货款前，货权仍属供方，该约定对双方均有约束力。因此，本案货物因吉元公司未在约定期间内支付货款，其所有权仍属于北铁开发公司。原审判决对本案货物所有权归属的认定正确，予以维持。

四、法理分析

首先，所有权保留的客体限于动产。虽然《合同法》和《民法典》并未对所有权保留的客体作规定，但《买卖合同司法解释》(法释〔2012〕8号)第34条将其限定为动产，不动产尚不能成为所有权保留的客体。这是因为，我国法律中的不动产物权变动模式已经较好平衡了出卖人和买受人的利益，并无将所有权保留的客体扩大至不动产的必要。即在买受人未支付全部价款之前，出卖人可不予协助买受人办理所有权转移登记，标的物所有权仍由出卖人享有；买受人则可通过预告登记制度保护其期待权。

其次，出卖人保留标的物所有权的，未经登记，不得对抗善意第三人。所有权保留制度具有保全出卖人利益的功能，该权利并非强调权利人对标的物的占有、使用、收益权能，而是在于确保出卖人的债权获得清偿。因此，出卖人对保留所有权的标的物所享有的权利在性质上为担保物权，未经登记的，不得对抗善意的受让人、租赁权人等。

最后，标的物取回权的行使。如上，所有权保留制度的功能在于保全出卖人的债权，债权人的债权有不能实现的危险时，其便可行使该项权利。但《民法典》生效前，《买卖合同司法解释》(法释〔2012〕8 号)第 36 条第 1 款规定了标的物取回权的行使条件，即买受人支付的价款未超过标的物总价款的 75%。《民法典》生效后，权利人可根据该法第 642 条第 1 款行使标的物取回权，无须考虑买受人支付的价款是多少。程序上，根据《民法典》第 642 条第 2 款，出卖人可以与买受人协商取回标的物；若协商不成，即出卖人不能自力取回标的物，则可借助于法院的强制执行程序取回。

隐名租房损害出租人利益的情况下，隐名承租人是否享有承租权?

侯圣贺

社会生活中，出租人为实现自己利益的最大化，往往对承租人作一定的限制。第三人为规避此种限制，与承租人串通隐名租房的情况下，其是否享有承租权呢?

一、案情与裁判

案件名称：岳某梅诉单某环共同租赁纠纷案

案情来源：辽宁省高级人民法院(2009)辽审民提字第97～98号民事判决

案情简介：

五爱实业系沈阳市沈河区热闹路五爱市场65-1号建筑的所有权人。2003年，该建筑内的商铺对外招租，但要求承租人需提供代理销售产品企业的营业执照、国税和地税税务登记证明、验资报告、产品合格证、商标注册证、委托授权书等证明文件，并根据代理产品企业的规模、经营状况等情况进行赋分，得分高者获得承租权，并优先选择商铺。另外，承租人仅能为一人，并由其办理个体工商户营业执照；租赁期限为三年，承租人需一次性交齐30万元租金，三年期满可优先续租。

岳某梅与单某环共同出资30万元(每人出资15万元)租赁五爱市场1039号精品屋。租赁过程中，由岳某梅一人与五爱实业签订租赁合同，并以其名义办理工商登记手续。后岳某梅与单某环签订协议。协议载明：1039号精品屋为二人共同购买，总价款30万元，双方各负担15万元；经营期间支付的费用由两人平均分担。经营期间，二人将精品屋从中间隔开，每人获得精品屋一半的使用权，后约定岳某梅夏天经营，单某环冬天经营。2006年3月，岳某梅与五爱实业续签租赁合同，并不再允许单某环经营精品屋。单某环遂起诉到法院，要求岳某梅继续履行合伙协议，并赔偿因不履行协议给其造成的经济损失。

一审判决

沈阳市沈河区人民法院经审理认为：岳某梅与单某环签订的协议中只有双方各自付出15万元的事实，双方未有共同投资、共同经营，且没有共同盈余及共同债务、没有约定共同经营的期限，双方不存在合伙事实。岳某梅向单某环收取15万租金并将摊床的一半经营期间转让给单某环经营，仅使双方形成事实上的租赁关系。综上，判决驳回单某环的诉讼请求。

二审判决

沈阳市中级人民法院经审理认为：单某环与岳某梅共同出资租赁五爱市场1039号精品屋的目的是取得其使用权。尽管租赁协议是由岳某梅与五爱实业签订的，个体工商户营业执照上的经营者也仅为岳某梅，但该法律关系中，岳某梅是显名租赁者，单某环是隐名租赁者。双方互相之间没有经营往来，不符合合伙的法律特征。二人签订的协议中，既无转租字样，也不符合转租协议特征，且岳某梅也没有提供证据证明双方之间存在转租关系，故两人之间形成的是共同出资取得租赁权的关系。单某环与岳某梅签订的共同租赁协议系双方真实意思表示，不违反法律的强制性规定，该协议合法有效。单某环与岳某梅之间具有共同出资租赁关系，双方对该精品屋享有同等的优先租赁权。单某环要求岳某梅继续履行共同出资租赁协议并享有优先租赁权的主张，应得到支持。故判决撤销原审法院判决；单某环与岳某梅对1039号精品屋享有同等的优先租赁权。

再审判决

辽宁省高级人民法院经审理认为：岳某梅与五爱实业签订的租赁协议系双方真实意思表示，不违反法律的强制性规定，该协议合法有效。岳某梅未经出租人同意，擅自与单某环签定协议并约定与单某环共同承租1039号精品屋的行为，违反了其与五爱实业签订的租赁合同，且未得到五爱实业的事后追认，该无权处分行为对五爱实业不产生约束力。五爱实业作为1039号精品屋的所有权人，有权选择承租人。单某环不可违背出租人愿意，与之缔约。原二审法院认定事实错误，侵害了五爱实业的权利，适用法律不当，应予纠正。综上，五爱实业所提再审申请，符合法律规定，予以支持；岳某梅所提再审申请合理部分，予以支持。故判决撤销二审法院判决，维持一审法院判决。

二、相关规定

《民法总则》第5条(《民法典》第5条):“民事主体从事民事活动,应当遵循自愿原则,按照自己的意思设立、变更、终止民事法律关系。”

《民法总则》第154条(《民法典》第154条):“行为人与相对人恶意串通,损害他人合法权益的民事法律行为无效。”

《合同法》第4条[①]:“当事人依法享有自愿订立合同的权利,任何单位和个人不得非法干预。”

《合同法》第52条(《民法典》第148、150、153、154条):“有下列情形之一的,合同无效:(一)一方以欺诈、胁迫的手段订立合同,损害国家利益;(二)恶意串通,损害国家、集体或者第三人利益;(三)以合法形式掩盖非法目的;(四)损害社会公共利益;(五)违反法律、行政法规的强制性规定。”

《民法通则》第30条[②]:“个人合伙是指两个以上公民按照协议,各自提供资金、实物、技术等,合伙经营、共同劳动。”

三、法理分析

首先,民事主体参与民事活动适用自愿原则。民事主体为使自己利益的最大化,有权决定缔约对象、缔约形式和缔约内容。本案中,五爱实业公司是1039号精品屋的所有权人,其有权按照自己设定的条件选择承租人,法律应予保护。

其次,损害出租人利益的情况下,隐名的承租人不享有承租权。《民法总则》第154条规定:“行为人与相对人恶意串通,损害第三人利益的行为无效。”本案中,出租人五爱实业明确提出,不允许两个或两个以上的民事主体共同租赁一间商铺。对此,岳某梅与单某环仍签订合同,共同租赁一间商铺,这无疑损害了出租人的利益。故应根据《民法总则》第154条,否定岳某梅与单某环共同承租行为的效力。即隐名的承租人单某环不享有承租权。此外,岳某梅与五爱实业签订的租赁协议中明确约定:“乙方不得擅自将精品屋转租、转让、转借给

---

① 2020年5月28日,十三届全国人大三次会议表决通过了《民法典》,自2021年1月1日起施行。《合同法》同时废止。

② 2020年5月28日,十三届全国人大三次会议表决通过了《民法典》,自2021年1月1日起施行。《民法通则》同时废止。

他人使用，确需转租、转让、转借给他人使用的，须经甲方书面审批，并办理审批手续。”岳某梅未经五爱实业书面同意，擅自与单某环签订共同租赁协议，违反了其与五爱公司的约定，侵害了五爱公司的利益，故该协议无效，其与单某环之间亦不成立转租关系。

最后，本案中不存在合伙关系，不能依合伙的有关规定承认单某环的承租权。《民法通则》第30条规定：“个人合伙是指两个以上公民按照协议，各自提供资金、实物、技术等，合伙经营、共同劳动。”而根据岳某梅与单某环签订的协议，仅能认定双方之间存在各自付出15万元的事实，且双方均承认从未共同投资、共同经营。故岳某梅与单某环之间的协议无法被认定为个人合伙协议，双方不存在合伙关系，不能依合伙的有关规定承认单某环的承租权。此外，不存在合伙关系且共同租赁协议无效的情况下，发生恢复原状的法律后果，单某环可根据《民法总则》157条（《民法典》第157条）要求岳某梅返还财产、赔偿损失。

买卖合同中未过户房屋的征收补偿款归谁所有？

侯圣贺

《孟子》有言："有恒产者有恒心，无恒产者无恒心。"房屋不仅是遮风避雨的物理场所，亦是传承古老中国家文化的重要载体。因房屋建造取材不易，且颇费人力，现代社会，人们往往倾尽半生心血，以求一处栖身之地。在房屋买卖合同中，屡见房屋尚未进行移转登记即被征收的情形。此时，未办理过户登记手续的房屋征收补偿款归谁所有呢？

一、案情与裁判

案件名称：秦某孝诉孙某国等买卖合同纠纷再审案

案情来源：最高人民法院(2017)最高法民再407号民事判决

案情简介：

2008年6月3日，秦某孝(再审申请人、一审原告、二审被上诉人)与孙某国(再审被申请人、一审被告、二审上诉人)签订《房屋买卖合同》。该合同约定：孙某国将位于南川区某街道办的房屋及国有土地使用权(与第三人张宗秦共有，各占50%的份额)份额转让给秦某孝。合同签订后，秦某孝履行了付款义务，孙某国履行了交付房屋、土地使用权以及23份房屋产权证义务。由于案涉地段属于西城片区危旧房拆迁改造范围，秦某孝、孙某国未办理上述房屋及国有土地使用权变更登记手续。后重庆市南川区国土资源和房屋管理局与孙某国、张宗勤(一审第三人)签订了《南川区国有土地上房屋征收补偿协议书》，该协议书载明：征收土地使用面积为18097平方米，房屋建筑面积12927.22平方米，无证面积5800.44平方米，经相关职能部门认定后房屋补偿总面积15896.06平方米；征收补偿费用共计75564003.5元，其中有证房屋补偿费47764166.18元，无证房屋经认定后的房屋补偿费 10715732.32 元，设施设备、装饰装修以及其他附属设施补偿 17084105 元。秦某孝与孙某国就上述房屋及国有土地使用权的征收补偿费用问题发生纠纷，向法院提起诉讼。

一审判决

重庆市第三中级人民法院经审理认为：秦某孝虽然与孙某国签订了《房屋买卖合同》并按照合同的约定向孙某国交清了全部购房款，但因未在房地产管理部门办理房屋所有权权属变更登记，其对所购买的房屋虽实际占有、使用、收益，但并没有实际取得房屋所有权。因所购房屋已因拆迁而消灭，秦某孝无法取得所购房屋的产权。孙某国本应及时将出卖房屋过户登记至秦某孝名下，现因政府拆迁而致涉案房屋物权消灭，在此情况下，秦某孝可选择解除合同，也可选择主张支付所购房屋产权消灭的对价——拆迁补偿款。现因孙某国尚未实际领取拆迁补偿款，秦某孝请求确认其享有涉案房屋及土地使用权等财产的拆迁补偿款，符合法律规定和权利义务相一致原则，应予支持。此外，案涉无证部分房屋及构筑物，在双方签订房屋买卖合同时即已存在并具有相应的财产价值，且经拆迁主管单位认可并给予按实有面积一半计算的补偿款。孙某国抗辩认为无证部分房屋属于违章建筑，无事实和法律依据。

二审判决

重庆市高级人民法院经审理认为：在重庆市南川区人民政府决定对案涉房地产进行征收后，虽由南川区国土资源和房屋管理局与孙某国、张某秦通过签订《补偿协议书》的形式就案涉房地产的补偿费用予以确定，但并不因此而改变案涉房地产的权属。对于未取得建设工程规划许可证或者未按照建设工程规划许可证规定内容建设的违法建筑的认定和处理，属于国家有关行政机关的职权范围，应避免通过民事审判变相为违法建筑确权。在本案中，秦某孝并未举示无证部分房屋已取得建设工程规划许可证或者无证部分房屋不需要办理建设工程规划许可证的证据，该部分房屋应认定为违法建筑。孙某国虽已将该部分房屋出售给秦某孝，但对该部分房屋是否应当补偿、应当如何补偿属于国家有关行政机关的职权范围，不属于人民法院受案范围。因此，一审判决通过司法确认的方式判决该部分房屋的补偿费用归秦某孝所有不当。

再审判决

最高人民法院第五巡回法庭经审理认为：根据物权法定原则，不动产以在有权登记机构进行权属登记作为取得物权的法定依据，无证房产不能按照《物权法》等法律法规进行物权的设立、变更以及消灭登记。无证房产即使在相关的利害关系人之间流转，相关的利害关系人也仅是取得对该无证房产的占有和使用。因征收主体已对该无证房产作出了征收补偿决定，因此人民法院审理此类案件并不涉及对该被征收的无证房产变相认定为违法建筑的确权问题。二审判决认定本案诉争的无证房产补偿费用分配涉及违法建筑确权并以此驳回秦某孝就该部分的起诉，属于适用法律错误，本院予以纠正。上述《房屋买卖合同》和《协议书》虽未明确孙某国转让的原南川市食品公司肉联厂资产是否包括诉争的无证房产，但结合孙某国自 2009 年向秦某孝交付后，再未对涉案南川市食品公司肉联厂任何房屋及土地进行占有、使用或者管理维护的事实，应当认定孙某国与秦某孝之间具有流转该无证房产的意思表示，并且已实际交付，秦某孝自 2009 年起已经与第三人张某勤实际占有和使用该无证房产。一审判决对此焦点问题的认定和处理符合法律规定，应予维持。

二、相关规定

《物权法》第 9 条(**《民法典》**第 209 条)："不动产物权的设立、变更、转让和消灭，经依法登记，发生效力；未经登记，不发生效力，但法律另有规定的除外。"

《物权法》第 28 条(**《民法典》**第 229 条)："因人民法院、仲裁委员会的法律文书或者人民政府的征收决定等，导致物权设立、变更、转让或者消灭的，自法律文书或者人民政府的征收决定等生效时发生效力。"

《合同法》第 110 条(**《民法典》**第 580 条)："当事人一方不履行非金钱债务或者履行非金钱债务不符合约定的，对方可以要求履行，但有下列情形之一的除外：(一)法律上或者事实上不能履行；(二)债务的标的不适于强制履行或者履行费用过高；(三)债权人在合理期限内未要求履行。"

《物权法》第 9 条第 1 款(**《民法典》**第 209 条)："不动产物权的设立、变更、转让和消灭，经依法登记，发生效力；未经登记，不发生效力，但法律另有规定的除外。"

《物权法》第 28 条(**《民法典》**第 229 条)："因人民法院、仲裁委员会的法律文书或者人民政府的征收决定等，导致物权设立、变更或者消灭的，自法律文书或者是人民政府的征收决定等生效时发生效力。"

三、典型案例或做法

案号	裁判立场
张某芹与张某平房屋买卖合同纠纷案/江苏省昆山市人民法院(2017)苏0583民初16854号民事判决	关于产权登记问题,案涉房产已登记至第三人昆山市临丰房产开发有限公司名下,应由第三人协助将涉案房屋变更登记至被告名下,再由被告协助将涉案房屋变更登记至原告名下。根据《物权法》第14条的规定:“不动产物权的设立、变更、转让和消灭,依照法律规定应当登记的,自记载于不动产登记簿时发生效力。”综上,依据物权法定原则,对于原告要求确认涉案房屋归其所有的诉请,本院不予支持。
吴某湖与陈某送、王美玉房屋买卖合同纠纷案/福建省石狮市人民法院(2014)狮民初字第1950号民事判决	原告与被告签订的《房屋买卖(拆迁补偿权利)合同书》意思表示真实,未违反效力性强制性法律规定,应确认为合法有效,当事人应当按照约定全面履行自己的义务。合同签订后,原告已支付全部购房款。涉诉房产被拆迁后,相关的安置补偿权益按照合同约定应由原告享有,现原告已实际接受了涉诉房产因拆迁获得安置补偿的店面及住宅,被告陈孟送应按合同约定履行协助办理产权变更登记手续的义务。

四、法理分析

首先,已办理过户登记手续的房屋被征收后,征收补偿费用归买受人所有。在该类合同法律关系中,出卖人负有交付房屋并协助买受人办理过户登记手续的义务。根据《物权法》第209条第1款,一经办理房屋过户登记手续,即发生物权变动的效果,买受人成为新的房屋所有权人,出卖人不得再主张任何权利。此时,房屋被政府征收的,只有买受人享有请求支付征收补偿费用的权利。

其次,未办理过户登记手续的房屋被征收后,征收补偿费用归出卖人所有,但买受人可以请求出卖人交付征收补偿费或让与其对征收人的请求权。根据《物权法》第229条,出卖人的所有权因征收行为而消灭,并不存在向买受人继续履行交付房屋并办理过户登记义务的可能。即便是在征收决定作出之前,出卖人已经交付房屋但并未办理移转登记手续的,根据《物权法》第209条第1款的规定,也不发生所有权转移的效果。此时,因房屋被征收,发生履行不能的情形。由于履行不能并非出于出卖人的主观原因,根据《合同法》第580条,其免于给付义务。不过,债务人因履行不能而对第三人享有一定利益的,债权人可以请求其交付所取得的利益或让与其对第三人的请求权。本案中，买受人秦某孝虽然不能要求出卖人孙某国继续履行合同义务，却仍可请求孙某国让与其对南川区国土资源和房屋管理局的拆迁补偿费请求权。

最后，未办理过户登记的情况下，房屋交付行为的效力问题。为便于国家对不动产进行管理、课征赋税以及公示物权的状况、警示交易风险、维护不动产交易安全，《物权法》第 209 条规定："房屋等不动产的设立、变更、移转、消灭必须登记。"不过，需要注意的是，不动产登记仅是物权变动的生效要件，而非判断不动产权利归属的唯一依据。在 2015 年发布的《最高人民法院关于当前民事审判工作中的若干具体问题》中，最高人民法院认为："不动产物权变动是法律行为及其他法律事实的产物，不是登记机关登记行为的产物，不动产物权登记是不动产物权变动的'要件'而非'原因'。不能因为法律将登记作为物权变动的生效要件，而错误地认为财产权是登记机关赋予的。"因此，无证房产买卖合同中，即使没有办理不动产过户登记，买受人也可以取得对该无证房产的占有和使用。在国家征收时，买受人可向征收人请求支付相应的征收费用。

银行疏于设置自动取款机防护设施致使储户信息泄露应承担违约责任

侯圣贺

利用自动取款机进行交易是我们生产、生活中的一部分。但自动取款机缺少防护措施，致使银行卡密码被窃取并造成重大经济损失的情形亦屡见不鲜。商业银行未设置安全防护设施或疏于管理致使不法分子有机可乘并造成储户损失的，或可能向储户承担违约责任。

一、案情与裁判

案件名称：周某栋诉江东农行储蓄合同纠纷案

案情来源：《最高人民法院公报》2006年第2期

案情简介：

周某栋（原告）于江东农行（被告）乐群里分理处开户办理金穗借记卡。2003年12月19日上午，账户内到款54600元，存款余额为56867.52元。13时左右，周某栋持卡到江东农行火车站分理处柜台要求取款，营业员建议周某栋到自动取款机上取款。周某栋称："我不会。"

营业员告知："屏幕上有提示，你跟着做就可以了。"周某栋遂到自动取款机前取款。周某栋在自动取款机上操作后不久，再次持卡到柜台要求取款。营业员告知其所持卡片为外地卡，周某栋才发现自己的卡片被调包并要求营业员办理挂失手续。营业员以其不能提供存折号码和卡号为由，拒绝了其请求。后周某栋赶到开户行乐群里分理处口头办理挂失手续，发现其账户已被盗取53006元。经查，江东农行火车站分理处自动取款机位于营业大厅内，距离柜台不过两米；取款机上方贴有"您的密码如同钱包，注意保密，以防被窃"的警示纸条，周围无任何安全防范措施。

一审判决

湖南省衡阳市珠晖区人民法院经审理认为：《商业银行法》第33条规定了商业银行的保证支付义务。保证支付不仅指银行不得拖延、拒绝支付，还指银行应当以适当的方式履行支付义务。商业银行应当无条件履行保证支付义务，江东农行不得以任何理由拒绝为周某栋提供适当服务。江东农行营业员仅简单告知周某栋“屏幕上有提示，你跟着提示办理就行了”，再未主动提供任何服务，没有履行保证支付的法定义务。为存款人保密、保障存款人的合法权益不受任何单位和个人的侵犯是商业银行的法定义务。银行的保密义务不仅指银行应对储户的个人信息进行保密，也包括应为到银行办理交易的储户提供必要的安全、保密的环境。江东农行火车站分理处将自动取款机置于人员众多且流动性大的营业大厅内，只在取款机上方张贴一警示纸条，周围无任何安全防范措施，不能保证旁人无法接近正在使用自动取款机的储户，违反了保密义务，故应承担违约责任。

二审判决

湖南省衡阳市中级人民法院经审理认为：根据《商业银行法》第29条、第33条，商业银行对储户负有保证支付、取款自由、为储户保密的义务。其中，保证支付不仅是指银行不得拖延、拒绝支付，还包括银行应当以适当的方式履行支付义务；取款自由不仅包括取款时间、取款数额上的自由，在有柜台取款和自动取款机取款等多种取款方式的情况下，还应当包括选择取款方式的自由；为储户保密不仅是指银行对储户已经提供的个人信息保密，也包括要为到银行办理交易的储户提供必要的安全、保密环境。商业银行拒绝在柜台为储户办理取款业务，其自动取款机设备周围又没有足够的安全防范措施以保护储户的取款安全的，构成违约，应对储户的损失承担赔偿责任。

二、相关规定

《商业银行法》第29条：“商业银行办理个人储蓄存款业务，应当遵循存款自愿、取款自由、存款有息、为存款人保密的原则。对个人储蓄存款，商业银行有权拒绝任何单位或者个人查询、冻结、扣划，但法律另有规定的除外。”

《商业银行法》第33条：“商业银行应当保证存款本金和利息的支付，不得拖延、拒绝支付存款本金和利息。”

《侵权责任法》第37条(《民法典》第1198条)：“宾馆、商场、银行、车站、娱乐场所等公共场所的管理人或者群众性活动的组织者，未尽到安全保障义务，造成他人损害的，应当承担侵权责任。因第三人的行为造成他人损害的，由第三人承担侵权责任；管理人或者组织者未尽到安全保障义务的，承担相应的补充责任。”

《合同法》第107条(《民法典》第577条)：“当事人一方不履行合同义务或者履行合同义务不符合约定的，应当承担继续履行、采取补救措施或者赔偿损失等违约责任。”

三、典型案例或做法

案号	裁判立场
王某胜诉中国银行股份有限公司南京河西支行储蓄存款合同纠纷案/《最高人民法院公报》2009年第2期	为存款人保密，保障存款人的合法权益不受任何单位和个人的侵犯，是商业银行的法定义务。商业银行的保密义务不仅是指银行对储户已经提供的个人信息保密，也包括为到银行办理交易的储户提供必要的安全、保密环境。商业银行设置银行自助柜员机，是一项既能方便储户取款，又能提高自身工作效率并增加市场竞争力的重要举措，银行亦能从中获取经营收益。对银行自助柜员机进行日常维护、管理，为在银行自助柜员机办理交易的储户提供必要的安全、保密环境，是银行安全、保密义务的一项重要内容，这项义务应当由设置自助银行柜员机的银行承担。
顾某诉上海交行储蓄合同纠纷案/《最高人民法院公报》2005年第4期	商业银行在储蓄合同中，负有保障交易场所安全、明示使用自助银行的注意事项、防范犯罪发生、向储户及时通知犯罪手段、确保储户的存款安全及保障存款人合法权益不受侵犯的法定义务。商业银行违反履行通知犯罪手段和保障交易场所安全的法定义务，致使犯罪分子使用盗码器窃取银行卡信息和密码并导致储户存款损失的，应当承担赔偿责任，且不能以格式条款作为免责理由进行抗辩。

四、法理分析

首先，自动取款机缺少防护措施致使储户信息泄露，进而造成财产损失的，银行将承担违约责任或侵权责任。关于前者，对储户信息进行保密是商业银行的法定义务，违反该义务致使储户合法权益受损失的，应承担违约责任。《商业银行法》第29条规定：“商业银行办理个人储蓄存款业务，应当遵循存款自愿、取款自由、存款有息、为存款人保密的原则。对个人储蓄存款，商业银行有权拒绝任何单位或者个人查询、冻结、扣划，但法律另有规定的除外。”为储户保密，不仅要求对储户的姓名、地址、职业、存款数额、账户密码等相关信息进行保密，还要求银行为办理交易的储户提供安全、保密的环境，保障储户信息不被第三人非法查知。关于后者，一般是指银行为保障柜台交易安全，应设置排队等候区域（一米线）；为保障自动取款机交易安全，设置必要的隔离设施、警示设施；在营业大厅设置安保人员等。保密义务之不履行致使储户财产受损失的，构成合同附随义务之违反，应承担违约责任。本案中，江东农行火车站分理处将自动取款机置于人员众多且流动性大的营业大厅内，只在取款机上方张贴一警示纸条，周围无任何其他安全防范措施，不能保证旁人无法接近正在使用自动取款机的储户，客观上使储户无法在保密状态下安全使用自动取款机，违反了《商业银行法》第 29 条规定的保密义务，故应向原告周某栋承担违约责任。关于后者，银行作为公共场所的管理者，负有安全保障义务，在其不能对自动取款机设置必要的安全设施，致使储户信息泄露进而造成财产损失的，构成安全保障义务之违反，应根据《侵权责任法》第 37 条承担侵权责任。本案中，原告周某栋可以要求被告承担违约责任或侵权责任，但两种救济途径在举证责任、赔偿范围等方面存在不同，且原告只能选择其一。原告周某栋要求被告江东农行承担违约责任可以减轻其举证责任。

其次，合同条款与强行法之规定相冲突时，应适用强行法之规定。《金穗借记卡章程》第 11 条规定：“持卡人必须妥善保存和正确使用金穗借记卡，领到金穗借记卡时应立即修改密码，凡密码相符的交易均视为合法交易。持卡人应将金穗借记卡与密码分开保管，因卡片遗失或密码失密造成的资金损失，由持卡人自行承担。”该章程作为格式条款对双方当事人具有约束力，但正确理解该规定，还应结合法律法规。《商业银行法》第 6 条规定：“商业银行应当保障存款人的合法权益不受任何单位和个人的侵犯。”这规定的是商业银行应尽的法定义务。即只有在持卡人知道如何正确使用与妥善保存金穗借记卡和密码，并且银行也为持卡人正确使用与妥善保存金穗借记卡和密码提供了应有条件的情况下，完全由于持卡人自己的过失使卡片遗失或密码失密造成的资金损失，才由持卡人自行承担。本案中，江东农行设置的自动取款机周围无防护措施，无法保证使用人在交易时密码不被偷窥。故卡片遗失与密码失密并非完全是由持卡人自己的过失造成。银行没有依照储蓄合同履行保证支付、保障储户取款自由以及保密义务，构成违约，并不能根据《金穗借记卡章程》第 11 条免除责任。

最后，被告江东农行在向原告周某栋承担违约责任后，可以向盗取储户密码，造成本案当事人损失的第三人主张赔偿损失。尽管被告江东农行需要因自己未设置自动取款机安全防护措施的过失行为承担违约责任，但本案中损失是由实施侵权行为的第三人造成的，故江东农行在承担了违约责任后，仍可向第三人主张赔偿。

如何认定商品房认购书的法律性质?

刘耀东

在商品房买卖司法实践中,购房者通常在与开发商签订正式的商品房买卖合同之前,签订商品房认购书、意向书等协议。而如何判断商品房买卖实践中的认购书、订购书、意向书、预订等协议的性质,即究竟是预约合同还是本约合同?司法裁判应根据上述协议约定的具体内容而作出不同的性质认定。

一、案情与裁判

案件名称:赵某英、滕州伦达置业有限公司商品房预约合同纠纷二审案

案情来源:山东省枣庄市中级人民法院(2018)鲁04民终419号民事判决

案情简介:

2016年1月10日,赵某英(上诉人、原审原告)与滕州伦达置业有限公司(被上诉人、原审被告,以下简称伦达公司)所属的三盛星尚城营销中心签订三盛星尚城优惠申请单1份,约定:赵某英认购9号楼1单元1701号房,面积137.57m^2,单价5164.53元/m^2,总价710484元。认筹客户享受总价10000元(认筹优惠)。成功选房享受1个点优惠,7天内补齐首付并签约优惠1个点(选房优惠)。定房7天内交齐全款优惠2个点(全款优惠)。开盘3日内定房100平以下赠送物业费2000元。开盘3日内定房100平以上赠送物业费3000元。同日,原告赵某英向被告伦达公司交纳意向金500元;同月13日,原告赵某英又向该公司交纳意向金19500元。被告伦达公司的经办人为其置业顾问聂某娜。2017年3月15日,被告伦达公司将上述房产以680551元的价格出卖给赵某艳。

赵某英认为该优惠申请单已具备商品房买卖合同的主要内容应为商品房买卖合同,起诉请求法院判令二被告继续履行商品房买卖合同。

一审判决

山东省滕州市人民法院经审理认为：根据《商品房买卖合同司法解释》第5条"商品房的认购、订购、预订等协议具备《商品房销售管理办法》第十六条规定的商品房买卖合同的主要内容，并且出卖人已经按照约定收受购房款的，该协议应当认定为商品房买卖合同"之规定，商品房认购书是为将来双方当事人订立确定性的正式的商品房买卖合同达成的书面允诺，其目的就是通过订立合同来约束双方当事人承担在将来订立商品房买卖合同的义务，系与作为本约合同的商品房买卖合同相对应的预约合同。因而认购书实际上是开发商与认购人之间为将来订立商品房买卖合同所做的承诺，并非正式商品房销售行为，预约合同成立生效，并不意味本约合同成立生效。只有具备上述《商品房销售管理办法》第16条规定的主要内容的商品房认购书、购房协议等才有实际履行的条件和可能，才有可能直接被认定为商品房买卖合同。原告赵某英与被告伦达公司于2016年1月10日签订的三盛星尚城商品房优惠申请单，虽然约定了原告赵某英购买被告伦达公司开发建设的三盛星尚城9-1-1701室房产，但并不具有上述《商品房销售管理办法》第16条的内容，并约定了7日内补齐首付并签约，且从实际履行来看，原告赵某英仅向被告伦达公司交付了20000元意向金，因而上述优惠申请单应为商品房预约合同。

原告赵某英诉求法院判令被告伦达公司、上海三盛宏业投资（集团）有限责任公司（被上诉人、原审被告）继续履行商品房买卖合同，无事实依据和法律依据，不予支持。

赵某英不服一审判决，提起上诉。

二审判决

山东省枣庄市中级人民法院经审理认为：结合赵某英与三盛星尚城营销中心签订的《三盛星尚城商品房优惠申请单》的形式及内容，一审法院确定上述申请单为商品房预约合同，并无不当。赵某英关于该申请单系商品房买卖合同的主张，缺乏事实和法律依据，本院依法不予支持。赵某英仅交付20000元意向金，且并未就案涉房屋签订商品房买卖合同。驳回上诉，维持原判。

二、相关规定

《商品房销售管理办法》第16条："商品房销售时，房地产开发企业和买受人应当订立书面商品房买卖合同。商品房买卖合同应当明确以下主要内容：

(一)当事人名称或者姓名和住所;(二)商品房基本状况;(三)商品房的销售方式;(四)商品房价款的确定方式及总价款、付款方式、付款时间;(五)交付使用条件及日期;(六)装饰、设备标准承诺;(七)供水、供电、供热、燃气、通讯、道路、绿化等配套基础设施和公共设施的交付承诺和有关权益、责任;(八)公共配套建筑的产权归属;(九)面积差异的处理方式;(十)办理产权登记有关事宜;(十一)解决争议的方法;(十二)违约责任;(十三)双方约定的其他事项。"

《最高人民法院关于审理商品房买卖合同纠纷案件适用法律若干问题的解释》(法释〔2003〕7号)第2条[《最高人民法院关于审理商品房买卖合同纠纷案件适用法律若干问题的解释》(法释〔2020〕17号)第2条]:"出卖人未取得商品房预售许可证明,与买受人订立的商品房预售合同,应当认定无效,但是在起诉前取得商品房预售许可证明的,可以认定有效。"

《最高人民法院关于审理商品房买卖合同纠纷案件适用法律若干问题的解释》(法释〔2003〕7号)第5条[《最高人民法院关于审理商品房买卖合同纠纷案件适用法律若干问题的解释》(法释〔2020〕17号)第5条]:"商品房的认购、订购、预订等协议具备《商品房销售管理办法》第十六条规定的商品房买卖合同的主要内容,并且出卖人已经按照约定收受购房款的,该协议应当认定为商品房买卖合同。"

三、典型案例或做法

裁判进路	案号	裁判立场
商品房认购书具备《商品房销售管理办法》第16条规定的内容的,属于商品房买卖合同	北京长富投资基金、于某芬申请执行人执行异议之诉二审案/最高人民法院(2018)最高法民终1073号	根据《商品房买卖合同解释》第5条关于"商品房的认购、订购、预订等协议具备《商品房销售管理办法》第十六条规定的商品房买卖合同的主要内容,并且出卖人已经按照约定收受购房款的,该协议应当认定为商品房买卖合同"的规定,案涉《丽都国际商品房认购书》载明了双方当事人的基本情况,房屋的基本情况,包括位置、面积、付款方式、房屋位置调整及面积调差方式等商品房买卖合同应具备的要件,且于桂芬已经全额支付了案涉房屋的购房款,应认定案涉《丽都国际商品房认购书》的性质为商品房买卖合同。
	胡某宏、安徽省金马房地产开发有限公司确认合同无效纠纷再审案/安徽省高级人民法院(2018)皖民申2116号	案涉《世宏城市广场商品房认购书》虽然形式上只是商品房认购协议,但已具备了商品房预售合同的主要内容,包括房屋的位置、面积、单价、总价、付款方式等,原审认定该认购书为商品房预售合同,并无不当。

续表

裁判进路	案号	裁判立场
	中国东方资产管理股份有限公司海南省分公司与海南冠中房地产开发有限公司、内蒙古国太房地产开发有限责任公司等申请执行人执行异议之诉二审案/海南省高级人民法院(2018)琼民终521号	判断商品房买卖中的认购书究竟为预约合同还是本约合同,最主要的是看认购书是否具备了《商品房销售管理办法》第16条规定的商品房买卖合同的主要内容,即是否具备当事人名称或者姓名和住所,商品房基本状况,商品房的销售方式,商品房价款的确定方式及总价款、付款方式、付款时间,交付使用条件及日期,装饰、设备标准承诺,水电气等承诺和有关权益、责任,公共配套建筑的产权归属等条款。通常来说,商品房认购书中不可能完全明确上述内容,否则就与商品房买卖合同本身无异,因此,认购书只要具备当事人姓名或名称,商品房基本状况(包括房号、建筑面积)、单价或总价款、付款方式、付款时间等,且能够实际履行,除非当事人明确约定认购书仅为预约合同以外,就可以认定认购书已经基本具备了商品房买卖合同本约的条件。
商品房认购书并不包含属于商品房买卖合同的必备条款且并未收受购房款,目的是双方在将来参照该认购书订立商品房买卖合同,则应认定为预约	南宁大自然花园置业有限公司、周某英因申请诉中财产保全损害责任纠纷再审案/最高人民法院(2017)最高法民申417号	本院认为,大自然花园公司与颜某2005年1月30日签订的《商品房认购书》属于预约合同,其目的是缔约双方在将来参照该认购书订立商品房买卖合同。该《商品房认购书》第3条约定,认购人同意在签订认购书之日起70日内与出卖人签订商品房买卖合同。
	刘某梅与日照观海苑置业有限公司商品房预约合同纠纷二审案/山东省日照市中级人民法院(2015)日民一终字第513号	商品房买卖认购书是商品房买卖合同双方当事人在签署商品房预售合同或商品房现房买卖合同前所签订的文书,是对双方交易房屋有关事宜的初步确认。该认购书名称明确为“商品房认购书”,内容上包括了双方当事人的概况、房屋的基本情况(包括房屋所处的位置、大致面积)、价款计算方法、签署商品房买卖合同的时间约定等,但是并不包括《商品房买卖合同司法解释》第5条及《商品房销售管理办法》第16条规定的付款时间、交付使用条件及日期、面积差异的处理方式、违约责任等商品房买卖合同的主要内容;而且双方签订的商品房认购书约定了刘某梅交付定金的比例及数额,同时还明确约定了“认购定金是保证双方签订房管部门要求的格式《商品房买卖合同》的签约定金”。本案双方当事人签订合同并交纳定金的行为,并不符合《商品房买卖合同司法解释》关于商品房认购书转化为商品房买卖合同所要求的,同时具备商品房买卖合同的主要内容和收受购房款的情形,其性质仍应为预约合同。

续表

裁判进路	案号	裁判立场
	海南伟亚实业有限公司与闫某某商品房预约合同纠纷二审案/海南省高级人民法院(2014)琼民一终字第54号	该四份《商品房认购书》以及《补充合同》并未具备《商品房销售管理办法》第16条规定的商品房买卖合同的主要内容,且依据该四份《商品房认购书》以及《补充合同》本身的约定,在伟亚公司取得商品房预售许可证后,双方需签订正式的商品房买卖合同,本案也正是因伟亚公司未在约定的期限内取得商品房预售许可证从而未能与闫某某签订正式的商品房买卖合同而引起,故本案四份《商品房认购书》以及《补充合同》属于商品房预约合同。

四、法理分析

本案争议的焦点是原告赵某英与被告伦达公司所属的三盛星尚城营销中心签订的优惠申请单属于商品房买卖合同还是商品房买卖预约合同。

司法实践中出现的商品房认购书的法律性质既可能是商品房买卖预约合同,也可能是商品房买卖合同。因此,判断商品房认购书究竟为预约合同还是本约合同,主要应当把握以下三个方面:

首先,最主要的是看该认购书是否具备了《商品房销售管理办法》第16条所规定的商品房买卖合同的主要内容,即是否具备当事人名称或者姓名和住所,商品房基本状况,商品房的销售方式,商品房价款的确定方式及总价款、付款方式、付款时间,交付使用条件及日期,装饰、设备标准承诺,水电气讯配套等承诺和违约责任,争议解决方法及公共配套建筑的产权归属等条款。但一般来说,商品房认购书中不可能完全明确上述内容,否则就与商品房买卖合同本身无异。当然认购书要成立商品房买卖预约合同本身也应当具备商品房买卖的基本内容,以实现本约内容一定程度的确定性。预约合同的确定性要求通常在于明确交易商品房的位置、房型、价格,或者虽然未确认价格及具体位置,但明确约定了房屋位置和价格的确定方法,可以根据约定的方法确认商品房的位置和价格。只有具备上述《商品房销售管理办法》第16条规定的主要内容的商品房认购书、购房协议等才有实际履行的条件和可能,才有可能直接被认定为商品房买卖合同。

其次,要看商品房认购书中是否存在将来订立商品房买卖合同的意思表示。如果认购书、协议书、意向书中并未约定将来订立正式的商品房买卖合同，而是直接约定了付款方式、交房时间、逾期付款交房的违约责任等商品房买卖合同的内容，并且可以依据认购书、协议书、意向书等直接履行商品房买卖合同的权利义务，则该认购书、协议书、意向书等虽名为商品房认购，但实为正式的商品房买卖合同。如果认购书、协议书、意向书等明确约定将来一定时期内再订立正式的商品房买卖合同，则不论认购书、协议书、意向书等其中有关商品房买卖的内容如何详尽，该认购书、协议书、意向书等都应认定为商品房买卖预约合同。

最后，要看出卖人是否已按约定收受购房款。根据《商品房买卖合同司法解释》（法释〔2003〕7号）第5条规定："商品房的认购、订购、预订等协议具备《商品房销售管理办法》第十六条规定的商品房买卖合同的主要内容，并且出卖人已经按照约定收受购房款的，则该协议应当认定为商品房买卖合同。"

另外，应当说明的是在商品房预售实践中，即使众多法院裁判直接依据《商品房买卖合同解释》（法释〔2003〕7号）第2条认定未取得商品房预售许可证明的商品房预售合同无效，但该条不适用于商品房预售的预约合同，房地产开发企业未取得商品房预售许可证明的，并不影响预约合同的效力。所以，在商品房预售中认购书一旦被认定为预约合同，其效力并不受开发商是否取得商品房预售许可证明的影响。

就本案而言，原告赵某英与被告伦达公司签订的三盛星尚城商品房优惠申请单，虽然明确约定了具体的商品房即三盛星尚城9-1-1701室，但并不具有上述《商品房销售管理办法》第16条规定的房屋总价款、付款方式、付款时间、交付使用条件等内容。该优惠申请单只是约定了可以享受优惠的条件，即成功选房享受1个点优惠，7天内补齐首付并签约优惠1个点（选房优惠）、定房7天内交齐全款优惠2个点（全款优惠）。因此，双方签订的优惠申请单应认定为预约而非商品房买卖合同。

以租赁形式抵偿债务的合同是否适用“买卖不破租赁”原则?

刘耀东

为特别保护弱势一方承租人的利益,法律规定了“买卖不破租赁”原则,该原则的适用自应以存在真实的房屋租赁合同为前提。但实践中出现的以房屋使用权抵偿债务或言之以租赁之形式而行抵债之实质的合同,能否适用“买卖不破租赁”原则以对抗房屋买受人,不无疑问。

一、案情与裁判

案件名称:英联视动漫文化发展(北京)有限公司与北京恒华嘉辉科技有限公司与豪力投资有限责任公司其他合同纠纷申请再审案

案情来源:最高人民法院(2014)民申字第215号民事裁定

案情简介:

2000年12月,豪力房地产开发有限公司取得M58地块的国有土地使用权证。2001年11月5日,豪力房地产开发有限公司取得M58地块豪力大厦综合楼等2项的建设工程规划许可证及附件。2001年12月29日,豪力科技综合楼软件研发楼工程取得建筑工程施工许可证。

2002年11月14日,北京锦天文化传播有限公司[以下简称锦天公司,2008年6月6日更名为英联视动漫文化发展(北京)有限公司,再审申请人、一审原告、二审上诉人,以下简称英联视公司]与豪力房地产开发有限公司签订借款合同,约定:豪力房地产开发有限公司向锦天公司借款300万元,借款期限为1年,自2002年11月14日起至2003年11月13日止,双方还约定了借款利息。同日,锦天公司通过转账的方式给付豪力房地产开发有限公司300万元,豪力房地产开发有限公司为锦天公司出具了收据,该收据的主要内容为:今收到锦天公司交来往来款300万元。同年12月12日，豪力房地产开发有限公司名称变更为豪力投资有限责任公司(一审第三人，以下简称豪力公司)。2004年3月22日，锦天公司与豪力公司签订《房屋使用权抵债合同》，约定：豪力公司提供豪力大厦研发楼第五层全部房产共计964.47平方米的房屋使用权，以偿还其所欠锦天公司的300万元债务，锦天公司享有上述房产的使用权18年，期限自2004年3月22日起至2022年3月21日止；双方还约定了各自的权利义务。2004年5月30日，豪力公司与锦天公司签订《委托转租协议》，约定：锦天公司必须委托豪力公司或豪力公司委托的第三方以豪力公司的名义代锦天公司对外签订出租豪力大厦研发楼第五层房屋协议和收取租金；豪力公司每年必须向锦天公司交纳租金40万元，租金每五年调整一次，调整幅度按照同期银行贷款基准利率进行调整；委托期限自2004年6月1日至2022年3月21日止。

2012年11月30日，北京恒华嘉辉科技有限公司(被申请人、一审被告、二审被上诉人，以下简称恒华嘉辉公司)通过拍卖的方式竞得M58地块(北京经济技术开发区隆庆街18号豪力大厦)土地使用权及地上物。2012年12月17日，北京一中院作出(2006)一中执字第1054号执行裁定书，裁定内容为：位于北京经济技术开发区23号街区M58号土地使用权及地上物的所有权及相应的其他权利归买受人恒华嘉辉公司所有。位于北京经济技术开发区23号街区M58号的土地使用权及地上物的财产权自本裁定送达买受人恒华嘉辉公司时起转移。

英联视公司称其与豪力公司就豪力大厦研发楼的使用权为房屋租赁关系，应适用“买卖不破租赁”原则。恒华嘉辉公司对此不予认可。为此，英联视公司提起诉讼。

一审判决

北京市第一中级人民法院经审理认为：本案中，英联视公司与豪力公司签订的《房屋使用权抵债合同》是以豪力公司在一定期限内让渡其对豪力大厦研发楼使用权为代价作为其偿还所欠英联视公司300万元债务的条件，该合同关系具有相对性，即只在英联视公司与豪力公司之间发生效力，英联视公司只能向豪力公司主张权利，故该合同性质是规范双方债权债务之间的合同之债。房屋租赁合同是指房屋出租人将房屋提供给承租人使用，承租人定期给付约定租金，并于合同终止时将房屋完好地归还出租人的协议。根据前述论述，英联视公司与豪力公司之间的合同为债权债务关系并非房屋租赁合同，故不适用“买卖不破租赁”原则。英联视公司要求确认其对豪力大厦研发楼第五层全部房产共计 964.47 平方米房产使用权 18 年的诉讼请求，没有法律依据，不予支持。

一审判决后，英联视公司不服，提起上诉。

二审判决

北京市高级人民法院经审理认为：锦天公司与豪力公司于 2004 年 3 月 22 日签订的《房屋使用权抵债合同》中约定：豪力公司提供豪力大厦研发楼第五层全部房产共计 964.47 平方米的房屋使用权，以偿还其所欠锦天公司的300 万元债务。恒华嘉辉公司是在一中院执行程序中通过拍卖的方式取得了 M58 地块的土地使用权及地上物的所有权，并在其后取得了国有土地使用证及房屋所有权证。虽签约双方均认可上述《房屋使用权抵债合同》的效力，但该合同效力仅及于英联视公司与豪力公司之间，不能及于恒华嘉辉公司。案外人英联视公司据此提出的对本案所涉房屋享有使用权的主张不能对抗恒华嘉辉公司已经登记的物权。综上，英联视公司的上诉理由不能成立，其上诉请求本院不予支持。

英联视公司不服终审判决，申请再审。

再审裁定：

最高人民法院经审查认为：房屋租赁合同是指房屋出租人将房屋提供给承租人使用，承租人定期支付租金，并于合同终止时将房屋归还给出租人的协议。故承租人缔约的目的是取得房屋的使用权，出租人则是为了收取租金。而本案中，豪力投资公司（乙方）与英联视公司（甲方）签订的《房屋使用权抵债合同》，从该合同内容看，英联视公司为了使自己的债权得到清偿，同意豪力投资公司以让渡豪力大厦 18 年的房屋使用权的方式抵顶 300 万元的借款。可见，《房屋使用权抵债合同》是债务人以其房屋使用权抵偿欠款的合同之债，不同于出租人与承租人之间签订的房屋租赁合同。因此，一、二审判决认定英联视公司与豪力投资公司之间签订的《房屋使用权抵债合同》为债权债务合同关系而非房屋租赁合同，并无不当。根据上述分析，英联视公司与豪力投资公司之间签订的《房屋使用权抵债合同》为房屋使用权抵偿欠款的合同之债而非房屋租赁合同，故本案不适用合同法规定的“买卖不破租赁”原则。此外，根据合同的相对性原则，英联视公司与北京豪力公司之间签订的《房屋使用权抵债合同》仅对签约双方有法律约束力，不能对抗合同之外的第三人。

驳回英联视动漫文化发展（北京）有限公司的再审申请。

二、相关规定

《合同法》第 112 条(《民法典》第 703 条):“租赁合同是出租人将租赁物交付承租人使用、收益,承租人支付租金的合同。”

《合同法》第 229 条(《民法典》第 725 条):“租赁物在租赁期间发生所有权变动的,不影响租赁合同的效力。”

《最高人民法院关于审理城镇房屋租赁合同纠纷案件具体应用法律若干问题的解释》(法释〔2009〕11 号)第 20 条[《最高人民法院关于审理城镇房屋租赁合同纠纷案件具体应用法律若干问题的解释》(法释〔2020〕17 号)第 14 条]:“租赁房屋在租赁期间发生所有权变动,承租人请求房屋受让人继续履行原租赁合同的,人民法院应予支持。但租赁房屋具有下列情形或者当事人另有约定的除外:(一)房屋在出租前已设立抵押权,因抵押权人实现抵押权发生所有权变动的;(二)房屋在出租前已被人民法院依法查封的。”

三、典型案例或做法

案号	裁判立场
王某琰、厦门思明双润小额贷款股份有限公司小额借款合同纠纷二审案/福建省厦门市中级人民法院(2017)闽 02 民终 3784 号民事判决	王某琰主张适用“买卖不破租赁”以维持其对讼争房产的占有使用,则其必须举证证明其与原所有权人陈胜辉之间存在真实、有效的租赁关系。该房屋租赁合同书虽名为租赁,但实为以房屋使用权抵债,故应认定王金琰所举证据未能证明其所主张的租赁关系真实存在。综上所述,王金琰以其享有租赁权为由,主张有权占用讼争房屋,与客观事实不符,亦于法无据。
梅某、吴某诉××荣、胡某凤等房屋买卖合同纠纷一审案/杭州市中级人民法院(2013)浙杭民终字第 1145 号民事判决	该租赁合同不是一般意义上为生活生产便利租用房屋而签订的房屋租赁合同,难以产生法律意义上的房屋租赁合同效力,且建立房屋租赁关系并非双方签订租赁合同的真实意图,只是刘伟作为其债权实现的一种担保形式。刘某与××荣、胡某凤签订租赁合同的民事法律行为,不具有租赁合同的效力,不产生梅某、吴某(买受人)负有继续履行租赁合同义务的法律效果。综上,刘某提交的其与王某荣、胡某凤之间的租赁合同不能产生对抗买受人梅某、吴某的效力。

续表

案号	裁判立场
姜某、东阿县劳服建安有限公司确认合同效力纠纷二审案/山东省聊城市中级人民法院(2018)鲁15民终1752号民事判决	从姜某与东阿宾馆所签合同内容看,该合同名为房屋租赁合同,实际上是以房屋租赁费抵顶姜某债务的合同,亦即以房屋使用权抵债的合同,不满足合同法规定的出租人将租赁物交付承租人使用、收益,承租人支付租金的租赁合同定义,不能认定姜某与东阿宾馆之间成立租赁关系,不应适用买卖不破租赁原则。
招商银行股份有限公司徐州分行与李某民、李某金融借款合同纠纷执行案/江苏省徐州市云龙区人民法院(2018)苏0303执异204号执行裁定	被执行人李某民和异议人刘某领所签订的《协议》不属于房屋租赁协议,其性质为以房屋使用权抵债协议,不适用"买卖不破租赁"原则。因此,该《协议》仅对李某民和刘某领双方具有法律约束力,不能对抗合同之外的第三人,更不具有阻却法院执行拍卖的效力。
叶某香与中国邮政储蓄银行股份有限公司丽水市分行、丽水市恒星制笔有限公司案外人执行异议之诉一审案/丽水市莲都区人民法院(2018)浙1102民初91号民事判决	房屋租赁合同是指房屋出租人将房屋提供给承租人使用,承租人定期支付租金,并于合同终止时将房屋归还给出租人的协议。本案《房屋租赁合同》是债务人以其房屋使用权抵偿欠款的合同之债,不同于出租人与承租人之间签订的房屋租赁合同。为此,原告叶某香与被告丽水市恒星制笔有限公司的合同为债权债务关系并非房屋租赁合同,故不适用"买卖不破租赁"原则,因此对该租赁合同的效力本院不予确认。

四、法理分析

本案争议的焦点是以房屋使用权(以租赁形式)抵债的合同能否适用"买卖不破租赁"原则?

房屋租赁合同是指房屋出租人将房屋提供给承租人使用,承租人定期支付租金,并于合同终止时将房屋归还给出租人的协议。为了特别保护弱势一方承租人的利益,法律规定了"买卖不破租赁"原则,对租赁合同的相对性予以突破,进而使得租赁合同可以约束合同以外的第三人即租赁房屋的买受人。但实践中"买卖不破租赁"这一旨在保护弱势承租人利益的原则,成为某些当事人恶意通过订立虚假租赁合同达到逃避债务、逃避强制执行的工具。因此,司法实践中认为"买卖不破租赁"原则以当事人之间存在真实的租赁关系为其适用的前提。而认定当事人之间是否存在真实的房屋租赁合同关系,应当以当事人是否具有真实的缔结租赁合同的意思、合同的具体内容、是否登记备案并结合是否实际占有房屋并支付租金等因素加以确定。所以,实践中出现的以房屋使用权抵偿债务或言之以租赁之形式而行抵债之实质的合同与房屋租赁合同迥然有别。故而,应排除"买卖不破租赁"原则之适用。

就本案而言,英联视公司与豪力公司签订的《房屋使用权抵债合同》,该合同的内容乃英联视公司为使自己的债权得到清偿,而以豪力公司所有的豪力大厦 18 年的房屋使用权抵偿其 300 万元的借款债务。并且双方约定英联视公司必须委托豪力公司或豪力公司委托的第三方以豪力公司的名义代英联视公司对外签订出租豪力大厦的房屋协议和收取租金,豪力公司每年必须向锦天公司交纳租金 40 万元。由此可见,英联视公司与豪力投资公司之间并无真实的缔结租赁合同的意思表示,双方签订的《房屋使用权抵债合同》是债务人以其房屋使用权抵偿欠款的合同,并非房屋租赁合同。因此,不应适用"买卖不破租赁"原则,双方的合同不能对抗合同之外的第三人恒华嘉辉公司。

小区业主可否因物业服务瑕疵而拒交物业费?

刘耀东

近年来,物业服务纠纷逐渐增多,其中多数纠纷为物业公司起诉业主欠缴物业服务费。业主拒绝缴纳物业费的理由也多种多样,其中之一即为业主认为物业公司提供的物业服务质量存在瑕疵。业主以此为由而拒交物业费是否正当合理,是否于法有据,是正确处理此类纠纷的核心问题。

一、案情与裁判

案件名称:无锡新江南物业服务公司与汤某强物业服务合同纠纷二审案

案情来源:江苏省无锡市中级人民法院(2012)锡民终字第915号民事判决

案情简介:

2003年无锡市新江南花园业主委员会与无锡新江南物业服务公司(上诉人、原审原告,以下简称新江南物业公司)签订了物业委托管理合同,约定由将新江南花园"世代雅居"房屋委托新江南物业公司实行物业管理。

汤某强(被上诉人、原审被告)系新江南花园"世代雅居"(C区)87号楼业主,自2006年3月开始即一直拒绝交纳物业服务费。新江南物业公司于2012年3月起诉至法院,要求汤某强支付物业管理费5214元(自2006年3月计算至2011年8月),电梯费240元。汤某强对未交纳物业费予以认可,但认为新江南物业公司未达到承诺的物业服务标准,因而拒绝交纳物业费。汤某强提交了有业主提出的反映新江南物业公司服务不到位的意见并提供照片予以证明。新江南物业公司庭审时也认可因无法收到物业费导致物业服务质量下降,并认为业主不交纳物业费,新江南物业公司无法提供完善的物业服务,是恶性循环。

一审判决

江苏省无锡市南长区人民法院经审理认为：因新江南物业公司确实存在物业服务质量降低的事实，汤某强拒绝交纳物业费的理由具有一定的正当性，但是尚不足以构成免除其交费义务的抗辩事由，故根据新江南物业公司提供物业服务的质量对其所诉物业服务欠交费用酌情予以减少。

新江南物业公司不服一审判决，提起上诉。

二审判决

江苏省无锡市中级人民法院经审理认为：业主就物业服务质量不到位提供了相关照片予以证明，虽然照片只能反映某个时间点的局部情况，但业主已经进行了初步举证，应由负履行义务的一方进一步举证。新江南物业公司不能有效证明物业服务质量已经到位，应承担举证不利的后果。原审法院综合全案情况酌情减少物业服务费并无不当。

驳回上诉，维持原判。

二、相关规定

《物业管理条例》第 41 条："业主应当根据物业服务合同的约定交纳物业服务费用。业主与物业使用人约定由物业使用人交纳物业服务费用的，从其约定，业主负连带交纳责任。已竣工但尚未出售或者尚未交给物业买受人的物业，物业服务费用由建设单位交纳。"

《最高人民法院关于审理物业服务纠纷案件具体应用法律若干问题的解释》(法释〔2009〕8 号)第 3 条[①]："物业服务企业不履行或者不完全履行物业服务合同约定的或者法律、法规规定以及相关行业规范确定的维修、养护、管理和维护义务，业主请求物业服务企业承担继续履行、采取补救措施或者赔偿损失等违约责任的，人民法院应予支持。"

《最高人民法院关于审理物业服务纠纷案件具体应用法律若干问题的解释》(法释〔2009〕8 号)第 5 条[**《最高人民法院关于审理物业服务纠纷案件适用法律若干问题的解释》**(法释〔2020〕17 号)第 2 条]："物业服务企业违反物业服务合同约定或者法律、法规、部门规章规定，擅自扩大收费范围、提高收费标准

① 《最高人民法院关于审理物业服务纠纷案件适用法律若干问题的解释》(法释〔2020〕17 号)已删除该条。

或者重复收费，业主以违规收费为由提出抗辩的，人民法院应予支持。”

《最高人民法院关于审理物业服务纠纷案件具体应用法律若干问题的解释》（法释〔2009〕8号）第6条[①]：“经书面催交，业主无正当理由拒绝交纳或者在催告的合理期限内仍未交纳物业费，物业服务企业请求业主支付物业费的，人民法院应予支持。物业服务企业已经按照合同约定以及相关规定提供服务，业主仅以未享受或者无需接受相关物业服务为抗辩理由的，人民法院不予支持。”

三、典型案例或做法

案号	裁判立场
杭州绿城诚品物业管理有限公司与沈红华物业服务合同纠纷二审案/浙江省杭州市中级人民法院（2014）浙杭民终字第2945号民事判决	良好的物业服务需业主与物业公司长期良性互动，业主不能简单地以物业公司服务存在瑕疵为由而拒交物业费，物业公司则应对业主反映问题及时回复并尽量改进服务质量。案涉小区2006年即交付使用，多项公共设施设备年久失修情况属实，但其维修涉及动用维修基金，须业主委员会作出决议，且被上诉人系为全体业主提供物业服务，上诉人的该意见系其个人意见，不能代表其他业主，故上诉人不能以此为由拒交物业费。
李某敏、仙游县大地物业管理有限公司物业服务合同纠纷二审案/福建省莆田市中级人民法院（2017）闽03民终2548号民事判决	大地物业根据合同约定履行了小区管理、环卫、安保等义务，李某敏作为业主，在享受大地物业所提供的物业服务后，应依合同约定缴纳物业费。李某敏未按约定缴纳物业费，已构成违约，故大地物业诉求李某敏支付拖欠的物业费，有事实和法律依据，本院予以支持。但由于大地物业在物业服务中存在瑕疵，不能协调处理李某敏提出的物业服务管理不到位的问题，导致李某敏拒交物业费，故大地物业要求李某敏支付滞纳金，本院不予支持。
成都合力物业服务有限公司与周某群、屈某物业服务合同纠纷二审案/重庆市第一中级人民法院（2016）渝01民终830号民事判决	成都合力物业服务有限公司提供了物业服务，周某群、屈某作为该小区的业主，应当按照合同约定交纳物业费。成都合力物业服务公司提供的物业服务虽有瑕疵，应予改进，但其瑕疵尚未达到降低物业服务费的程度。按照《最高人民法院关于审理物业服务纠纷案件具体应用法律若干问题的解释》（以下简称《物业服务纠纷司法解释》）第3条的规定，上诉人认为被上诉人没有按照合同约定履行服务义务，可另案诉讼主张权利

① 《最高人民法院关于审理物业服务纠纷案件适用法律若干问题的解释》（法释〔2020〕17号）已删除该条。

续表

案号	裁判立场
雷某、台山市佳顺物业有限公司物业服务合同纠纷二审案/广东省江门市中级人民法院(2017)粤07民终1491号民事判决	佳顺物业公司在接受委托对物业进行管理后,已经履行了合同约定的维修、养护、管理和维护的主要义务,即使其在物业管理服务过程中存在瑕疵,雷某等业主也可以根据《前期物业管理服务协议》的约定,通过要求物业服务企业限期整改直至终止合同并提议选聘新的物业管理企业等方式维护自己的合法权益,或者根据《物业服务纠纷司法解释》第3条的规定,要求物业服务企业承担继续履行、采取补救措施或者赔偿损失等违约责任。陈某峰、雷某并没有通过其他救济途径主张权利,而拒付物业服务费对抗物业服务瑕疵的行为无合法依据。
徐某业与大连怡合物业服务有限公司物业服务合同纠纷二审案/辽宁省大连市中级人民法院(2018)辽02民终3456号民事判决	怡合物业在物业管理服务过程中存在瑕疵,徐某业等业主也可以根据物业服务合同的约定,通过要求物业服务企业限期整改直至提议终止合同并选聘新的物业管理企业等方式维护自己的合法权益,或者根据《根据物业服务纠纷司法解释》第3条的规定,要求物业服务企业承担继续履行、采取补救措施或者赔偿损失等违约责任。以拒付物业服务费对抗物业服务瑕疵的行为无合法依据。
淄博宇辰物业管理有限公司与孙某涛物业服务合同纠纷二审案/山东省淄博市中级人民法院(2015)淄民一终字第930号民事判决	即使原告在物业管理服务过程中存在瑕疵或服务不到位,被告当时可通过业主委员会督促原告限期整改,或根据《物业服务纠纷司法解释》第3条规定,要求原告承担继续履行、采取补救措施或者赔偿损失等违约责任,被告以拒付物业费等费用对抗物业服务瑕疵的行为于法无据。
长沙世纪金源物业管理有限责任公司、桂某波物业服务合同纠纷二审案/湖南省长沙市中级人民法院(2017)湘01民终10179号民事判决	世纪金源公司提供了相应的物业管理服务,桂某波应当按照合同约定支付物业管理费。因金源公司在物业服务等方面存在瑕疵,一审判决根据世纪金源公司的服务质量,酌情减少桂某波应交物业费的20%,并且驳回世纪金源公司要求桂某波承担违约金的诉请并无不当,本院予以维持。

四、法理分析

首先,建设单位依法与物业服务企业签订的前期物业服务合同,以及业主委员会与业主大会依法选聘的物业服务企业签订的物业服务合同,对业主具有约束力,全体业主均应遵守。选聘物业服务企业是业主共同作出的决定,只要物业服务企业按照合同约定提供了相关的物业服务，则业主即应交纳相应的物业费。否则，物业服务关系的稳定性和确定性将会被彻底打破。

其次，物业费是全体业主委托物业管理单位对居住小区内的房屋建筑及其设备、公用设施、绿化、卫生等项目进行日常维护、修缮等与业主生活相关的服务所收取的费用，事关全体业主的集体利益。实践中，业主以未享受或不需要物业服务企业提供的物业服务为由，而拒绝交纳物业费均属于权利滥用，于法无据，也不利于维护物业服务秩序。如果业主都以种种理由拒交物业费，势必造成物业服务质量的下降，进而损害全体业主的利益。

最后，物业管理工作涉及小区的方方面面，具有连续性、持续性的特点，应当综合整体情况评价物业管理企业的服务质量与水平。不能仅凭某个时间点的局部情况即说明物业服务存在瑕疵。即便物业服务企业存在不履行或不完全履行物业服务合同义务的情形，业主可选择通过业主委员会督促其限期整改，或提起诉讼要求物业服务企业承担继续履行、采取补救措施或者赔偿损失等违约责任，但以拒付物业费来对抗物业服务瑕疵的行为于法无据，但可视物业服务瑕疵具体情况而酌情予以减少物业费。

就本案而言，无锡市新江南花园业主委员会与新江南物业公司签订了物业委托管理合同，全体业主应当遵守合同约定。如前所述，物业管理服务具有连续性、持续性的特点，应当综合整体情况评价物业管理企业的服务质量与水平。不能仅凭某个时间点的局部情况即说明物业服务存在瑕疵。虽然本案新江南物业公司确实存在物业服务质量降低的事实，但不足以构成免除业主交纳物业费义务的抗辩事由。但可根据新江南物业公司提供物业服务质量降低的具体情况对业主所欠物业费用酌情予以减少。

合同违约解除后非违约方能否请求支付违约金

刘耀东

合同因违约被解除后，非违约方能否请求支付违约金？裁判立场不一。归根结底，涉及以下两个问题：一是合同被解除后，违约金条款能否独立生效；二是同一违约行为符合多个违约金条款时，如何适用？以下作出简要说明。

一、案情与裁判

案件名称：深圳市启新辉实业有限公司与广东三向教学仪器制造有限公司买卖合同纠纷上诉案

案情来源：深圳市中级人民法院(2015)深中法商终字第1742号民事判决

案情简介：

2013年8月13日深圳市启新辉实业有限公司(上诉人、原审原告，以下简称启新辉公司)与广东三向教学仪器制造有限公司(被上诉人、原审被告，以下简称三向公司)签订电梯维修培训设备采购合同(以下简称采购合同)，约定三向公司向启新辉公司供应：(1)三层模拟电梯系统2套；(2)电梯轿厢门安装与调整实训设备6套；(3)电梯厅门安装与调整实训设备4套。合同总价款338102元，交货时间为合同订立后90天内。货款支付方式为：合同签订后30日内支付合同总金额的50%，通过验收后30日内支付45%，质保期满后如无质量问题，30日内支付5%。该合同第9条为违约责任条款，其中第9条第(4)项约定：乙方(即三向公司)不能交付设备的，乙方将向甲方支付设备总值10%的违约金；第(5)项约定：乙方逾期未交付设备的，乙方向甲方每日偿付设备款1‰的违约金。合同订立后，启新辉公司于2013年8月16日向三向公司支付169051元。因三向公司未在合同期限内向启新辉公司交付设备，启新辉公司于2013年11月20日向三向公司发出履行合同催告函，要求三向公司履行合同。2013 年 11 月 21 日，三向公司向启新辉公司发出回复函称预计在 2014 年1月 20 日送货并安装完毕。2013 年 11 月 29 日，启新辉公司又向三向公司发出履行合同告知函要求三向公司尽快履行合同。2014 年 2 月25 日，三向公司向启新辉公司发出承诺函，承诺三向公司将在 2014 年 4 月 28 日前将所有设备货物运送至启新辉公司指定地点并安装调试完毕，如有违约，将按合同中签订的违约条款处理。该承诺函后附附件，对合同违约条款作了变更，其中第 9.2 条约定三向公司未能按时交货，每拖延一天，须向启新辉公司支付合同金额 1%的违约金，同时启新辉公司有权解除合同。2014 年 6 月 18 日，启新辉公司向三向公司发出律师函，称因三向公司迟迟未能交货，故解除启新辉公司与三向公司签订的采购合同，并要求三向公司按合同约定支付违约金。2014 年 6 月 23 日，三向公司向启新辉公司返还设备款 169051 元。

启新辉公司提起诉讼，请求法院判令三向公司向启新辉公司支付违约金 101430 元。

一审判决

广东省深圳市龙岗区人民法院经审理认为：启新辉公司、三向公司之间签订的采购合同系双方当事人真实意思的表示，法院予以采信。根据该合同的约定，在三向公司不能交付设备的情况下，三向公司应向启新辉公司支付设备总值 10%的违约金。而三向公司于 2014 年 2 月 25 日出具的承诺函系三向公司真实意思的表示，三向公司亦予以确认，法院对此予以采信。该承诺函附件加盖有三向公司印章，且附件写明为第 9 条，该条目与采购合同中违约责任条款条目一致，均系第 9 条，故可以认定该附件系对采购合同第 9 条违约责任条款的变更与明确，故对该附件的内容，一审法院予以采信。但该附件中仅对启新辉公司迟延付款、三向公司迟延交货、启新辉公司无正当理由拒收货物、三向公司交货不符合约定、三向公司因客观原因需对部分设备进行调换等违约责任予以约定，并未就三向公司不能交付货物的违约责任作出新的约定，故对启新辉公司主张三向公司因不能交付货物所产生的违约责任，一审法院认为应依照采购合同第 9 条第(4)项的约定计算违约金。根据该项约定，三向公司应向启新辉公司支付设备总值 10%的违约金即 33810.2 元，对于启新辉公司主张中超出该部分的诉讼请求，一审法院不予支持。综上，龙岗区人民法院一审判决：三向公司向启新辉公司支付违约金 33810.2 元，驳回启新辉公司的其他诉讼请求。

启新辉公司不服一审判决，向广东省深圳市中级人民法院提起上诉，理由是:(1)启新辉公司的诉请包括了两部分违约金,即逾期交付的违约金和不能交付的违约金,一审判决仅审理了后者,而对前者只字未提。(2)一审判决查明事实部分提及采购合同第 9 条第(5)项约定“乙方逾期未交付设备的,乙方向甲方每日偿付设备款千分之一违约金”,但是没有注意到 2014 年 2 月 25 日承诺函附件对未能按时交货的违约责任作出了新的约定,即“乙方未能按时交货,每拖延一天,须向甲方支付合同金额的 1%的违约金,同时甲方有权解除合同”。(3)三向公司数次拖延交货时间,最终却是一再失信,直至被解除合同,其逾期交付行为已经给启新辉公司造成了超过 10 万元的经济损失。一审判决无视合同约定,对于启新辉公司关于逾期交付违约金的请求置之不理,只支持了不能交付的违约金,显然无法弥补启新辉公司的损失,有违公平原则。

二审判决

深圳市中级人民法院经审理认为:本案一审审理时,启新辉公司未明确其主张的违约金性质。二审审理时,启新辉公司确认按照三向公司逾期交付货物来计算违约金。深圳市中级人民法院二审经审理认为:启新辉公司与三向公司签订的采购合同合法有效,双方当事人均应遵照履行。启新辉公司已依约向三向公司支付了 50%的货款 169051 元。采购合同约定,三向公司应于 2013 年 8 月13 日合同签订后的 90 天内交货,三向公司在 2014 年 2 月 25 日发给启新辉公司的承诺函中承诺在 2014 年 4 月 28 日前送货,并在附件中对合同违约条款作了变更,启新辉公司对此未提出异议,应视为双方当事人对送货时间及违约条款达成了新的约定,承诺函及附件构成采购合同的一部分。但三向公司一再违背自己的诺言,逾期未履行送货义务,已经构成根本违约,启新辉公司有权解除合同,并要求三向公司承担违约责任。采购合同及承诺函附件同时约定了两种违约金计算方式,即不交货的违约金及逾期交货的违约金。因本案合同被解除系由三向公司逾期交货造成,且在违约行为同时符合两种违约责任的情况下,作为守约方有权选择适用何种违约责任,故本案应以承诺函附件第 9.2 条约定的违约责任条款计算违约金。三向公司在承诺函中承诺的最后交货期限为 2014 年 4 月 28 日,合同自启新辉公司向三向公司送达律师函之日即 2014 年 6 月 19 日解除,故按照承诺函附件第 9.2 条计算的逾期违约金为 202861.2 元(60 天×1%/天×338102 元)。因该逾期违约金过分高于启新辉公司遭受的损失,且启新辉公司并未按照上述金额主张违约金,其诉请的违约金 101430 元未超过合同金额的 30%,故二审法院确认三向公司因其违约行为应向启新辉公司支付违约金101430元。综上,一审判决认定事实清楚,但适用法律错误,依法应予以纠正。深圳市中级人民法院二审判决:撤销一审判决,三向公司向启新辉公司支付违约金人民币101430元。

二、相关规定

《合同法》第97条(《民法典》第566条修正):“合同解除后,尚未履行的,终止履行;已经履行的,根据履行情况和合同性质,当事人可以要求恢复原状、采取其他补救措施、并有权要求赔偿损失。”

《合同法》第98条(《民法典》第567条):“合同的权利义务终止,不影响合同中结算和清理条款的效力。”

《最高人民法院关于当前形势下审理民商事合同纠纷案件若干问题的指导意见》(法发〔2009〕40号)第8条:“合同解除后,当事人主张违约金条款继续有效的,人民法院可以根据合同法第九十八条的规定进行处理。”

《最高人民法院关于审理买卖合同纠纷案件适用法律问题的解释》(法释〔2012〕8号)第26条[《最高人民法院关于审理买卖合同纠纷案件适用法律问题的解释》(法释〔2020〕17号)第20条]:“买卖合同因违约而解除后,守约方主张继续适用违约金条款的,人民法院应予支持;但约定的违约金过分高于造成的损失的,人民法院可以参照合同法第一百一十四条第二款的规定处理。”

三、典型案例或做法

案号	裁判立场
舟山华昌房地产开发有限公司与嵊泗裕华房地产有限责任公司合资、合作开发房地产合同纠纷申请再审案/最高人民法院(2013)民申字第1317号民事裁定	华昌公司存在未依约足额原始出资,妨碍裕华公司知情权、财务权、管理权,擅自抵押合作项目土地使用权贷款并自行占用等违约行为。华昌公司在上诉中亦认为双方已无合作基础明确同意解除合作协议等情形,表明合作协议事实上已经处于解除状态。一、二审判决对此均作出了明确认定。根据《合同法》第97条、第98条的规定,合作协议虽已解除,裕华公司基于合作协议应获得的利益仍应予以保护。华昌公司现申请再审以其不具有违约行为,双方未约定违约金条款为由,主张一、二审判决其按照合作项目净利润35%的比例向裕华公司支付违约金属判非所请,适用法律错误,既欠缺事实和法律依据,亦与其上诉请求相悖,本院不予支持。

续表

案号	裁判立场
中山市荣基房地产有限公司与李萍商品房买卖合同纠纷上诉案/广东省中山市中级人民法院(2014)中中法民一终字第90号民事判决	双方当事人签订的商品房买卖合同合法有效,李萍已支付全部购房款,荣基房地产公司因自身原因未能按期将办理权属登记需由其提供的资料报产权登记机关备案,协助李萍办理涉案房屋的产权证书,构成违约。2013年3月20日,李萍根据约定已就解除合同事宜致函荣基房地产公司,合同于该日解除。双方在商品房买卖合同第14条第4款中约定了违约金条款,李萍在追究荣基房地产公司的违约责任时应适用约定的违约金条款。
重庆索特盐化股份有限公司与重庆新万基房地产开发有限公司土地使用权转让合同纠纷案/最高人民法院(2008)民一终字第122号民事判决	双方当事人签订的《联合开发协议》及其《补充协议》系当事人的真实意思表示,不违反法律和行政法规的禁止性规定,合法有效。索特公司未履行合同义务的行为,构成违约,应承担合同约定的违约责任。解除双方签订的《金三峡花园联合开发协议》及《金三峡花园联合开发协议之补充协议(一)》,重庆索特盐化股份有限公司自本判决生效之日起十日内向重庆新万基房地产开发有限公司支付违约金4038万元。
广州市仙源房地产股份有限公司与广东中大中鑫投资策划有限公司、广州远兴房产有限公司、中国投资集团国际理财有限公司股权转让纠纷案/最高人民法院(2009)民申字第1068号民事裁定	根据违约条款,只要中鑫公司违约,就应当按照每日1%支付违约金,仙源公司还可以要求解除合同,至于是选择解除合同还是选择继续履行合同,则是仙源公司的法定权利。
天津市天益工贸有限公司与天津市滨海商贸大世界有限公司等财产权属纠纷再审案/最高人民法院(2012)民再申字第310号民事裁定	根据《转让协议》第5.3条的规定,天益公司反悔单方面提出解除本协议或本协议因天益公司违约而解除的,天益公司应当承担转让总金额3%的违约金,并赔偿滨海公司租金损失,滨海公司应当将扣除违约金及赔偿金后的天益公司已付款项的余额无息返还给天益公司。上述约定系双方当事人的真实意思表示,合法有效,而且在涉案合同的履行过程中,天益公司先行提出解除协议。
桂冠电力与泳臣房产房屋买卖合同纠纷案/最高人民法院(2009)民一终字第23号民事判决	根据《合同法》第97条规定,合同解除的法律效果是使合同关系归于消灭,合同解除的法律后果不表现为违约责任,违约方的责任承担方式也不表现为支付违约金,而是返还不当得利、赔偿损失等形式的民事责任,所以,对桂冠公司要求支付违约金的主张,不予支持。

四、法理分析

本案主要涉及两个问题：一是合同因一方当事人违约而解除后，违约金条款是否依然有效？或言之，非违约方能否继续依据被解除的合同所约定的违约金条款向对方当事人主张支付违约金？二是在合同针对不同的违约行为约定了不同的违约金条款，而违约行为同时符合该不同的违约金条款时，违约金条款应如何适用？

对于第一个问题而言，我国司法裁判立场不一。我们认为，违约损害赔偿的目的，并非是使合同恢复到合同订立前的状态，而是在于填补非违约一方当事人因违约方的违约行为所受到的损失。虽然合同关系因违约而解除后，溯及既往地归于消灭但违约方的违约行为以及非违约方因违约方的违约行为所受到的损害均发生在合同解除之前。也就是说，在合同违约解除的场合，非违约方所受到的损害并不因合同解除而不复存在。虽然违约以合同的有效存在为前提，但违约损害赔偿并不以合同的存在为前提，而是依赖于违约行为本身，即只要存在违约行为就存在违约损害赔偿，违约损害赔偿并不以合同关系的存在为前提。所以，即使合同因违约而被解除，违约金条款不受影响，非违约方依然可以请求违约方支付违约金。因此，在合同因违约而解除的情况下，非违约方在解除合同之后，如果当事人约定有违约金条款的，应当首先适用该违约金条款。即使合同没有约定违约金条款，非违约方依然可以请求违约方承担违约责任。《合同法》第 97 条规定合同解除后，当事人有权要求赔偿损失，该“赔偿损失”性质即为违约损害赔偿，而违约金乃违约损害赔偿额的预定。对此问题，本案一、二审法院的判决均值得赞同。

对于第二个问题而言，当同一违约行为同时符合约定的针对不同违约行为的违约金条款时(就本案而言，三向公司的违约行为同时符合逾期交货违约金条款和不交货违约金条款)，从补偿损失的角度而言，应由非违约方选择于己有利的违约金条款，始能最大限度地补偿违约所造成的损失，即赋予非违约方以选择权而不能主张同时适用。对于本案的违约行为，违约方仅能被克以一种违约责任方式(包括违约金计算方式)，而守约方有权亦有义务对其主张的违约金条款做出选择。本案双方当事人分别针对不交货与逾期交货约定了两种计算方式不同的违约金条款，即针对不交货的违约行为，违约金的计算方式为合同总价款的 10%；针对逾期交货的违约行为，日违约金的计算方式为合同总价款的 1%。违约损害赔偿主要在于填补非违约方因违约所造成的损失。本案启新辉公司因三向公司违约所造成的损失为 10 万余元,一审法院无视启新辉公司的实际损失径直适用不交货违约行为的违约金条款予以判决的做法存在错误。而本案二审法院的判决在尊重非违约方选择权的基础上以其实际损失为标准判决三向公司承担违约金责任无疑值得肯定。

围墙倒塌致使小区停车位上的汽车受损，谁应承担责任？

时　诚*

夏季洪汛多发，连续暴雨极易发生意外。小区业主将车辆停放公共停车位后，暴雨冲塌围墙压坏车辆的，谁应承担责任？如何请求赔偿？

一、案情与裁判

案件名称：陈某豪与南京武宁房地产开发有限公司、南京青和物业管理有限公司财产损害赔偿纠纷案

案情来源：《最高人民法院公报》2013 年第 5 期

案情简介：

武宁房地产开发公司（被告）和青和公司（被告）签订了一份物业服务合同，约定青和公司对武夷绿洲小区提供前期物业管理服务，以及对物业共用部位进行维修养护。陈某豪（原告）拥有位于武夷绿洲小区的房屋一栋，并与被告青和公司签订了一份停车服务协议，约定将小区地面 105 号车位交由陈某豪停车。后发生暴雨，陈某豪停车位旁围墙外堆放的泥土坍塌，致围墙倒塌，压坏了陈某豪的车辆，产生维修费用 20654 元、定损费 720 元、贬值损失 9770 元。陈某豪提起违约之诉，请求两位被告承担上述损失。

一审判决

江苏省南京市江宁区人民法院经审理认为：被告青和公司在因第三人侵权致原告陈某豪车辆受损，陈某豪选择合同之诉，要求其赔偿损失时，应承担违约责任。其理由是：(1)致原告陈某豪车辆受损的原因，是被告青和公司对按约应

---

* 时诚，西南政法大学法学院博士研究生，浙江新台州律师事务所疑案研究中心研究员。

由其管理的小区共用部分管理不善所致;(2)被告青和公司对小区的共同部分管理不善,体现在对围墙没有进行日常的保养和维护;(3)物业服务企业在第三人对小区共用部分侵权致业主财产受损的免责事由只能是在按合同履行了物业服务的义务后,对第三人实施的侵权行为不可预知也不可控制。可预知的或可控制的第三人侵权是小区共用部分的安全隐患,物业服务企业有义务消除该隐患,由此产生的费用可由第三人负担。

根据违约责任的理论,合同一方当事人在违约时,首先考虑应当承担的责任是恢复原状,而对于财物来说,恢复原状显然不是仅指恢复财物的原来物理上的形状,肯定包括恢复财物原来的价值,故青和公司应当赔偿陈某豪车辆价值贬损的损失。

此外,被告武宁公司作为商品房的出卖人,在出售商品房并转移房屋所有权商品房小区已经封园后,在房屋质量没有瑕疵的情形下,对房屋的买受人原告陈某豪的义务已履行完毕。综上,对陈某豪要求武宁公司赔偿其损失的诉讼请求,法院不予支持。对陈某豪要求被告青和公司赔偿其损失的诉讼请求,予以支持。

二审判决

江苏省南京市中级人民法院经审理认为:建设单位依法与物业服务企业签订的前期物业服务合同,对业主有约束力。本案一审中,被上诉人陈某豪选择合同之诉,故本案应为物业服务合同纠纷。被上诉人武宁公司与上诉人青和公司签订的前期物业服务合同合法有效,当事人应当履行合同中约定的权利义务。根据该合同的约定,青和公司负责物业共用部分的维修养护。陈某豪的车辆停放在青和公司提供的车位上,被倒塌的围墙致损,青和公司未尽到维修养护义务,应当承担赔偿责任。综上,青和公司的上诉请求与理由均不能成立,不予支持。

二、相关规定

《合同法》第 109 条(《民法典》第 577 条):“当事人一方不履行合同义务或者履行合同义务不符合约定的,应当承担继续履行、采取补救措施或者赔偿损失等违约责任。”

《合同法》第 113 条(《民法典》第 584 条):“当事人一方不履行合同义务或者履行合同义务不符合约定,给对方造成损失的,损失赔偿额应当相当于因违约所造成的损失，包括合同履行后可以获得的利益，但不得超过违反合同一方订立合同时预见到或者应当预见到的因违反合同可能造成的损失。经营者对消费者提供商品或者服务有欺诈行为的，依照《中华人民共和国消费者权益保护法》的规定承担损害赔偿责任。”

《合同法》第 122 条(**《民法典》**第 186 条)：“因当事人一方的违约行为，侵害对方人身、财产权益的，受损害方有权选择依照本法要求其承担违约责任或者依照其他法律要求其承担侵权责任。”

《物业管理条例》第 47 条：“物业服务企业应当协助做好物业管理区域内的安全防范工作。发生安全事故时，物业服务企业在采取应急措施的同时，应当及时向有关行政管理部门报告，协助做好救助工作。物业服务企业雇请保安人员的，应当遵守国家有关规定。保安人员在维护物业管理区域内的公共秩序时，应当履行职责，不得侵害公民的合法权益。”

三、典型案例或做法

案号	裁判立场
北京天恒瑞海物业管理有限责任公司与刘某昌等服务合同纠纷上诉案/北京市第二中级人民法院(2017)京 02 民终 12766 号民事判决	刘某昌、时某玉将其车辆停放在天恒瑞海物业公司管理的地下停车场，双方系停车管理服务合同关系。刘某昌、时某玉的车辆在停放期间被人损坏，天恒瑞海物业公司未尽到对停放车辆的服务、管理义务，也未能提供监控录像等手段寻找加害人，刘某昌、时某玉有权要求天恒瑞海物业公司承担车辆被损坏的责任。
广州市康富物业管理有限公司诉冯某铨等财产损害赔偿纠纷案/广东省广州市中级人民法院(2017)粤 01 民终 19448 号民事判决	上诉人物业公司未提供有效证据证明涉案停车场排水系统存在不符合规范、设计存在不当之处，亦未举证其已穷尽所有手段通知陈某亮移转车辆，也未能证明市政工作人员打开沙井盖的行为与雨水倒灌加重之间的因果关系，故上诉人应赔偿车辆水浸贬值损失。
沈阳鸿翔物业管理有限公司与胡某田财产损害赔偿纠纷上诉案/辽宁省沈阳市中级人民法院(2017)辽 01 民终 4616 号民事判决	被上诉人车辆损坏系业主窗台外檐处的水泥块脱落所致，鸿翔物业公司系涉案小区金厦太湖湾的管理物业公司，在没有足够的证据证明脱落水泥块系该户业主私自加抹的水泥的情况下，应当对墙体脱落造成被上诉人车辆损坏承担必要的赔偿责任。

续表

案号	裁判立场
赵某朋上诉北京永隆国际酒店物业管理有限公司商业管理分公司物业服务合同纠纷案/北京市第二中级人民法院(2016)京02民终7510号民事判决	双方签订的停车管理服务单并未明确约定物业分公司对赵某朋车辆提供完全的保管服务,现赵某朋车辆受损,要求物业分公司承担全部的赔偿责任,缺乏依据,本院难以支持。但物业分公司确实存在一定管理责任,一审法院据此酌情确定物业分公司赔偿车辆修理费数额,并无不妥。

四、法理分析

首先,本案责任主体是物业公司。本案被告有两个,分别是武宁房地产开发公司和青和物业服务企业。房地产开发公司与业主签订的是商品房买卖合同,其义务是转移商品房所有权,并承担瑕疵担保责任;业主与物业公司之间成立的是物业服务合同关系,物业公司对小区共用部分(围墙)负有维修保养义务。当暴雨冲塌围墙压坏车辆时,这是物业公司对小区共有部分(围墙)管理不善所致,其赔偿责任应由物业公司承担。

其次,业主有权选择请求违约责任或侵权责任。建设单位依法与物业公司签订的前期物业服务合同,对业主有约束力。物业公司违反合同约定的对小区共用部分的维修保养义务,致使业主的固有利益(车辆)遭受损害,构成违约责任与侵权责任的竞合。债权人有权根据《合同法》第122条选择请求承担违约责任或侵权责任。本案业主选择违约之诉,物业公司自然应承担违约责任。

最后,违约责任和侵权责任的赔偿范围存在差别。如果业主主张违约责任,根据《合同法》第113条,其有权主张的损失赔偿额应当相当于因违约所造成的损失,包括合同履行后可以获得的利益,但不得超过违反合同一方订立合同时预见到或者应当预见到的因违反合同可能造成的损失;如果业主请求物业公司承担侵权责任,则应遵循完全赔偿原则,原则上包括直接损失和间接损失。本案业主选择违约之诉,物业服务企业应当预见到小区共用部分存在安全隐患,仍违反维修保养围墙的注意义务造成车辆受损,业主有权请求赔偿由此产生的修理费、定损费和贬值损失。

台风导致酒店停车场中的车辆受损，酒店应否承担责任？

时　诚

8月10日，超强台风“利奇马”正面登陆浙江，临海市遭遇特大洪水，损失惨重。在台风来临之际，修理厂和二手车市场保管的车辆来不及转移，致使部分车辆遭浸泡的，是否应该承担责任？

台风是一种破坏力极强的自然灾害，其带来的强降水远超市政排水设施建设。在台风来临之际，酒店地下车库浸水致使车辆受损的，损害并非停车场地及配套设施的缺陷所致，酒店还应否承担责任？

一、案情与裁判

案件名称：海南颐康温泉海景大酒店有限公司与胡某服务合同纠纷上诉案

案情来源：海南省海口市中级人民法院(2016)琼01民终803号民事判决

案情简介：

颐康酒店(上诉人、原审被告)是海口市一家经营旅游饭店的有限责任公司，经营场所设有地下停车库。胡某(被上诉人、原审原告)的父亲胡某忠驾驶胡某名下的车辆前往酒店客房与朋友打麻将，将驾驶的涉案车辆停放在酒店地下停车库。当日下午，登陆海南的强台风“威马逊”带来强降雨，地下车库开始浸水，胡某忠前往车库查看停放的车辆安全时，发现积水已淹没汽车轮胎，无法启动车辆开离车库。颐康酒店采取措施进行抽水，但由于供电系统停电、浸水量大，发电机及抽水机无法工作，致使积水浸漫地下车库。6日后，地下车库积水基本抽干，颐康酒店对停放在地下室的被淹车辆进行登记。经过报修核价，该车维修配件材料及修理工费共计247420元。本案焦点是：颐康酒店应否赔偿胡某的车辆损失？

一审判决

海南省海口市美兰区人民法院经审理认为：依法确认胡某车辆的损失费用为247420元，颐康酒店应承担148452元。理由如下：(1)关于胡某、颐康酒店之间是否形成旅店服务合同关系的问题。胡某忠本人虽未在旅客住宿登记表或派房单上登记，但颐康酒店出具的《海口市颐康酒店地下车库被淹车辆名单》中，明确写明该车辆，已实际接受了胡某忠在该处作为来客住宿消费的事实，双方的服务合同关系是明确的，是非要式、混同合同。(2)关于胡某、颐康酒店对涉案车辆受损是否应当承担责任的确认问题。台风沿袭海口时，颐康酒店仍让来客将车辆停放在地下车库，未及时通知客人及胡某忠转移车辆，对车辆受损负有主要过错责任。胡某之父胡某忠面对“威马逊”带来的持续不断的大暴雨，应预见到车辆停放在地下车库内有可能带来的风险，而没有尽到注意义务，对车辆的损失负有相应的过错责任。结合双方的过错责任综合分析，胡某对其损失额承担40%的民事责任，颐康酒店承担60%的民事责任。

二审判决

海南省海口市中级人民法院经审理认为：颐康酒店作为酒店的经营者和管理人，其制作的《海口市颐康酒店地下车库被淹车辆名单》具有真实性。该名单中已明确写明酒店×××房客户“胡先生”，应认定颐康酒店与胡某成立旅店服务合同关系。

颐康酒店地下车库所在的建设工程项目已验收合格，符合使用要求。酒店安排保安对停车场进行管理，设置指示牌和服务指南提醒入店客人妥善保管自己的财物，在地下车库进水后通知客人转移车辆，应认定颐康酒店尽到了一定的安全保障义务。“威马逊”台风带来的强降水是引起颐康酒店地下车库进水的直接原因，具有不可抗力的因素。颐康酒店虽然通知胡某转移车辆，但未能提供证据证明酒店的通知及时送达胡某，故在履行通知义务上存在不足，不能因不可抗力全部免责，应承担与其违约行为相适应的赔偿责任。胡某作为涉讼车辆的实际使用人，未对车辆安全尽到谨慎注意的管理义务，亦应对车辆损失承担相应责任。

综合考虑颐康酒店地下车库进水的原因、不可抗力的影响程度、颐康酒店履行义务的不足和胡某的过错，本院酌定颐康酒店应向胡某承担汽车维修费损失20%的赔偿责任。原审判决未充分考虑不可抗力因素及双方当事人的责任和义务，判决颐康酒店承担60%的赔偿责任不当，本院予以纠正。

二、相关规定

《合同法》第60条(《民法典》第509条第1、2款)："当事人应当按照约定全面履行自己的义务。当事人应当遵循诚实信用原则，根据合同的性质、目的和交易习惯履行通知、协助、保密等义务。"

《合同法》第107条(《民法典》第577条)："当事人一方不履行合同义务或者履行合同义务不符合约定的，应当承担继续履行、采取补救措施或者赔偿损失等违约责任。"

《合同法》第113条(《民法典》第584条)："当事人一方不履行合同义务或者履行合同义务不符合约定，给对方造成损失的，损失赔偿额应当相当于因违约所造成的损失，包括合同履行后可以获得的利益，但不得超过违反合同一方订立合同时预见到或者应当预见到的因违反合同可能造成的损失。经营者对消费者提供商品或者服务有欺诈行为的，依照《中华人民共和国消费者权益保护法》的规定承担损害赔偿责任。"

《合同法》第117条(《民法典》第590条第1款)："因不可抗力不能履行合同的，根据不可抗力的影响，部分或者全部免除责任，但法律另有规定的除外。当事人迟延履行后发生不可抗力的，不能免除责任。本法所称不可抗力，是指不能预见、不能避免并不能克服的客观情况。"

《合同法》第118条(《民法典》第590条第1款)："当事人一方因不可抗力不能履行合同的，应当及时通知对方，以减轻可能给对方造成的损失，并应当在合理期限内提供证明。"

三、典型案例或做法

	案号	裁判立场
停放在小区地下车库中的车辆遭浸泡	刘某鸣与嘉元物业服务有限公司与中国平安财产保险股份有限公司海南分公司侵权责任纠纷案/海南省海口市中级人民法院(2016)琼01民终130号民事判决	嘉元公司注意到“威马逊”台风登陆可能带来的影响，确实做了一些工作，但未能就雨水流入地下车库采取有效应急、防护措施。“威马逊”超强台风造成的后果确实难以预见、难以避免、难以克服，但如果嘉元公司采取措施恰当，台风造成的影响可以减小。因此，一审法院在嘉元公司的违约情形的基础上酌定嘉元公司对涉案车辆淹水受损承担20%的责任，并无不当。
	高某茂、厦门市集美城发物业有限公司物业服务合同纠纷二审案/福建省厦门市中级人民法院(2018)闽02民终2479号民事判决	台风灾害当天，包括讼争小区在内的集美大道沿线及滨水小区旋即停电，讼争车库内的备用发电机亦因电池泡水无法启动，造成抽水客观上无法实施。城发物业公司亦与相关部门配合对讼争车库进行抽水抢险，业主亦对讼争车辆开展自救，避免了车辆损失继续扩大。结合本案客观情况，城发物业公司以台风“莫兰蒂”属不可抗力，其可全部免除责任的抗辩意见，本院予以支持。
房地产开发公司的升降机倒塌压坏车辆	韦某玖诉海南融达房地产开发有限公司等财产损害赔偿纠纷案/海南省海口市龙华区人民法院(2014)龙民一初字第2151号民事判决	虽然升降机倒塌是受台风“威马逊”的影响，但二被告未能证明其就台风已作出合理、有效的防范措施，不符合援引不可抗力完全免责的条件。原告与二被告签订的《民事赔偿协议书》已作出约定。该协议书是原、被告的真实意思表示，原、被告应遵照执行，故二被告应向原告赔偿车辆的修理费损失。
建设投资公司建造的临时建筑漏水导致财产损失	海口环铁商业管理有限公司与海口市城市建设投资有限公司、海南寰城地产开发有限公司等侵权责任纠纷二审案/海南省海口市中级人民法院(2019)琼01民终763号民事判决	虽然一期和二期工程之间的临时隔墙洞口在商场开业前被封堵，但隔墙和堵塞洞口属于临时性建筑，与主体工程在施工要求和质量上存在差异。“威马逊”台风来临时，正是因为被封堵的预留洞口未能承受住积水的浸泡和压力而被冲垮，造成台品屋商行的财产损失。故建设投资公司对台品屋商行的财产损失应扣除30%的台风因素。

续表

	案号	裁判立场
货物承运人正在运输的货物遭浸泡	深圳市港路通货运有限公司、深圳市盛源通物流有限公司运输合同纠纷二审案/广东省深圳市中级人民法院(2017)粤03民终16086号民事判决	运输过程中的台风虽然不可避免,但方伦兴在台风暴雨天气夜间行驶、在能见度极差的情况下,遇积水仍贸然行进至低洼路段是完全可以避免的、克服的,方伦兴主观上具有疏忽大意的过失,涉案损失的发生并不属于不可抗力。方伦兴未能依约将涉案货物运送至指定地点,依法应当承担相应的赔偿责任。

四、法理分析

1.本案当事人是否成立服务合同关系?

虽然胡某忠本人并未在旅客住宿登记表或派房单上登记,但颐康酒店作为酒店的经营者和管理人,允许胡某忠及其车辆进入酒店的管理范围,且制作的《海口市颐康酒店地下车库被淹车辆名单》中,明确记载了酒店×××房客户“胡先生”在地下车库被淹的车辆为琼A×××号,已实际接受胡某忠作为来客住宿消费的事实。胡某作为车辆的所有人,有权向颐康酒店提起诉讼。

2.颐康酒店的行为是否构成违约?

颐康酒店作为旅店服务合同的提供者,对消费者的人身和财产负有合理限度的安全保护义务。确实因台风不能履行合同的,应当及时通知对方,以最大限度地减轻损失。对此,地下车库的建设工程项目及配备设施已验收合格,且颐康酒店在地下车库浸水后通知客人转移车辆,事后又采取措施进行抽水,尽到了一定的安全保护义务。但是,颐康酒店未能证明其转移车辆的通知具有及时性,以至于客人到达时积水已淹没汽车轮胎,无法启动。故颐康酒店并未全面履行安全保护义务,其行为构成违约。

3.车辆受损的赔偿责任应如何分担?

虽然科技的进步使得人们可以预见台风是否发生,但“威马逊”台风作为新中国成立以来登陆我国的最强台风,其带来的强降水远超市政排水设施建设,造成地下车库浸水,具有不可抗力的因素,是造成车辆受损的直接原因。胡某忠作为涉讼车辆的实际使用人,在台风即将来临之际,未尽到谨慎注意的管理义务,应对车辆受损承担相应责任。而颐康酒店注意到“威马逊”台风登陆可能带来的影响，在地下车库进水后通知胡某忠转移车辆。但由于其通知不够及时，导致胡某忠到达时已无法启动车辆，应承担与其违约行为相适应的次要责任。综上，二审法院酌定颐康酒店承担20%的赔偿责任，并无不当。

房屋租赁合同中的优先承租权能否被他人承受?

王　佳

承租人与出租人在房屋租赁合同中约定了优先承租权后，又经出租人同意将房屋的租赁使用权转让给第三人的，该第三人能否承受原租赁合同中的优先承租权?

一、案情与裁判

案件名称：倪某杰诉顾某平等优先租赁权案

案情来源：江苏省南通市中级人民法院(2006)民一终字第0996号民事判决

案情简介：

顾某平与宋某标订立租赁门面房协议，合同条款商定租赁期满，承租方在同等条件下享有优先租赁权。合同订立后，宋某标征得顾某平同意后将房屋租赁权转让给倪某杰，未约定其他具体的条件。

之后顾某平与鲍某云签订新的租赁协议，将上述门面房又出租给被告鲍某云，后通知案外人宋某标与原告倪某杰归还上述承租房并告知二人有"优先竞租权"。同日，顾某平通知鲍某云终止租赁合同并要求退还依该合同已收取的定金和租金。鲍某云拒绝并要求其履行合同义务。倪某杰遂诉至法院，要求行使优先租赁权。

一审判决

江苏省海门市人民法院经审理认为：租赁合同中的优先租赁权并非法定权利，只能依约定产生，该约定只对合同当事人产生约束力，不能损害善意第三人的利益。案外人宋某标在其与被告顾某平订立的租房协议中依约享有合同到期时的优先租赁权，倪某杰并非该租赁合同的当事人，不能依转租合同当然取得上述约定的优先租赁权。退一步而言，即使倪某杰享有上述约定的优先租赁权，在顾某平与鲍某云就上述争议房产订立租赁协议并依约接受了被告鲍某云交付的定金和首期租金的情况下，该租赁协议已生效。被告顾某平无正当理由无权单方终止协议的履行。在没有证据表明被告鲍某云在其与被告顾某平订立协议之时知晓宋某标享有优先租赁权的情况下，倪某杰也无权以损害被告鲍某云的合同利益为代价主张优先租赁权。

二审判决

江苏省南通市中级人民法院经审理认为：顾某平与宋某标签订的租房协议系双方当事人真实意思表示，未违反法律、法规禁止性规定，该协议合法有效。协议约定期满时，在同等条件下承租人对涉案房屋享有优先承租权，故此约定对双方当事人具有法律约束力。在征得出租人顾某平同意的情况下，宋某标将涉案房屋的租赁使用权转让给倪某杰，自己退出租赁合同关系，并将原租赁合同交付给倪某杰，由顾某平在原租赁协议上签名同意，此属于租赁权的转让。顾某平与宋某标、宋某标与倪某杰之间不存在两层房屋租赁关系。顾某平在原租赁合同尚未到期，未征求倪某杰意见的情况下，即与鲍某云签订新的租赁协议，显存有不当。但其事后即明确租赁期届满后，在同等条件下倪某杰享有优先承租权，并两次向倪某杰、鲍某云分别发出通知，明确终止与鲍某云的协议，要求两人进行竞租。事后，倪某杰与鲍某云亦参与了竞租，而由于鲍某云片面坚持与顾某平的协议，致协商未果。现倪某杰以其持有的租房协议主张优先承租权，符合当事人的约定，应受到法律保护。

二、相关规定

《合同法》第 88 条(《民法典》第 555 条)："当事人一方经对方同意，可以将自己在合同中的权利和义务一并转让给第三人。"

《合同法》第 224 条(《民法典》第 716 条)："承租人经出租人同意，可以将租赁物转租给第三人。承租人转租的，承租人与出租人之间的租赁合同继续有效，第三人对租赁物造成损失的，承租人应当赔偿损失。承租人未经出租人同意转租的，出租人可以解除合同。"

《合同法》第 229 条(《民法典》第 725 条)："租赁物在租赁期间发生所有权变动的，不影响租赁合同的效力。"

《民法典》第734条第2款："租赁期限届满，房屋承租人享有以同等条件优先承租的权利。"

三、典型案例或做法

案号	裁判立场
缪某与马某荣房屋租赁合同纠纷上诉案/甘肃省庆阳市中级人民法院(2014)民终字第556号民事判决	民事行为应当遵守当事人意思自治原则，马某荣对本案所涉门面房享有完全所有权，其占有、使用、收益、处分该财产的权利依法受法律保护，可自主决定是否出租及租金标准。但是本案中合同期满后，原承租人不能与出租人达成合意，丧失优先承租权。为了保证出租方的利益，原承租人并不是可以任意享有优先承租权，要以双方就续租事宜达成合意作为行使权利的前提条件，难以达成一致意见时，则丧失此项权利。
宜昌市恬适餐饮有限公司、胡世新、姚昌海与宜昌市水产局房屋租赁合同纠纷上诉案/湖北省宜昌市中级人民法院(2014)民终字第00050号民事判决	恬适公司作为原承租人享有优先承租权，但是在之后竞买过程中对于租金未在合理时间内表示明确购买，且原先产生拖欠租金的情况，造成出租人利益受损，应当认为恬适公司在同等条件下放弃其优先承租权。

四、法理分析

房屋租赁权转让是指承租人将租赁权转让给第三人，承租人退出租赁关系，租赁关系续存于受让人与出租人之间，承租人不再享有租赁合同的权利，除掉对其在已租用房屋期间的使用行为负责，承担相关费用外，承租人亦不再负担合同义务。房屋优先租赁权系优先权的一种，是指承租人在房屋租赁合同期限届满要求续租时，在同等的租赁价格、租赁期限等条件下有优先于第三人承租的权利。

本案中，顾某平与宋某标在房屋租赁合同中约定的优先承租权系属商业租赁关系之下，宋某标经顾某平同意将房屋的租赁使用权转让给了倪某杰，自己退出租赁关系，则表明受让该房屋的租赁使用权的人接替了原承租人的合同地位，其依合同约定倪某杰理应享有优先承租权。但是在具体的行使中，应当注意以下几点问题：

1.建立了长期合法的租赁关系。优先承租权应当赋予具有长期租赁意愿的承租人。此类承租人对其商铺租赁活动往往具有长期性和稳定性的期望。本案中,二审法院认为,倪某杰与宋某标经顾某平同意签订了租期三年的租赁合同,其间未发生纠纷等影响租赁合同持续履行的事项,应当认为该租赁关系合法有效。

2.承租人作出了续租的意思表示。承租人应当以明示的方式表达续展租赁关系的意愿,既可通过口头表达,也可通过书面方式向出租人提出继续租赁的请求,并且也应当详细说明租赁合同的内容是否变更,例如租金的提高或降低、租赁场所的适当修缮等等。本案中,顾某平事后明确表明租赁期届满后,在同等条件下倪某杰享有优先承租权,并通知竞租。倪某杰也积极参与了竞租,依其主观意愿以及客观表现,倪某杰清楚明确地作出了续租的意思表示。

3.须在“同等条件”下行使优先承租权。优先权的行使都会带有“同等条件”这样一个限制性条件,但是在具体实践中不好评判,故往往以价格为主。本案中,房屋租赁合同中约定的优先承租权也表明是同等条件下行使才可以。因此,顾某平通知了倪某杰与鲍某云二人参与房屋租赁的竞拍,将价格作为了同等条件的评判指标。

最后指出,《民法典》合同编相较于《合同法》增加了住房承租人“优先承租权”制度,第734条第2项规定:“租赁期间届满,房屋承租人享有以同等条件优先承租的权利。”现今该条文可直接作为当事人主张优先承租权的请求权基础。

如何处理恶意串通实施的诈害债权行为?

石文静

债务人与第三人恶意串通无偿或低价转让债务人财产等行为时有发生，然而应根据恶意串通规则认定合同无效，还是基于诈害债权认定行为可撤销，实务中存有争议。

一、案情与裁判

案件名称:瑞士嘉吉国际公司诉福建金石制油有限公司等确认合同无效纠纷案

案情来源:最高人民法院(2012)民四终字第1号民事判决

案情简介:

福建金石公司(被告、二审上诉人)对嘉吉公司(原告、二审被上诉人)负有债务。而后在2006年5月8日，田源公司(后更名为中纺福建公司)(被告、二审上诉人)与债务人福建金石公司签订了一份国有土地使用权及资产买卖合同，二者系关联公司。同年6月，田源公司取得了上述合同标的物的所有权。但合同中约定的购买福建金石公司资产价格为不合理低价，且债权人田源公司并未根据国有土地使用权及资产买卖合同向债务人福建金石公司实际支付价款，签订买卖合同时田源公司对福建金石公司的财务状况亦是清楚的。2008年2月21日，田源公司又与汇丰源公司(第三人、二审上诉人)签订了买卖合同，汇丰源公司与田源公司、福建金石公司并不存在关联关系，但是汇丰源公司与田源公司签订的买卖合同约定的价款亦是不合理低价，且未支付全部价款，汇丰源公司对资产来源及福建金石公司对嘉吉公司所负债务情况亦是明知的。

一审判决

福建省高级人民法院经审理认为:在明知债务人福建金石公司欠债权人嘉

吉公司巨额债务的情况下，田源公司以明显不合理低价购买福建金石公司的主要资产，足以证明其与福建金石公司在签订国有土地使用权及资产买卖合同时具有主观恶意，属恶意串通，且该合同的履行足以损害债权人嘉吉公司的利益，因此该合同为无效合同。汇丰源公司与田源公司签订买卖合同时恶意串通并足以损害债权人嘉吉公司的利益，因此该合同亦是无效的合同。取得国有土地使用权的汇丰源公司、取得房屋和设备的田源公司分别就各自取得的财产返还给福建金石公司。

二审判决

最高人民法院经审理认为：福建金石公司与中纺福建公司之间的国有土地使用权及资产买卖合同、中纺福建公司与汇丰源公司之间的买卖合同，属于恶意串通损害嘉吉公司利益的合同。根据《合同法》第 52 条第(2)项的规定，均应当认定为无效。汇丰源公司应向福建金石公司返还因上述合同而取得的国有土地使用权，中纺福建公司应向福建金石公司返还因上述合同而取得的房屋、设备。一审判决无误，由此判决驳回上诉，维持原判。

二、相关法条

《合同法》第 52 条第(2)项(《民法典》第 154 条)："有下列情形之一的，合同无效：……(二)恶意串通，损害国家、集体或者第三人利益……"

《合同法》第 58 条(《民法典》第 157 条)："合同无效或者被撤销后，因该合同取得的财产，应当予以返还；不能返还或者没有必要返还的，应当折价补偿。有过错的一方应当赔偿对方因此所受到的损失，双方都有过错的，应当各自承担相应的责任。"

《合同法》第 74 条(《民法典》第 540 条修正)："因债务人放弃其到期债权或者无偿转让财产，对债权人造成损害的，债权人可以请求人民法院撤销债务人的行为。债务人以明显不合理的低价转让财产，对债权人造成损害，并且受让人知道该情形的，债权人也可以请求人民法院撤销债务人的行为。撤销权的行使范围以债权人的债权为限。债权人行使撤销权的必要费用，由债务人负担。"

《民法典》第 538 条："债务人以放弃其债权、放弃债权担保、无偿转让财产等方式无偿处分财产权益，或者恶意延长其到期债权的履行期限，影响债权人的债权实现的，债权人可以请求人民法院撤销债务人的行为。"

《民法典》第 539 条："债务人以明显不合理的低价转让财产、以明显不合理的高价受让他人财产或者为他人的债务提供担保,影响债权人的债权实现,债务人的相对人知道或者应当知道该情形的,债权人可以请求人民法院撤销债务人的行为。"

《合同法》第75条(《民法典》第541条):"撤销权自债权人知道或者应当知道撤销事由之日起一年内行使。自债务人的行为发生之日起五年内没有行使撤销权的,该撤销权消灭。"

《最高人民法院关于适用〈中华人民共和国合同法〉若干问题的解释(二)》(法释〔2009〕5号)第19条①:"对于合同法第七十四条规定的'明显不合理的低价',人民法院应当以交易当地一般经营者的判断,并参考交易当时交易地的物价部门指导价或者市场交易价,结合其他相关因素综合考虑予以确认。转让价格达不到交易时交易地的指导价或者市场交易价百分之七十的,一般可以视为明显不合理的低价;对转让价格高于当地指导价或者市场交易价百分之三十的,一般可以视为明显不合理的高价。债务人以明显不合理的高价收购他人财产,人民法院可以根据债权人的申请,参照合同法第七十四条的规定予以撤销。"

三、典型案例或做法

案号	裁判立场
林某瑾诉周某莉等撤销权纠纷案/最高人民法院(2015)民申字第2174号民事裁定	债务人与某一债权人签订《股权转让协议》,本质系以股抵债,股价合理,并不是以明显不合理的低价转让财产,不能依据《合同法》第74条主张债权人撤销权;且双方以股抵债的行为并没有恶意串通,损害其他债权人的利益,亦不能根据《合同法》第52条主张合同无效。
晋某明、中平公司诉沈某、汤某荣、富宏房地产公司虚假转移资产撤销权纠纷案/江苏省连云港市中级人民法院(2012)苏民终字第0084号民事判决	债务人在有关债务纠纷的诉讼过程中,将其房产以抵债为名转让给受让人,受让人与债务人之间不存在真实债务,也未支付合理对价,可以认定债务人与受让人恶意串通,虚构债务转移财产,故意规避债务履行,该行为损害了他人合法权益,虽然债权人以《合同法》第74条为诉由起诉,但法院可不以此为限,其根据第52条第(2)项的规定,认定该转让协议无效。

① 2020年12月29日,最高人民法院印发《关于废止部分司法解释及相关规范性文件的决定》(法释〔2020〕16号),决定废止2009年4月24日印发的《最高人民法院关于适用〈中华人民共和国合同法〉若干问题的解释(二)》。

续表

案号	裁判立场
雅德咨询公司诉金湖饮食服务公司等债权人行使撤销权超过法定期间被驳回案/江苏省高级人民法院(2015)苏民再提字第00118号民事判决	《合同法》第74条规定的债权人的撤销权是以债务人的财产处分行为的发生为前提条件,而不是以为了实现财产处分结果而进行的过户登记行为作为撤销权行使的条件。雅德咨询公司主张撤销权既超过了1年期间,也超过了5年的最长期间,其撤销权已经消灭。

四、法理分析

1.什么是恶意串通实施的诈害债权行为?

根据我国《合同法》74条(《民法典》第538条、539条)的规定,诈害债权的行为主要包括以下几种情形:债务人以放弃其债权、放弃债权担保、无偿转让财产等方式无偿处分财产权益,或者恶意延长其到期债权的履行期限;以明显不合理的低价转让财产、以明显不合理的高价受让他人财产或者为他人的债务提供担保,并且债务人的相对人知道或者应当知道该情形。诈害债权的行为皆在一定程度上损害了债权人的权益。由此,恶意串通实施的诈害债权的行为指债务人与第三人皆恶意地实施了上述诈害债权的行为。

2.如何定性恶意串通实施的诈害债权行为?

学界主要存在三种定性意见:第一种认为恶意串通的行为当然适用《合同法》第52条第(2)项(《民法典》第154条)的规定,认定为无效行为,如相关案例中的"晋某明、中平公司诉沈某、汤某荣、富宏房地产公司虚假转移资产撤销权纠纷案";第二种意见认为恶意串通、诈害债权可以发生竞合,债权人既可以依据恶意串通主张合同无效,亦可以根据诈害债权行为主张行为可撤销,本指导案例即采此观点;第三种意见认为,恶意串通可构成诈害债权行为的客体。本文认为,根据《合同法》第74条(《民法典》第538条、539条)的规定,对于债务人无偿处分财产的行为,无论当事人主观是否存有恶意,皆可构成诈害债权的行为,恶意串通的诈害债权行为也不例外。对于债务人以明显不合理低价转让财产的行为,首先应推定债务人具备恶意,若第三人同时存在恶意,则双方构成恶意串通。恶意串通可以成为诈害债权行为的手段之一。恶意串通实施诈害债权行为的,债权人可以行使撤销权。

考虑到恶意串通诈害债权行为的违法程度，若将其直接认定为无效，显得过为严苛，且与《合同法》第74条（《民法典》第538条、539条）的规定存在冲突；主张无效与可撤销的竞合似乎可以解决这一冲突问题，但同时也造成了司法实践中判定意见的不统一。相比之下，将恶意串通作为诈害债权的手段之一，认定恶意串通诈害债权系可撤销的民事法律行为更为合理。行使债权人撤销权需注意除斥期间的问题。根据我国《合同法》第75条（《民法典》第541条）的规定，债权人撤销权受双重除斥期间的限制，即1年的短期除斥期间和5年的长期除斥期间，只要满足任一期间限制，债权人的撤销权能即消灭。该1年期间从债权人知道或应当知道撤销事由之日开始起算，5年的期间从债务人的行为发生之日即开始起算。需注意的是，债务人处分财产的意思表示一旦作出即认为撤销权事由已发生，而不能认为处分财产的结果发生才能行使债权人撤销权，如在相关案例“雅德咨询公司诉金湖饮食服务公司等债权人行使撤销权超过法定期间被驳回案”中，房屋转让合同的订立即意味着撤销权事由已发生，过户登记行为并不能作为撤销权行使的起算点。

3.如何认定恶意串通诈害债权行为中的“恶意”？

在证明标准上，《民事诉讼法司法解释》（法释〔2015〕5号）对恶意串通适用排除合理怀疑的证明标准，较高的证明标准本应反映债权人较高的举证责任，但因为“恶意”本身是较为复杂的主观活动，当事人进行举证难度较大，实务中常采用事实推定的方式，即根据交易习惯、生活经验等，对“恶意”与否进行判断，由此降低了“恶意”的证明标准。比如，双方当事人以明显不合理低价转让财产，推定债务人对此存在恶意的同时，只要第三人对“明显不合理低价”明知，亦推定该第三人主观存有恶意，如本案例和相关案例中的“史某豪诉陈某坊等债权人撤销权案”等。且若实务中能够证明债务人与第三人之间存在关联关系，则一般认为举证证明责任转向了债务人一方。例如本案中，第三人中纺福建公司与债务人福建金石公司系关联公司，第三人明知债务人资产负债状况仍与其签订合同，则认为双方存在恶意串通。

综上，本文对该案例中关于恶意串通诈害债权行为中“恶意”的判定予以认同，但对该行为的定性持保留意见，恶意串通诈害债权的行为定性为可撤销的民事法律行为更为合理。

无建设工程施工资质的分包人如何求偿欠付工程价款?

石文静

建设工程施工合同纠纷中欠付工程价款的现象时有发生,无建设工程施工资质的分包人以有资质单位的名义与承包人签订分包合同时,其能否请求支付该工程价款,又应向谁请求支付?本文将结合审判实践作出简要说明。

一、案情与裁判

案件名称:曾某中、江西建工建筑安装有限责任公司等建设工程施工合同纠纷案

案情来源:江苏省淮安市中级人民法院(2019)苏08民终3804号民事判决

案情简介:

江西建工建筑安装有限责任公司(上诉人、原审被告,以下简称建工公司)与中国瑞林工程技术股份有限公司(上诉人、原审被告,以下简称瑞林公司)为轮窑安置小区工程的共同承包人,瑞林公司负责发包方工程款收取,系工程施工的受益方。曾某中系案涉工程实际施工人,其与基雄劳务公司及基雄劳务无锡分公司系挂靠关系。2012年10月20日,曾某中(上诉人、原审原告)及案外人王某以基雄劳务无锡分公司名义与建工公司轮窑安置小区工程施工项目部签订淮安轮窑安置小区土建劳务分包合同,约定由基雄劳务无锡分公司承包轮窑安置小区劳务工程;2013年7月2日,案外人刘某法以建工公司项目部名义与曾某中、王某签订补充协议,约定基雄劳务无锡分公司委托代理人由曾某中、王某变更为曾某中,由曾某中一人全程跟踪负责该项目。2015年2月6日,案涉工程竣工。2015年5月10日,瑞林公司轮窑安置小区项目部、建工公司轮窑安置小区项目部出具轮窑安置小区1-3某楼工程结算单,该结算单由曾某中侄

儿曾斯毅在经办人处签名，载明总工程量 32179630 元，已付款 27232900 元，余款 4946730 元。后原审被告陆续付款合计 120 万元。现曾某中就欠付工程款向承包人提起诉讼。

一审判决

江苏省淮安经济技术开发区人民法院经审理认为：关于案涉工程承包合同，系原审原告挂靠施工，故该合同应系无效合同，鉴于原审原告实际完成施工并交付使用，故其依法享有获得工程款的权利。经查实，施工过程中，原审被告瑞林公司即对原审原告系实际施工人的事实明知并认可，故原审原、被告之间形成事实上的施工合同关系，现原审原告向原审被告主张权利，符合法律规定。依据《建筑法》第 27 条，建工公司与瑞林公司作为轮窑安置小区工程的共同承包人，应对工程施工产生的工程欠款承担连带清偿责任。

二审判决

江苏省淮安市中级人民法院经审理认为：建工公司轮窑安置小区工程施工项目部与基雄劳务无锡分公司签订淮安轮窑安置小区土建劳务分包合同，曾某中作为基雄劳务无锡分公司委托代理人在该分包合同上签字，曾某中亦是涉案工程的实际施工人。借用资质的实际施工人与发包人之间就建设工程施工合同之标的产生了实质性的法律关系，双方当事人围绕合同订立、履行建设工程施工合同而形成一系列法律关系，双方当事人之间会基于这些法律关系产生债法上的请求权。故在建设工程质量合格的情况下，实际施工人直接向发包人请求参照合同约定支付工程价款。至于瑞林公司主张《建筑法》第 27 条中“共同承包的各方对承包合同的履行承担连带责任”的规定仅限于共同承包的各方对发包人承担连带责任，法院认为，涉案分包合同的履行亦是涉案承包合同履行的一部分，瑞林公司该主张没有法律依据，不予支持。

二、相关规定

《建筑法》第 27 条：“大型建筑工程或者结构复杂的建筑工程，可以由两个以上的承包单位联合共同承包。共同承包的各方对承包合同的履行承担连带责任。两个以上不同资质等级的单位实行联合共同承包的，应当按照资质等级低的单位的业务许可范围承揽工程。”

《建设工程质量管理条例》第 78 条第 2 款：“本条例所称违法分包，是指下列行为：(一)总承包单位将建设工程分包给不具备相应资质条件的单位的；

(二)建设工程总承包合同中未有约定,又未经建设单位认可,承包单位将其承包的部分建设工程交由其他单位完成的;(三)施工总承包单位将建设工程主体结构的施工分包给其他单位的;(四)分包单位将其承包的建设工程再分包的。”

《合同法》第52条第(5)项(《民法典》第153条):“有下列情形之一的,合同无效:……(五)违反法律、行政法规的强制性规定。”

《最高人民法院关于审理建设工程施工合同纠纷案件适用法律问题的解释》(法释〔2004〕14号)第1条第(2)项[**《最高人民法院关于审理建设工程施工合同纠纷案件适用法律问题的解释(一)》**(法释〔2020〕25号)第1条第(2)项]:“建设工程施工合同具有下列情形之一的,应当根据合同法第五十二条第(五)项的规定,认定无效:……(二)没有资质的实际施工人借用有资质的建筑施工企业名义的……”

《最高人民法院关于审理建设工程施工合同纠纷案件适用法律问题的解释》(法释〔2004〕14号)第2条[①]:“建设工程施工合同无效,但建设工程经竣工验收合格,承包人请求参照合同约定支付工程价款的,应予支持。”

三、典型案例或做法

案号	裁判立场
大柴旦云天实业有限公司、郑某平建设工程施工合同纠纷案/最高人民法院(2019)最高法民终353号民事判决	本案现有证据足以证明中勤青海分公司未履行施工义务,只是名义上的合同主体,云天公司明知郑某平挂靠中勤青海分公司实际施工的事实。本案建设工程施工合同由云天公司与郑某平实际履行,故双方形成事实上的权利义务关系。根据《建设工程施工合同司法解释》第1条、第2条,本案借用资质的实际施工人郑某平可向发包人云天公司主张工程款。

① 2020年12月29日,最高人民法院印发《关于废止部分司法解释及相关规范性文件的决定》(法释〔2020〕16号),决定废止2004年10月25日印发的《最高人民法院关于审理建设工程施工合同纠纷案件适用法律问题的解释》。

续表

案号	裁判立场
南京龙源环保有限公司诉温州市张强标牌有限公司等承揽合同纠纷案/甘肃省高级人民法院(2017)甘民申596号民事裁定	根据《建筑法》第27条第1款的规定，以及双方《联合体协议书》的约定，南京龙源公司与南京利朗公司应当对所施工工程对发包人玉门油田分公司承担连带责任。但本案的焦点问题是南京龙源公司是否应当对联合体牵头人南京利郎公司施工中欠付被申请人张强标牌公司的货款承担赔偿责任。法院认为，虽然涉案《采购合同》的当事人双方为南京利郎公司与张强标牌公司，但由于南京利郎公司系联合体“利郎龙源”的牵头人，《采购合同》的实际权利义务主体为“利郎龙源”联合体及张强标牌公司。
广东省源天工程公司等与河南省大河筑路有限公司建设工程施工合同纠纷案/河南省高级人民法院(2013)豫法民二终字第73号民事判决	违法转包的，建设工程协议无效。不是建设工程协议当事人，但是实际履行了施工义务的，有权向转包人、发包人、最终受益人主张承担支付欠付工程款的连带责任。

四、法理分析

只要建设工程经竣工验收合格，即使建设工程施工合同无效，当事人依旧可以参照合同约定请求支付该工程价款。但存有疑问的是，没有建设工程施工资质的分包人借用有资质的分包人名义与承包人签订分包合同时，其能否向承包人求偿该工程价款；承包人为联合承包人时，其又能否请求连带支付？

1.无建设工程施工资质的分包人能否向承包人求偿工程价款？

根据《建设工程质量管理条例》第78条第2款第(1)项以及《合同法》第52条第(5)项(《民法典》第153条)之规定，承包人将建设工程施工合同分包给不具备相应资质条件的单位，分包合同无效。但依据《建设工程施工合同司法解释》(法释〔2004〕14号)第2条，虽然合同无效，但该建设工程已竣工验收合格，分包人有权参照合同约定请求支付该工程价款。但问题是，本案当事人曾某中借用有资质的单位名义与承包人签订分包合同，其非分包合同名义上的分包人，是否享有求偿工程价款的权利？答案应当是肯定的，施工过程中，承包人对曾某中借用被挂靠人名义签订分包合同的事实明知并认可，双方皆实际履行了合同义务，已经形成事实上的权利义务关系，曾某中为实际意义上的分包人。故其可以参照合同关系要求承包人支付工程价款。

如果认定二者成立事实上的权利义务关系存在困难，曾某中还可以依据侵权关系求偿其工程价款。具体而言，承包人不完全履行债务的行为侵害了契约关系以外的第三人（曾某中）的财产利益，第三人虽无法通过合同关系主张承包人违约，但可以依据财产利益受损而要求其承担侵权损害赔偿。

2.无建设工程施工资质的分包人能否请求共同承包人连带偿还工程价款？

从文义解释及目的解释的角度出发，若认为《建筑法》第 27 条中“共同承包的各方对承包合同的履行承担连带责任”的规定仅限于共同承包人对发包人承担连带责任，而不包括对分包合同履行的连带责任，则过分限缩“对承包合同的履行”应有的文义范围；且对该条文进行此种目的性限缩的方式并不契合其规范目的，该规范旨在确保承包合同的履行，而分包合同的实际施行恰是承包合同得以顺利履行的前提。故本案联合承包人建工公司与瑞林公司须对实际施工人负担连带偿还工程价款的义务。

卖旧/小换新/大的卖房人可否以“限购令”的出台不再具有购房资格属于情势变更为由要求解除合同?

瞿灵敏*

实践中常见居民通过卖掉旧房以购买新房或卖掉面积较小的住房来重新购置面积较大的住房以改善居住条件的情况。但限购令之出台常使买房人不再具有购房资格。此时其以情势变更为由请求解除合同,该诉请能否得到人民法院支持?以下结合某一案例作简要说明。

一、案情与裁判

案件名称:林某月、李某梅房屋买卖合同纠纷案

案例来源:广东省佛山市中级人民法院(2018)粤06民终1246号民事判决

案情简介:

2017年3月18日,罗某花(买方)与林某月、李某梅(卖方)签订《房屋买卖合约》,约定卖方将位于佛山市南海区的涉案房屋、家私电器作价2350000元售予买方。由于卖方尚未还清银行房贷,因此双方在合同中约定以按揭方式支付房款,卖方应协助买方办理贷款按揭手续,待买方办理好贷款手续后且银行将购房款打入卖房账户后,卖方即向银行办理提前还款手续并解除房屋抵押权。待卖方领取房产证后7日内双方办理房产过户登记手续。若买卖双方一方拒绝按约定收取或支付定金、楼款的、一方拒绝出售或购买涉案房屋,即视为违约,守约方有权解除涉案合同,并有权要求违约方按定金的双倍或相当于成交价10%作出赔偿;若买卖双方任一方出现违约行为时,违约方应即时赔偿因其

* 瞿灵敏,中国海洋大学法学院副教授,法学博士,浙江新台州律师事务所疑案研究中心研究员。

违约给经纪方造成的损失。

合同履行过程中，佛山市出台商品房限购政策。根据限购政策的规定林某月、李某梅作为非佛山市民，在出卖房屋后不再具备重新购买商品房的资格，因此林某月、李某梅于5月17日通过微信称因限购政策导致无法在佛山购买新房，影响小孩读书，故通知罗某花解除涉案合同。罗某花以林某月、李某梅拒不履行房屋买卖合同为由起诉到佛山市南海区人民法院，请求法院解除与被告订立的房屋买卖合同，并根据合同约定向原告支付违约金及损失（起诉时涉案房屋的市价与合同成立时的差价）。

一审判决

广东省佛山市南海区人民法院经审理认为：《房屋买卖合约》中关于涉案房屋买卖事宜是双方真实意思表示，未违反法律、行政法规强制性规定，合法有效，双方应全面依约履行各自的义务。涉案合同约定卖方在收取定金后出具房产证7天内向抵押银行申请办理提前还贷手续，林某月、李某梅收取了罗某花支付的定金并自认于2017年4月24日取得涉案房屋的房产证，但截至本案庭审辩论终结之日（2017年10月12日），林某月、李某梅尚未按合同约定申请提前还贷。林某月、李某梅经催促拒不履行合同义务，林某月、李某梅行为已构成根本违约，罗某花请求解除合同关系、返还定金的主张均符合法律规定及合同约定，一审法院予以支持。

关于罗某花主张林某月、李某梅赔偿房屋差价损失，实质是请求林某月、李某梅赔偿其违约造成的罗某花损失，该损失应该包括林某月、李某梅依约履行合同罗某花的可得利益。根据对涉案房屋的房地产市场价值（含装修）的评估，于罗某花起诉之日涉案房屋的市场价格高出罗某花、林某月、李某梅双方约定的成交价即为罗某花的损失，故林某月、李某梅应赔偿罗某花该差价损失。

被告人林某月、李某梅不服一审判决，向佛山市中级人民法院提起上诉，其主要上述理由为：(1)涉案合同签订之后因受限购政策影响，若林某月、李某梅继续履行合同将无法再次购买住房，该情形属于双方当事人都无法预见的重大情势变更，继续履行合同将对林某月、李某梅造成明显的不公，一审法院无视上述情势变更，认定林某月、李某梅构成根本性违约，缺乏事实和法律依据。林某月、李某梅受限购政策文件所限，已无法按原计划在出售涉案房产后，再于佛山市南海区桂城范围内购买住房。若继续履行合约，不但将导致林某月、李某梅在桂城无房可住，林某月和李某梅的女儿的户籍亦因此无法迁入桂城，无法入学读书，这对于林某月、李某梅明显不公平。一审法院无视情势变更原则和公平原则，认定林某月、李某梅构成根本违约缺乏客观依据，与事实不符。(2)因罗某花非佛山市户籍居民，根据2017年6月1日零时起执行的佛山市人民政府办公室发布《关于进一步加强房地产市场调控的通知》，罗某花不具备在佛山的购房资格，因此涉案房产已无法过户予罗某花，合同现已无法再继续履行，按照合同之约定，双方都无需承担任何违约责任。

二审判决

广东省佛山市中级人民法院经审理认为：二审判决认为，一审法院认定上诉人与被上诉人订立的合同是双方当事人真实意思的体现，且未违反法律、行政法规的强制性规定，因此房屋买卖合同合法有效。上诉人未依据合同约定办理提前还款手续，致使合同无法继续履行构成根本违约。原审法院据此判决解除上诉人与被上诉人之间订立的合同，并由上诉人赔偿被上诉人涉案房屋在合同订立时和起诉之日的市场价格的差价并无不妥，二审法院予以维持。

至于林某月、李某梅上诉主张涉案合同签订之后受限购政策影响，若其继续履行合同将无法再次购买住房，该情形属合同履行中的情势变更，合同解除不可归责于双方当事人，上诉人不应承担赔偿责任。对此，本院认为：首先，签订涉案合同后政府发布的限购政策并不会影响合同的根本履行，林某月、李某梅出于其自身原因而不依约履行合同已构成违约。其次，情势变更后继续履行合同将导致显失公平是指情势变更后，如果仍然依照原合同条款履行合同，将以牺牲一方的巨大利益为代价而使对方获得巨额利益。就本案而言，双方是在充分协商的情况下签订涉案《房屋买卖合约》，且涉案房屋的交易价格符合当时的市场价格。双方若继续依约履行合同，林某月、李某梅可以取得出售涉案房屋的对价，罗某花可以取得房屋的所有权。林某月、李某梅就出售涉案房屋所获得的利益并不会因此而有所受损，更不会出现罗某花因林某月、李某梅出售涉案房屋利益有所受损而获得巨额利益的情况。故林某月、李某梅上诉主张的事由并不属法律规定的重大情势变更之法定情形，故本院对其该项上诉主张不予支持。

二、相关规定

《合同法》第94条(《民法典》第563条)："有下列情形之一的，当事人可以解除合同：(一)因不可抗力致使不能实现合同目的；(二)在履行期限届满之前，当事人一方明确表示或者以自己的行为表明不履行主要债务;(三)当事人一方迟延履行主要债务,经催告后在合理期限内仍未履行;(四)当事人一方迟延履行债务或者有其他违约行为致使不能实现合同目的;(五)法律规定的其他情形。"

《合同法》第107条(《民法典》第577条):"当事人一方不履行合同义务或者履行合同义务不符合约定的,应当承担继续履行、采取补救措施或者赔偿损失等违约责任。"

《合同法》第113条第1款(《民法典》第584条):"当事人一方不履行合同义务或者履行合同义务不符合约定,给对方造成损失的,损失赔偿额应当相当于因违约所造成的损失,包括合同履行后可以获得的利益,但不得超过违反合同一方订立合同时预见到或者应当预见到的因违反合同可能造成的损失。"

《合同法》第114条(《民法典》第585条):"当事人可以约定一方违约时应当根据违约情况向对方支付一定数额的违约金,也可以约定因违约产生的损失赔偿额的计算方法。约定的违约金低于造成的损失的,当事人可以请求人民法院或者仲裁机构予以增加;约定的违约金过分高于造成的损失的,当事人可以请求人民法院或者仲裁机构予以适当减少。当事人就迟延履行约定违约金的,违约方支付违约金后,还应当履行债务。"

《最高人民法院关于适用〈中华人民共和国合同法〉若干问题的解释(二)》(法释〔2009〕5号)第26条[①]:"合同成立以后客观情况发生了当事人在订立合同时无法预见的、非不可抗力造成的不属于商业风险的重大变化,继续履行合同对于一方当事人明显不公平或者不能实现合同目的,当事人请求人民法院变更或者解除合同的,人民法院应当根据公平原则,并结合案件的实际情况确定是否变更或者解除。"

《民法典》第533条:"合同成立后,合同的基础条件发生了当事人在订立合同时无法预见的、不属于商业风险的重大变化,继续履行合同对于当事人一方明显不公平的,受不利影响的当事人可以与对方重新协商;在合理期限内协商不成的,当事人可以请求人民法院或者仲裁机构变更或者解除合同。人民法院

---

① 2020年12月29日,最高人民法院印发《关于废止部分司法解释及相关规范性文件的决定》(法释〔2020〕16号),决定废止2009年4月24日印发的《最高人民法院关于适用〈中华人民共和国合同法〉若干问题的解释(二)》。

或者仲裁机构应当结合案件的实际情况，根据公平原则变更或者解除合同。”

三、典型案例或做法

案号	裁判立场
王某玲等与张某房屋买卖合同纠纷案/北京市第三中级人民法院（2016）京 03 民终 3339 号民事判决	在合同履行过程中，王某玲、田某擅自发出《解约合同通知书》导致合同逾期履行，构成违约。北京市住建委及通州区政府联合出台住房限购政策，在性质上具有公共政策的性质。双方当事人已在政策出台前办理了网签手续，新的住房限购政策并未对涉案房屋买卖合同继续履行造成影响，合同仍具备继续履行的条件。而在新的住房限购政策下，王某玲无法另行购买房屋并非涉案房屋买卖合同解除的条件，亦不符合法律规定的情势变更的情形，故王某玲的意见法院不予采纳。
刘某荣诉张某明房屋买卖合同纠纷案/上海市第一中级人民法院（2018）沪 01 民终 4958 号民事判决	鉴于国家对房地产市场的宏观调控经历了一个逐步加强和完善的发展过程，房地产交易双方对合同订立后房地产市场风险和各种履行障碍均应当有一定程度的预见和判断，在刘某荣、李某四本不具备购房条件的情况下，双方就系争房屋订立房屋买卖合同，自应承担因房地产限购进一步升级导致合同无法继续履行的风险。刘某荣、李某四主张限购新政的出台构成情势变更，明显缺乏依据。
陈某兵等房屋买卖合同纠纷案/北京市第二中级人民法院（2015）二中民终字第 08177 号民事判决	依照北京市房地产买卖之相关限购政策，购房人具备购房资格系房屋买卖合同履行之前提。本案中，陈某兵系单身且名下已有一套住房，其并不具备北京市购房资格，但陈某兵计划出售自己名下的房屋以获得购房资格，上述行为能达到促成满足涉案房屋交易条件之目的，但“一买一卖”的行为，存在不确定性等显见交易风险，陈某兵对此应有合理预见。后陈某兵因未能按时出售自己名下的房屋，导致未能按时履行与董某之间的房屋买卖合同约定的付款义务，其未按合同约定支付购房款的行为，已致双方合同中约定的守约方单方解除权之形成，在此情况下，董某有权主张解除与陈某兵签订的《北京市存量房屋买卖合同》及《补充协议》。

四、法理分析

日常生活中，经常会遇到居民通过卖掉旧房以购买新房或卖掉面积较小的住房来重新购置面积较大的住房以改善居住条件的情况。但近年来随着政府加大对房市的调控力度，各地陆续出台了限购政策，使得前述卖房人在出卖房屋后发现自己不再具有买房资格。此种情况下，卖房人可否以导致其不再具有购房资格的限购令的出台属于导致其卖旧/小换新/大的目的不能实现的合同履行中的重大情势变更，并据此要求法院解除之前所订立的房屋买卖合同呢？

对此，司法实践中多数法院的判决认为出卖人以卖旧/小换新/大为目的而出卖房屋，在订立房屋买卖合同之后，因限购政策的出台不再具有购房资格，此种情况不属于合同履行中的情势变更，卖房人应当继续履行，卖房人拒不履行构成根本违约的，买方可解除合同并要求损害赔偿。那么，此类案件中卖房人因限购令的出台不再具备重新购房的资格是否构成原房屋买卖合同履行中的情势变更呢？卖房人又应如何避免此类风险呢？

笔者认为，根据《合同法司法解释(二)》(法释〔2009〕5号)第26条的规定，合同履行中的情势变更是指："合同成立以后客观情况发生了当事人在订立合同时无法预见的、非不可抗力造成的不属于商业风险的重大变化，继续履行合同对于一方当事人明显不公平或者不能实现合同目。"情势变更的法律效果是："当事人请求人民法院变更或者解除合同的，人民法院应当根据公平原则，并结合案件的实际情况确定是否变更或者解除。"

因此，在认定房屋买卖合同订立后导致卖房人不再具备购房资格的限购令的出台是否构成情势变更时，应重点考察以下几个问题：其一，导致其丧失购房资格的限购政策的出台对于卖房人而言是否不具备可预见性；其二，继续履行合同是否会对卖房人明显不公平或导致其合同目的不能实现？

笔者认为，就第一点而言，在2010年《国务院关于坚决遏制部分城市房价过快上涨的通知》出台之初的那一段时间，限购令在全国大部分城市还属于新鲜事物，如果房屋买卖合同履行过程中因政府出台限购令导致合同无法继续履行或可认为双方对此缺乏可预见性，在符合其他条件的情况下，法院可认定限购令的出台构成合同履行中的情势变更。但近年来，随着全国房价的普遍上涨，各地不断出台限购政策，作为市场交易的主体，房屋买卖合同的双方当事人都应该对因限购令的出台导致自己不再具备购房资格或需要受到更多的限制存有一定的预期。因此，主张限购令的出台构成房屋买卖合同履行中的情势变更，绝大部分情况下会因为不满足不可预见性要件而无法获得支持。

就第二点而言，构成情势变更要件的合同目的不能实现指的是房屋买卖合同本身的目的，而非当事人的主观动机，因为主观动机往往不为对方当事人知晓，容易成为一方恶意毁约的借口。就本案而言，房屋买卖合同的目的即买方获得房屋的所有权，卖方获得大致与市场价格相当的合同价金。就此而言，本案中导致卖房人卖房后不再具备购房资格的限购令的出台并不会导致合同目的无法实现。至于卖房人卖旧/小换新/大的主观动机，除非在合同中明确约定，作为特约纳入合同目的之中，否则不能认定为房屋买卖合同的目的。就继续履行会对一方当事人显失公平的要件而言，笔者认为应该是指合同的履行会使得一方获得异乎寻常的利益而另一方遭受重大损失。但就本案而言，继续履行合同，买卖双方均是根据当时的市场价格进行交易，不会导致显失公平的出现。至于卖房人出卖房屋后无法再购置房屋或需要花费更高的成本，显非买卖合同履行本身造成的显失公平。

有鉴于此，笔者建议，存有卖旧/小换新/大动机的卖房人，为了避免因限购令的出台导致自己卖旧/小换新/大主观目的的落空，可以与买房人商议，在合同中明确将合同履行中导致自己丧失购房资格的限购令的出台约定为合同解除的条件，以合理规避政策风险。

违反“限购令”是否导致房屋买卖合同无效?

瞿灵敏

为规范房地产事业健康发展,引导房屋价格保持合理水平,各级人民政府通常会出台大量住房限购的规范性文件,即“限购令”。此时,若行为人违反“限购令”政策而购买房屋,买卖合同效力如何?以下结合某案例予以说明。

一、案情与裁判

案件名称:俞某飞与华润置地(宁波)发展有限公司商品房销售合同纠纷案

案例来源:宁波市中级人民法院(2014)浙甬民二终字第559号民事判决

案情简介:

2011年5月16日,俞某飞(原告)与华润置地(宁波)发展有限公司(被告,以下简称华润置地)签订《华润(橡树湾小区)车位购买/租赁承诺书》一份,约定:原告认购被告开发的位于慈溪市坎墩街道坎东村、三群村橡树湾小区车位一个,定金为100000元,原告如不选择购买/租赁车位,有权在被告获得预售资格后,将定金转为房源为39幢602室房屋的定金。同日,原告通过POS机转账100000元给被告。因俞某飞当时已经在宁波拥有两套住房,根据宁波市政府办公厅和建设委员会发布的限购政策,其已经不具备再购置商品房的资格。于是原告在6月24日以其子余某涯名义向被告出具《华润(橡树湾小区)房屋购买承诺书》一份,承诺:认购被告开发的位于慈溪市坎墩街道坎东村、三群村橡树湾小区商品房一套,房源为30幢501室,优惠后总房价为3140463元,自愿向被告交纳房屋首付款950463元,在7月25日前保证遵守宁波市住房限购政策的有关规定,具备购买被告房屋的条件,与被告签订所认购房源的商品房买卖合同,并全面履行商品房买卖合同约定的义务,付清相关款项和办理银行按揭手续。同日,原告通过POS机向被告支付850463元,该款项连同5月16日支付的100000元共同作为所认购房屋的首付款。8月4日，原告以余某涯名义与被告根据购房承诺书约定的内容签订商品房买卖合同。《合同附件八》第81条约定："若买受人违反宁波市住房限购政策的相关规定，本合同无效。"

俞某飞于2014年4月16日诉至浙江省慈溪市人民法院，请求判令：1.确认俞某飞与华润置地签订的商品房买卖合同无效；2.华润置地即时退还原审原告房屋预付款，并赔偿自预付款支付之日至实际退还日的利息损失；3.由华润置地承担本案的诉讼费用。

一审判决

浙江省慈溪市人民法院经审理认为：俞某飞在其子余某涯不知情的情况下借用余某涯的名字签订购房承诺书和购房合同的行为属于借名购房行为，应认定俞某飞为购房承诺书和购房合同的当事人。根据宁波市人民政府办公厅《关于进一步做好房地产调控工作的通知》（甬政办发〔2011〕38号）第六条及宁波市建设委员会《关于进一步落实住房限购政策有关事项的通知》（甬建发〔2011〕31号）第1条均规定："对在本市已拥有两套及以上住房的本市户籍居民家庭……暂停在本市向其售房，违反规定购房的，不予办理房地产登记。"本案中，原告在签订购房合同时名下已有两套住房，又借用余某涯名义与被告签订商品房买卖合同，显然违反了上述政策规定。但上述规定并非法律、行政法规，且属于管理性强制性规定，而非效力性强制性规定，违反上述规定并不必然导致合同无效。至于双方在购房合同附件中将买受人违反宁波市限购政策作为合同无效条件的约定，由于合同的效力系法律对当事人之间成立合同的法定评价，非依当事人约定而无效，故本案合同并不因此约定而无效。经法院释明，原告拒绝变更诉讼请求并坚持要求确认买卖合同无效，慈溪市法院最终判决驳回了原告要求确认合同无效的诉讼请求。

俞某飞不服一审判决，向浙江省宁波市中级人民法院提起上诉，要求撤销一审判决，支持其在一审中提出的诉讼请求。其主要上诉理由为：第一，购房协议附件将买受人违反宁波市限购政策作为购房合同无效的约定符合《合同法》第45条"当事人对合同的效力可以约定附条件"的规定。上诉人现已违反限购政策，双方约定购房合同无效的条件已经成就，应据此认定合同无效。第二，上诉人借名购房属违法行为，损害了第三人的合法权益，其借名订立的购房合同应根据《合同法》第52条认定为无效。

二审判决

浙江省宁波市中级人民法院经审理认为:本案诉争房屋系上诉人借他人名义购买,房屋的实际买受人为上诉人。上诉人与被上诉人签订的《商品房买卖合同》是双方的真实意思表示,内容也不违反法律、行政法规的效力性强制性规定,不存在《合同法》第52条规定的法定无效的情形,应认定合法有效。经原审法院释明,上诉人也不要求变更诉讼请求,原审法院据此判决驳回上诉人的诉讼请求,并无不当。至于上诉人所提出的购房合同附件将买受人违反限购政策作为合同无效的条件进行约定符合《合同法》第45条关于"当事人对合同的效力可以约定附条件"的规定的主张,二审法院予以认可。但该规定中的"条件"是指将来可能发生的事实,而上诉人在签订购房合同时,名下已有两套房屋,据此,本案不能适用该规定。

二、相关规定

《合同法》第45条(《民法典》第158条、第159条):"当事人对合同的效力可以约定附条件。附生效条件的合同,自条件成就时生效。附解除条件的合同,自条件成就时失效。当事人为自己的利益不正当地阻止条件成就的,视为条件已成就;不正当地促成条件成就的,视为条件不成就。"

《合同法》第52条(《民法典》第148、150、153、154条):"有下列情形之一的,合同无效:(一)一方以欺诈、胁迫的手段订立合同,损害国家利益;(二)恶意串通,损害国家、集体或者第三人利益;(三)以合法形式掩盖非法目的;(四)损害社会公共利益;(五)违反法律、行政法规的强制性规定。"

《民法典》第153条第1款:"违反法律、行政法规的强制性规定的民事法律行为无效。但是,该强制性规定不导致该民事法律行为无效的除外。"

《最高人民法院关于适用〈中华人民共和国合同法〉若干问题的解释(二)》(法释〔2009〕5号)第14条[①]:"合同法第五十二条第(五)项规定的'强制性规定',是指效力性强制性规定。"

---

① 2020年12月29日,最高人民法院印发《关于废止部分司法解释及相关规范性文件的决定》(法释〔2020〕16号),决定废止2009年4月24日印发的《最高人民法院关于适用〈中华人民共和国合同法〉若干问题的解释(二)》。

三、典型案例或做法

案号	裁判立场
广东省高级人民法院关于审理房屋买卖合同纠纷案件的指引	“当事人以房屋买卖合同存在下列情形之一为由主张合同无效的，不予支持……八、违反政府房地产市场调控政策，但不违反法律、行政法规效力性强制性规定或者公序良俗的。”
张某远、郭某萍房屋买卖合同纠纷案/四川省高级人民法院（2017）川民申3499号民事裁定	即使郭某萍在成都市因限购政策而不具备购房资格，依照《合同法》的相关规定，亦不足以影响本案双方当事人的合同效力，双方的合同因不违反法律、行政法规的强制性规定，仍属合法有效的合同。至于因成都市实施房屋限购政策，而导致郭某萍所购房屋无法办理过户手续，则属于合同具体履行中的情势变更情形。

四、法理分析

近年来为解决市场上住房价格畸高，减少投资性购房对房价的刺激，抑制房价不合理增长的问题，从中央到地方，各级政府和相关职能部门相继出台了大量住房限购的规范性文件从各个方面对居民购买住房的条件进行了限制，俗称“限购令”。限购令的出台在对房价进行调控的同时，也引发了司法实践中因房屋买卖合同违反限购令而进行的诉讼。那么违反“限购令”是否会导致房屋买卖合同无效呢？

对此，首先必须明确“限购令”自身的规范属性。因为根据《合同法》第52条第(5)项与《合同法司法解释(二)》(法释〔2009〕5号)第14条的规定，能够作为合同无效认定依据的规范必须满足作为法律、行政法规的规范位阶和作为效力性强制性规范的规范属性的双重限制。因此，违反“限购令”是否会导致房屋买卖合同无效，需要对“限购令”的规范位阶和规范属性进行考查。司法实践中绝大部分的“限购令”的颁布主体都是县级以上各级地方人民政府以及国务院和县级以上地方人民政府的相关职能部门。根据《立法法》的规定，上述主体颁布的规范性文件最高位阶为规章，这显然不满足作为合同无效认定依据的规范必须为法律、行政法规的位阶要求。此外，现实中绝大部分的“限购令”从内容看只是要求购房者满足一定的条件，并非禁止购房行为本身，而且违反“限购令”签订买卖合同的直接后果是房产登记部门不予办理产权过户登记。因此，从规范属性上看,也可以认为“限购令”属于管理性强制性规范而非效力性强制性规范。因此,“限购令”也不满足作为合同无效认定依据的规范必须是法律、行政法规中的效力性强制性规范的规范属性要求。不过从实务操作上看,一旦认定“限购令”不属于法律、行政法规,对“限购令”是属于效力性强制性规范还是管理性强制性规范进行判断便成了画蛇添足之举。由此可见,违反“限购令”并不导致房屋买卖合同无效。

就本案而言,还存在两个值得关注的问题:其一是“限购令”虽然不属于导致合同无效的法律、行政法规中的效力性强制性规范,但法院可否因“限购令”属于公共政策,认定房屋买卖合同违反“限购令”属于违反公共利益,进而认定合同因违反公共利益而无效。其二是当事人可否将房屋买卖合同履行过程中导致不能进行房屋产权过户登记的“限购令”的出台约定为合同无效的事由。

笔者认为,就第一个问题而言,尽管《合同法》第 52 条第(4)项将“损害社会公共利益”作为合同无效的判断依据,但“公共利益”作为不确定性概念,不宜被泛化,在依据该项认定合同无效时,必须对公共利益概念进行从严把握,不能仅仅因为“限购令”属于公共政策就将违反“限购令”的房屋买卖合同认定为损害社会公共利益,进而否定其效力。就第二个问题而言,笔者赞成一审法院的观点,即合同无效是法律对合同合法性所进行的评价,法律行为无效的事由只能是法定的而不能由当事人进行约定。《合同法》第 45 条第 1 款规定:“当事人对合同的效力可以约定附条件。附生效条件的合同,自条件成就时生效。附解除条件的合同,自条件成就时失效。”根据该款第 2 句可知,此处的条件仅限生效条件和解除条件,而不包括合同有效、无效的条件。就此点而言,二审虽然认定违反“限购令”的事实在合同订立时就已经存在进而认定“若买受人违反宁波市住房限购政策的相关规定,本合同无效”的约定不符合无效条件的构成要件,从而否定了上诉人要求依据约定确认合同无效的请求,但却导致了承认合同无效事由可以由当事人约定的事实。

总之,房屋买卖合同违反“限购令”虽不导致买卖合同无效,但因“限购令”导致房屋无法进行过户登记确实可能影响合同的履行,这对买卖双方的利益都可能构成重大影响。因此,为避免房屋买卖合同履行过程中因“限购令”的出台导致合同履行受挫产生纠纷,订立房屋买卖合同时双方可将履行过程中导致履行障碍的“限购令”的出台约定为合同解除的事由或合同履行不能的免责事由,以合理地规避政策风险。

职业放贷人的“民间借贷合同”是否受法律保护?

周　颖

民间借贷指除金融机构及其分支机构以外的自然人、法人、其他组织之间及其相互之间进行资金融通的行为。与金融机构的贷款业务相比,民间借贷具有偶发性和分散性,并非商业化或产业化的行为,故而可以豁免相关金融准入或审慎监管。然而,随着“全民金融”时代的到来,在民间借贷领域形成了一大批职业放贷人,其行为兼具营业性、营利性,甚至与高利贷难分彼此。其“民间借贷”行为是否应免去监管,受到法律的保护?

一、案情与裁判

案件名称:大连高金投资有限公司、大连德享房地产开发有限公司、中国工商银行股份有限公司大连星海支行企业借贷纠纷、金融借款合同纠纷

案例来源:最高人民法院(2017)最高法民终647号民事判决

案情简介:

2010年1月,德享公司(被上诉人、原审被告)从高金公司(上诉人、原审原告)处进行了两次短期借款,期限皆为3个月,数额分别为2000万元、1500万元,并分别签订了借款合同。合同约定,德享公司应当按合同的时间、金额和币种偿还合同项下的贷款本金;如德享公司未能按合同约定的时间偿还本金,从逾期之日起利率按日4‰计算(但合同未约定借款期限内的利息)。应德享公司要求,工行星海支行(上诉人、原审被告)为高金公司分别出具了总金额为人民币2000万元整与1500万元整的不可撤销保函,约定担保责任方式为连带责任担保。

其中,高金公司的经营范围为项目投资(不含专项审批)、财务咨询、企业管

理咨询。但,高金公司曾于2009年至2011年间分别向新纪元公司、金华公司、荟铭公司、鼎锋公司和顺天海川公司等社会不特定对象出借资金,收取高额利息,且有多起民间借贷纠纷涉诉。

德享公司在收到上述款项后,于2010年4月15日至2011年11月30日之间分别多次向高金公司还款,合计2147.5万元。德享公司此后未再还款。高金公司分别于2012年12月24日、2014年11月15日向工行星海支行发出《催告函》要求工行星海支行偿还剩余欠款,均未果。于是,高金公司起诉请求德享公司给付借款3500万元及逾期利息6510万元,工行星海支行承担连带给付责任。

一审判决

辽宁省高级人民法院经审理认为:高金公司具有从事经常性放贷业务以收取高额利息的事实。但高金公司的经营范围中没有向外放贷的业务,其从事放贷业务亦未取得金融监管部门的批准。该种行为违反了《银行业监督管理法》和《商业银行法》等法律的有关规定,损害了社会公共利益,根据《合同法》第52条,本案借款合同无效。

合同无效,则德享公司应返还高金公司的借款,利息应按人民银行规定的同期贷款基准利率予以保护。德享公司已偿还的2147.5万元系其自愿支付的逾期利息,德享公司仍需偿还高金公司本金3500万元及利息。

担保合同一方面因主合同无效而无效,另一方面因工行星海支行作为分支机构无权对外提供担保而自身无效。工行星海支行对担保合同的无效存在过错,应以总额3500万元为限对德享公司不能清偿的债务,承担二分之一的赔偿责任。

二审判决

最高人民法院经审理认为:一审判决认定案涉借款合同无效,认定事实清楚,适用法律正确,应予维持。

德享公司已支付的2147.5万元在冲抵利息(按中国人民银行同期中长期5年期以上贷款利率的两倍计算)后,仍剩余1403.4万元,应依法冲抵两笔借款本金3500万元。德享公司只需偿还剩余本金及利息。

案涉两份担保合同无效系因主合同无效导致,而非工行星海支行作为分支机构缺乏对外提供担保的资格。但工行星海支行应当知道高金公司从事高利放贷业务,对导致担保合同无效存在过错,应依法承担相应的赔偿责任。

二、相关规定

《银行业监督管理法》第 19 条："未经国务院银行业监督管理机构批准，任何单位和个人不得设立银行业金融机构或者从事银行业金融机构的业务活动。"

《民法总则》第 153 条(《民法典》第 153 条)："违反法律、行政法规的强制性规定的民事法律行为无效。但是，该强制性规定不导致该民事法律行为无效的除外。"

《最高人民法院关于审理民间借贷案件适用法律若干问题的规定》(法释〔2015〕18 号)第 1 条、第 14 条[《最高人民法院关于审理民间借贷案件适用法律若干问题的规定》(法释〔2020〕17 号)第 1 条、第 13 条]："本规定所称的民间借贷，是指自然人、法人、其他组织之间及其相互之间进行资金融通的行为。具有下列情形之一，人民法院应当认定民间借贷合同无效：(一)套取金融机构信贷资金又高利转贷给借款人，且借款人事先知道或者应当知道的；(二)以向其他企业借贷或者向本单位职工集资取得的资金又转贷给借款人牟利，且借款人事先知道或者应当知道的；(三)出借人事先知道或者应当知道借款人借款用于违法犯罪活动仍然提供借款的；(四)违背社会公序良俗的；(五)其他违反法律、行政法规效力性强制性规定的。"

《担保法》第 5 条(《民法典》第 682 条)："担保合同是主合同的从合同，主合同无效，担保合同无效。担保合同另有约定的，按照约定。担保合同被确认无效后，债务人、担保人、债权人有过错的，应当根据其过错各自承担相应的民事责任。"

三、典型案例或做法

案号	裁判立场
鱼台舒美佳装潢材料有限公司、孙某民间借贷纠纷案/山东省济宁市中级人民法院(2017)鲁 08 民终 843 号民事判决	济宁隆金投资管理有限公司未经中国人民银行批准，违反国家特许经营的规定，为规避法律以公司职工名义与他人所签订的借款合同应为无效合同。

续表

案号	裁判立场
王某与成都佳益物业(集团)有限公司、四川金富现代农业股份有限公司民间借贷纠纷案/四川省高级人民法院(2018)川民再656号民事判决	本案法律事实与最高人民法院(2017)最高法民终647号案有明显区别,该案的裁判规则不适用于本案。佳益公司关于借款合同和保证合同无效的主张不成立。
惠州市中元和泰投资发展有限公司、许某秀民间借贷纠纷案/江西省高级人民法院(2019)赣民终43号民事判决	上诉人主张被上诉人以放贷为业,属于从事非法金融业务活动,违反了法律的强制性规定的证据理由不充分,本案中的借贷合同并无违反法律、行政法规强制性规定的情形,应认定合同有效。

四、法理分析

首先,与金融机构贷款业务不同,民间借贷具有偶发性、分散性,并非商业化或产业化的行为,导致系统性金融风险的可能性低,这是民间借贷豁免相关金融准入或审慎监管的根本原因所在。当所谓“民间借贷”已经不具备上述特征时,该行为就不应再通过豁免金融监管而受到法律的保护。例如,本案中高金公司向德享公司提供借款的行为,表面上看是民间借贷,但实质上是通过向社会不特定对象提供资金以赚取高额利息的行为,具有反复性、经常性,与民间借贷的偶发性、分散性南辕北辙。因此,高金公司的此种行为应当在取得金融监管部门的批准后进行。否则,若此种经营性的借款行为游离于金融监管之外,将会对金融秩序造成破坏,损害社会公共利益。本案以高金公司的行为违反《银行业监督管理法》第19条的效力性强制性规定为由认定案涉借款合同无效,是对打着民间借贷的旗号从事职业放贷行为的合法性的否定。简言之,即以借贷为常业的民间借贷合同无效。

其次,在以借贷为常业的民间借贷合同无效这一裁判观点得以证成后,问题的关键就落在了职业放贷人的判定标准上。案涉当事人是否被认定为职业放贷人,成为了借款合同是否有效的决定性因素之一。然而,“职业放贷人”本身并非一个法律概念,“以借贷为常业”也并不是一个量化的、直接可操作的标准。相关立法和最高人民法院也尚未对此作出明确的规定或解释,主要依靠各法院自由裁量。而从目前民间借贷案件的裁判结果来看,借款人关于对方当事人以放贷为业的举证往往很难得到法院的认可，据此认定借款合同无效的判决也仍是少数。为解决这一裁判标准不一的问题，有些地方法院专门出台了有关认定“职业放贷人”标准的文件，主要根据同一原告或关联原告在一段时间内所涉的民间借贷案件数量、利率、合同格式化程度、出借金额、资金来源等特征来认定民间借贷是否为职业放贷行为，具有参考价值。例如，江苏省高院印发的《江苏省高级人民法院关于建立疑似职业放贷人名录制度的意见(试行)》、浙江省高院联合其他各部门发布的《关于依法严厉打击与民间借贷相关的刑事犯罪强化民间借贷协同治理的会议纪要》等。

再次，关于此类民间借贷合同被认定为无效的法律后果，在司法实践中尚存在争议。在借款合同实际履行且被判决无效后，对于出借的本金部分借款人当然应当返还出借人，但对于已付或未付的利息、逾期利息或违约金、其他费用等处理，法院的裁判不尽一致。例如，本案的一审、二审就存在两种不同的裁判观点，一审认为借款人已偿还的款项应认定为其自愿支付的违约金或逾期利息，即使利率畸高，如借款人不要求返还或调整，就不能用于冲抵本金；二审则认为已经履行部分的利率应调整为按中国人民银行同期中长期 5 年期以上贷款利率的两倍，借款人已经支付的款项冲抵上述利息后，应当用于抵扣本金。也有法院作出了更有利于借款人的裁判。例如，借款人已经偿还的现金部分都应当冲抵本金[(2017)鲁 08 民终 843 号]。

最后，此类民间借贷合同无效还会导致作为其从合同的担保合同无效，但这并不意味着担保人可以当然免责。依据《民法典》第 682 条的规定，若担保人有过错，如本案中工行星海支行作为专业的金融机构应当知道高金公司从事高利放贷业务，但仍然为其借款人提供担保，明显存在过错，则应根据其过错承担相应的民事责任。

建设工程发包方对承包方提交的结算文件逾期未答复的是否构成对结算文件的默认？

周　颖

"逾期默认条款"（建设工程发包方对承包方提交的结算文件逾期未答复的，视为对结算文件的认同）是建设工程施工合同中十分常用的条款。该条款对发包方故意拖延结算付款的行为具有一定的预防和惩戒作用。但实践中承包方利用该条款，在结算文件中虚报工程价款，损害发包方权益的情况亦客观存在。那么，根据"逾期默认条款"，发包方对承包方提交的结算文件逾期未答复的行为是否一定构成对结算文件的默认？或言之，承包方若要援引该合同条款维护自身权益，应满足那些前置条件？承包方若依据该条款主张畸高的工程价款，发包方又该如何应对？通过对以下案例的分析，或可略窥一二。

一、案情与裁判

案件名称：海天建设集团有限公司与威海万兴房地产开发有限公司建设工程施工合同纠纷案

案件来源：最高人民法院（2018）最高法民申2747号民事裁定

案情简介：

2010年12月15日，双方当事人签订《建设工程施工合同》，约定海天公司（原告、上诉人，以下称A公司）承包万兴公司（被告、被上诉人，以下称B公司）开发的××市香庭海岸工程。其中有条款约定，B公司在收到A公司提交的竣工结算书及结算资料后，应在90天内进行审查、核实，经与A公司协商达成一致意见后确认工程竣工结算价款，在上述时限内，B公司未审核完毕且未提出正当理由延期的，视同已认可。

上述合同签订后，A公司进行了施工（截至本案诉讼前，除19#、21#、22#楼外，A 公司承建该工程项目的其他所有建设工程均已竣工验收合格），B 公司也陆续向 A 公司支付了部分工程款项（对于已支付工程款项的具体数额双方存在争议，约为 1 亿元人民币）。

此后，A 公司向 B 公司提交了竣工结算书，B 公司于 2016 年 2 月 1 日签收，并出具了盖有公司公章和负责人签字的《结算书签收单》一份。但 B 公司未能按照约定于 2016 年 5 月 15 日前完成工程结算审核，亦未提出理由延期。A 公司认为，按照合同约定的“逾期默认条款”，这应视为 B 公司认可 A 公司的竣工结算书。

于是，2016 年 6 月 15 日，A 公司向××市中级人民法院提起诉讼，要求 B 公司按照 A 公司单方制作并向其报送的竣工结算书中载明的工程价格支付剩余工程款 44664365.86 元。

一审判决

山东省威海市中级人民法院经审理认为：（1）根据《结算书签收单》的内容，仅能认定 A 公司向 B 公司提交竣工结算书，而非竣工结算书及结算资料；该签收单亦未体现竣工结算价款，不能证实上述签收单载明的竣工结算书即为 A 公司于本案中提交的竣工结算书。（2）B 公司签收竣工结算书时，案涉 19#、21#、22# 楼尚未经竣工验收合格，不符合合同约定的提交竣工结算书的条件。（3）A 公司拒绝依据法官的释明申请对工程价款进行鉴定，并在 B 公司提出该申请后拒绝提供检材，导致本案无法通过鉴定确定案涉工程总造价，该不利后果应由 A 公司承担。故，驳回 A 公司的诉讼请求。

当事人提起上诉，认为一审判决认定 A 公司庭审中单方提交的竣工结算书不能作为确定案涉工程价款的有效依据错误。（1）A 公司提交给 B 公司的竣工结算书与在庭审中作为证据提交的竣工结算书是完全一致的，一审判决却错误地认为两者的一致性不能认定。（2）双方约定的是 B 公司在收到 A 公司提交的竣工结算书后 90 天内完成工程结算审核，否则视为认可 A 公司提交的竣工结算书。但一审判决却将此约定无故更换为“在收到竣工结算书及结算资料后 90 天内完成审核”。（3）案涉 19#、21#、22# 楼的竣工验收问题，与 A 公司完成的主体工程的工程款结算根本没有关联，完全不影响结算工程款。

二审裁定

山东省高级人民法院经审理认为：根据双方当事人约定，B 公司对涉案工程结算审核的前提条件是涉案工程竣工验收合格后 A 公司向 B 公司提交竣工结算书及完整的结算资料。二审法院对A公司已向B公司提交全部工程竣工结算书的事实予以认定。但至A公司起诉时涉案工程未经全部竣工验收，且A公司没有证据证明其已向B公司提交了合同约定的完整的结算资料。因此，B公司对涉案工程结算进行审核的前提条件没有成就。故驳回A公司的上诉，维持原判。

第二次诉讼

2017年10月16日，A公司（上诉人、原审原告）再次向一审法院提起诉讼，要求判令B公司（被上诉人、原审被告）支付工程款，并申请法院对涉案工程造价委托审计鉴定，以鉴定意见作为认定B公司应付工程款数额的依据。

一审裁定

山东省高级人民法院经审理认为：A公司本次起诉构成重复起诉，故裁定驳回起诉。

当事人提起上诉，认为A公司在本次起诉时同时向一审法院提出了对涉案工程造价委托审计鉴定的申请，并主张以鉴定单位出具的鉴定意见作为确认涉案工程造价的依据。A公司的上述申请，本质上属于提供新证据。虽然在第一次诉讼中，A公司没有同意一审法院提出的对涉案工程造价委托审计鉴定的意见，但这不等于A公司彻底丧失了申请法院委托对涉案工程造价审计鉴定的权利，A公司的这一民事诉讼权利依旧应得到保护。

二审裁定

最高人民法院经审理认为：本案两次起诉的当事人、诉讼标的、诉讼请求均相同。一审裁定认定本案构成重复起诉并无不当。故驳回上诉，维持原裁定。

二、相关规定

《最高人民法院关于贯彻执行〈中华人民共和国民法通则〉若干问题的意见（试行）》[法（办）发〔1988〕6号]第66条[①]："一方当事人向对方当事人提出民事权利的要求，对方未用语言或者文字明确表示意见，但其行为表明已接受的，可以认定为默示。不作为的默示只有在法律有规定或者当事人双方有约定的情

---

① 2020年12月29日，最高人民法院印发《关于废止部分司法解释及相关规范性文件的决定》（法释〔2020〕16号），决定废止1988年4月2日印发的《最高人民法院关于贯彻执行《中华人民共和国民法通则》若干问题的意见（试行）》。

况下,才可以视为意思表示。"

《民法典》第140条:"行为人可以明示或者默示作出意思表示。沉默只有在有法律规定、当事人约定或者符合当事人之间的交易习惯时,才可以视为意思表示。"

《最高人民法院关于审理建设工程施工合同纠纷案件适用法律问题的解释》(法释〔2004〕14号)第20条[**《最高人民法院关于审理建设工程施工合同纠纷案件适用法律的解释(一)》**(法释〔2020〕25号)第21条]:"当事人约定,发包人收到竣工结算文件后,在约定期限内不予答复,视为认可竣工结算文件的,按照约定处理。承包人请求按照竣工结算文件结算工程价款的,应予支持。"

《建筑工程施工发包与承包计价管理办法》(2014)第18条:"工程完工后,应当按照下列规定进行竣工结算:(一)承包方应当在工程完工后的约定期限内提交竣工结算文件。(二)国有资金投资建筑工程的发包方,应当委托具有相应资质的工程造价咨询企业对竣工结算文件进行审核,并在收到竣工结算文件后的约定期限内向承包方提出由工程造价咨询企业出具的竣工结算文件审核意见;逾期未答复的,按照合同约定处理,合同没有约定的,竣工结算文件视为已被认可。非国有资金投资的建筑工程发包方,应当在收到竣工结算文件后的约定期限内予以答复,逾期未答复的,按照合同约定处理,合同没有约定的,竣工结算文件视为已被认可……发承包双方在合同中对本条第(一)项、第(二)项的期限没有明确约定的,应当按照国家有关规定执行;国家没有规定的,可认为其约定期限均为28日。"

《建设工程价款结算暂行办法》(2004)第16条:"发包人收到竣工结算报告及完整的结算资料后,在本办法规定或合同约定期限内,对结算报告及资料没有提出意见,则视同认可。"

《最高人民法院民事审判庭关于发包人收到承包人竣工结算文件后,在约定期限内不予答复,是否视为认可竣工结算文件的复函》(〔2005〕民一他字第23号):"适用该司法解释第二十条的前提条件是当事人之间约定了发包人收到竣工结算文件后,在约定期限内不予答复,则视为认可竣工结算文件。承包人提交的竣工结算文件可以作为工程款结算的依据。建设部制定的建设工程施工合同格式文本中的通用条款第33条第3款的规定,不能简单地推论出,双方当事人具有发包人收到竣工结算文件一定期限内不予答复,则视为认可承包人提交的竣工结算文件的一致意思表示,承包人提交的竣工结算文件不能作为工程款结算的依据。”

三、典型案例或做法

案号	裁判立场
刘某鹏与黑龙江宝宇电力工程有限公司、黑龙江宝宇房地产开发有限责任公司建设工程施工合同欠款纠纷案/黑龙江省高级人民法院(2016)黑民再91号民事判决	刘某鹏将内业资料及结算文件交付宝宇电力公司后，已完成了基本的举证义务，宝宇电力公司在收到上述材料后，对结算文件的数额有异议，应在合理期限内提出并提供反驳证据。但宝宇电力公司一直未提交相关证据，亦未提出不能提交证据的合理事由……刘某鹏举示的结算文件注明造价1287126.46元，应认定为本案争议工程的总造价。
华升建设集团有限公司与沈阳中弘再生资源投资发展有限公司建设工程施工合同纠纷案/浙江省高级人民法院(2011)浙民终字第5号民事判决	华升公司仅依据该结算书及函，将其单方提交的结算书作为认定工程价款的依据，且双方当事人均未申请工程量及工程款的鉴定，故对涉案争议的工程量及工程价款难以认定。因此，华升公司主张的工程款及利息诉讼请求，证据不足，不予支持。
八方建设集团有限公司与景宁石印山房地产开发有限公司建设工程施工合同纠纷上诉案/浙江省高级人民法院(2009)浙民终字第100号民事判决	双方签订的建设工程施工合同通用条款第33.3条约定，发包人从第29天起承担拖欠工程款利息的责任，并不意味着发包人认可承包人提交的竣工结算文件，不能作扩大的解释；且专用条款中没有约定“发包人对承包人报送的竣工结算文件在一定期限内不答复便视为认可”的内容……故八方公司主张依结算书作为本案讼争工程的工程量及造价的定案依据理由不能成立。

四、法理分析

住房城乡建设部、国家工商行政管理总局制定的《建设工程施工合同(示范文本)》(GF-2017-0201)通用条款14.2中规定：“发包人在收到承包人提交竣工结算申请书后28天内未完成审批且未提出异议的，视为发包人认可承包人提交的竣工结算申请单，并自发包人收到承包人提交的竣工结算申请单后第29天起视为已签发竣工付款证书。”实践中，该通用条款(以下简称“逾期默认条款”)被大量建设工程施工合同所采用。然而，承包方根据该条款要求发包方按照承包方单方制定的竣工结算书确定工程造价的诉请是否均能得到法院支持？为何本案中承包方的该项诉请被法院驳回？

首先,从意思自治的角度出发,作为承包方与发包方之间一致意思表示的“逾期默认条款”应当对双方当事人均具有约束力。换言之,“逾期默认条款”是否为双方当事人一致意思表示的结果,是承包方此类诉请能否得到法院支持的关键。因为,工程价款的结算一般应当在承包方与发包方对工程量、工程造价达成一致认同的基础上进行。而将发包方不作为的逾期行为视为对承包方单方制作的结算书的认同,在理论本质上是将不作为的默示视为了意思表示。根据《最高人民法院关于贯彻执行〈中华人民共和国民法通则〉若干问题的意见》[法(办)发〔1988〕6号]第66条:“不作为的默示只有在法律有规定或者当事人双方有约定的情况下,才可以视为意思表示。”那么如何判定建设工程施工合同中的“逾期默认条款”确为双方当事人一致意思表示的结果呢?对此,最高人民法院在《关于发包人收到承包人竣工结算文件后,在约定期限内不予答复,是否视为认可竣工结算文件的复函》(〔2005〕民一他字第23号)中表示:“建设部制定的建设工程施工合同格式文本中的通用条款第33条第3款的规定,不能简单地推论出,双方当事人具有发包人收到竣工结算文件一定期限内不予答复,则视为认可承包人提交的竣工结算文件的一致意思表示,承包人提交的竣工结算文件不能作为工程款结算的依据。”简言之,建设工程施工合同通用条款中的“逾期默认条款”不能作为判定双方就此达成一致意思表示的依据,只有在合同专用条款中明确约定的“逾期默认条款”方能对双方当事人产生约束力。

其次,司法实践中“逾期默认条款”的适用需满足两项前置条件:其一,工程竣工验收合格;其二,发包人收到竣工结算报告及完整的结算资料。第一项前置条件来源于《建筑工程施工发包与承包计价管理办法》(2001)第16条:“工程竣工验收合格,应当按照下列规定进行竣工结算……”尽管《建筑工程施工发包与承包计价管理办法》(2014)已将原第16条修改为第18条:“工程完工后,应当按照下列规定进行竣工结算……”将竣工结算的前置条件由“工程竣工验收合格”简化为“工程完工”,但实践中未经竣工验收合格即办理竣工结算的做法仍属对特殊情况的应对。第二项前置条件来源于《建设工程价款结算暂行办法》(2004)第16条:“发包人收到竣工结算报告及完整的结算资料后,在本办法规定或合同约定期限内,对结算报告及资料没有提出意见,则视同认可。”尽管有些案件当事人主张其在“逾期默认条款”中约定的是以发包方“收到结算书”为条件,而非“结算报告及完整的结算资料”,但应当认为完整的结算资料是发包方审核结算的必要条件,施工方未向发包方提供完整结算资料,或拒绝向发包方提供完整结算资料的，不得主张适用“逾期默认条款”。

具体到本案之中，施工方两次诉讼均未能得到法院支持，其原因不仅在于“逾期默认条款”适用的两项前置条件均未满足，还在于施工方本身具有通过“逾期默认条款”获取不当利益的主观恶意。一方面，A公司向法院提交的结算书中载明的工程造价过分高于原合同价格；另一方面，A公司既拒绝按照法院的释明申请工程造价鉴定，也拒绝配合B公司进行工程造价鉴定。加之，A公司向法院提交的《结算书签收单》并未标明其向发包方申请的结算价格，不能证明上述签收单载明的结算书即为A公司向法院提交的结算书。因而，尽管施工方自信地认为本案必当适用“逾期默认条款”，但其诉请仍未能得到一审、二审法院的支持。

笔者认为，住房城乡建设部、国家工商行政管理总局制定的《建设工程施工合同(示范文本)》中的“逾期默认条款”是对施工方及其下属农民工权益的保护，通过该条款可以有效防止发包方故意拖延结算付款。但不可否认，实践中施工方可能会利用该条款的保护，在结算文件中虚报工程价款，损害发包方的权益。因此，应当严格“逾期默认条款”的适用条件，在保障交易效率的同时，尽量公平地解决工程造价的确定问题。

对施工方与发包方而言，本案可有如下启示：(1)施工方应以合同专用条款的形式与发包方约定“逾期默认条款”，仅凭《建设工程施工合同(示范文本)》通用条款中的“逾期默认条款”并不能证明双方已就该条款达成了一致意思表示。(2)“结算书签收单”上应标明施工方送审的结算价格，列明结算资料的构成文件，方能证明施工方已向发包方提交了完整的结算资料，且施工方向法院提交的结算书与发包方已签收的结算书具有一致性。(3)施工方可以通过“逾期默认条款”督促发包方在约定的期限内结算并付款，保障自身的合法权益，但试图通过“逾期默认条款”谋取不当利益、拒绝申请或拒绝配合工程造价鉴定的，其诉讼请求不会得到法院的支持。(4)若发包方同意与施工方约定“逾期默认条款”，也应争取约定较为宽松的结算审核期限，并及时处理施工方提交的结算文件，以免在承包方主张适用“逾期默认条款”时措手不及。(5)若承包方在诉讼中援引“逾期默认条款”的同时主张畸高的工程价款，发包方应向法庭申请工程造价鉴定，维护自身的权益。

承租人租赁“无证”房屋租赁合同是否有效?

毕一玲*

实践中开发商可能未取得建设工程规划许可证或未按照建设工程规划许可证的规定建设房屋,而后又将该房屋出租的,租赁合同效力如何?以下结合案例进行简要说明。

一、案情与裁判

案件名称:上海置亚实业有限公司与中交海西投资有限公司、某部队等房屋租赁合同纠纷案

案情来源:北京市高级人民法院(2016)京民终33号民事判决

案情简介:

涉案52号房屋的所有权人为某部队,2009年因需拆除。北京市住建委同军方协调后表示应按原拆原建的原则,不变更建筑面积、形式,对52号房屋进行复建,不需要重新办理规划手续和房屋产权证。房屋重建后,置亚公司(上诉人、原审被告、反诉原告)与部队(原审被告)通过项目合作协议取得房屋使用权。2013年12月1日,置亚公司(甲方)与中交海西公司(乙方)(被上诉人、原审原告、反诉被告)签订《租赁合同》,自2013年11月16日起至2033年11月16日止承租52号房屋,租金总额1.5亿元。后中交海西公司支付前述款项,并办理交接手续。

2014年5月8日,置亚公司(甲方)与中交海西公司(乙方)签订《房屋租赁终止协议》,约定乙方协议签订后5日内交付房屋,移交完成后15日内甲方退

* 毕一玲,青岛科技大学法学院硕士研究生,浙江新台州律师事务所疑案研究中心研究员。

还乙方《租赁合同》全部租金。移交完成后，置亚公司仅退还中交海西公司租金2000万元。中交海西公司遂提起确认合同无效之诉并要求退还租金。截至辩论终结前，置亚公司与部队均认可尚未取得52号房屋的建设工程规划许可证。

一审判决

北京市第一中级人民法院经审理认为：根据《最高人民法院关于审理城镇房屋租赁合同纠纷案件具体应用法律若干问题的解释》（以下简称《城镇房屋租赁合同司法解释》）之规定，本案诉争的52号房屋应当按照法律规定办理相应的规划手续。关于复建房屋是否需要新的规划许可问题，由于复建只能在原有用地范围内，且不能超过原有建筑面积，而52号房屋复建前后，无论在建筑面积、层数、建筑形式等方面均发生巨大变化，已不属于复建范畴，应当重新办理建设工程规划许可证。截至辩论终结前，置亚公司与部队均认可尚未取得建设工程规划许可证。故置亚公司与中交海西公司签订的《租赁合同》无效。无效的合同自始没有法律约束力。合同无效后，因该合同取得的财产，应当予以返还，不能返还或者没有必要返还的，应当折价补偿。故北京市一中院认定合同无效，并退还全部租金予以支持。

二审裁判与一审一致。

二、相关规定

《最高人民法院关于审理城镇房屋租赁合同纠纷案件具体应用法律若干问题的解释》（法释〔2009〕11号）第2条［《最高人民法院关于审理城镇房屋租赁合同纠纷案件具体应用法律若干问题的解释》（法释〔2020〕17号）第2条］："出租人就未取得建设工程规划许可证或者未按照建设工程规划许可证的规定建设的城市、镇规划区内的房屋，与承租人订立的租赁合同无效。但在一审法庭辩论终结前取得建设工程规划许可证或者经主管部门批准建设的，人民法院应当认定有效。"

《最高人民法院关于审理城镇房屋租赁合同纠纷案件具体应用法律若干问题的解释》（法释〔2009〕11号）第3条［《最高人民法院关于审理城镇房屋租赁合同纠纷案件具体应用法律若干问题的解释》（法释〔2020〕17号）第3条］："出租人就未经批准或者未按照批准内容建设的临时建筑，与承租人订立的租赁合同无效。但在一审法庭辩论终结前经主管部门批准建设的，人民法院应当认定有效。租赁期限超过临时建筑的使用期限，超过部分无效。但在一审法庭辩论终结前经主管部门批准延长使用期限的，人民法院应当认定延长使用期限内的租赁期间有效。”

《最高人民法院关于审理城镇房屋租赁合同纠纷案件具体应用法律若干问题的解释》（法释〔2009〕11号）**第5条**[**《最高人民法院关于审理城镇房屋租赁合同纠纷案件具体应用法律若干问题的解释》**（法释〔2020〕17号）**第4条第1款**]：“房屋租赁合同无效，当事人请求参照合同约定的租金标准支付房屋占有使用费的，人民法院一般应予支持。”

《民法总则》第157条（《民法典》第157条）：“民事法律行为无效、被撤销或者确定不发生效力后，行为人因该行为取得的财产，应当予以返还；不能返还或者没有必要返还的，应当折价补偿。有过错的一方应当赔偿对方由此所受到的损失；各方都有过错的，应当各自承担相应的责任。法律另有规定的，依照其规定。”

三、典型案例或做法

案号	裁判立场
梁某艳诉蒙某花确认房屋租赁合同无效纠纷案/广西壮族自治区合山市人民法院(2015)合民初字第404号民事判决	被告蒙某花未取得建设工程规划许可证，与家人自建了合山市岭南镇建安路二套房屋。原告于2014年9月15日与被告签订了《租房协议》，后得知房屋属于违法建筑，遂要求终止租赁合同，被告拒绝，故原告诉至法院。法院查明此为违法建筑后，依法判定租赁合同无效，被告赔偿原告梁兰艳损失。
湖北世纪鑫煌投资有限公司与中国人民解放军武汉疗养院东湖疗养区租赁合同纠纷上诉案/湖北省武汉市中级人民法院(2018)鄂01民终2154号民事判决	被上诉人中国人民解放军东湖疗养区作为招标单位，于2012年5月对涉诉房屋进行招标，世纪鑫煌公司中标。2012年8月3日，中国人民解放军东湖疗养区、世纪鑫煌公司之间签订了《军队房地产租赁合同》。后双方因租金以及标的房屋装修问题发生纠纷诉至法院。二审法院查明涉案房屋没有取得建设工程规划许可证，故撤销一审判决并判定租赁合同无效，承租方向出租方移交房屋，上诉人不承担违约责任。
七天快捷酒店管理(北京)有限公司等诉上海松瓯实业有限公司等房屋租赁合同纠纷案/上海市第一中级人民法院(2012)沪一中民二(民)终字第3152号民事判决	七天快捷酒店与上海松瓯实业有限公司签订《房屋租赁合同》，后七天酒店于使用中发现房屋未取得竣工验收证明。故诉请判令租赁合同无效。法院认为本案不适用《城镇房屋租赁合同司法解释》第2条，未取得建设工程规划许可证或未按照建设工程规划许可证规定建设的建筑物仅指建设工程规划许可，与房屋是否验收竣工无关。故法院判定租赁合同有效，驳回原告诉请。

四、法理分析

本案的关键问题有二：租赁合同的效力问题，合同无效的财产返还问题。

第一，出租人就未取得建设工程规划许可证或者未按照建设工程规划许可证的规定建设的城市、镇规划区内的房屋，与承租人订立的租赁合同无效。复建房屋是否属于未按照建设工程规划许可证规定建设的城市、镇规划区内的房屋？复建应当是以原有用地、原有建面为基准的原拆原建，其本质是原有建筑的一种恢复，适用原建筑的规划许可。但若新建筑在建筑指标与原建筑存在明显差别，则其不应当认定为原建筑的复建建筑，应当以新的规划建筑对待。本案中，新建筑与原建筑在建筑面积、建筑高度、容积率等都存在较大差异，不属于原建范畴，应当重新办理建设规划许可。本案租赁合同因违反法律强制性规范而无效。《合同法》第 52 条规定了违反法律、行政法规的强制性规范的，合同无效。如何理解“强制性规范”？根据《民法总则》第 153 条第 1 款以及《合同法司法解释（二）》（法释〔2009〕5 号）第 14 条、《九民纪要》（法释〔2019〕254 号）第 30 条的规定，导致合同当然无效的“强制性规范”是指效力性强制性规定。即法律和行政法规明确规定违反上述禁止性规定后将导致合同无效或虽未明确规定但若使合同继续有效将损害国家利益与社会公共利益的规范。与之相对应的，并不当然导致合同无效的“强行性规范”为管理性强制性规定，即法律与行政法规并未明确规定违反上述禁止性规定后合同无效，同时违反上述规定亦不会影响到国家与社会公共利益，只会损害当事人利益的规定。本案中，由于建筑规划许可制度旨在对城市建设进行规划，并维护公共利益。故《城镇房屋租赁合同司法解释》第 2 条应为效力性强制性规定，涉诉租赁合同无效。

第二，租赁合同无效后的财产返还。根据《合同法》第 58 条，合同无效后，因该合同取得的财产，应当予以返还。有过错的一方应当赔偿对方因此所受到的损失，双方都有过错的，应当各自承担相应的责任。合同无效的返还财产责任实际上是物权请求权的对应结果，是权利人要求将受到妨害的物权恢复到完满状态，不以过错为前提。而此处双方的过错责任指的是合同无效后的缔约过失责任，是合同订立中一方当事人违反诚实信用原则导致另一方信赖利益的损失应承担的民事责任，具有补偿性。本案中，上海置亚公司作为出租人应当将剩余的 1.3 亿元租金返还中交海西公司，中交海西公司作为承租人，在合同无效后应当负有返还租赁物的义务。

“债权转让”只登记未通知保理商能否行使债权？

刘　涵*

在实践中，保理早已成为当今中小企业融资的最有效手段之一。自央行征信中心根据《物权法》授权建设应收账款质押登记公示系统以来，许多保理商喜欢在央行登记系统办理应收账款转让登记，以此来代替债权转让中的通知义务。那么该登记对债务人是否发生效力？若不对他产生效力，保理商该如何主张自身权利？以下结合一则案例说明之。

一、案情与裁判

案件名称：中国工商银行股份有限公司上海市青浦支行与上海康虹纺织品有限公司等保理债权转让纠纷上诉案

案情来源：上海市第二中级人民法院(2012)沪二中民六(商)终字第147号民事判决

案情简介：

中国工商银行股份有限公司上海市青浦支行(原告，以下简称工行青浦支行)与上海康虹纺织品有限公司(被告，以下简称康虹公司)签订《国内保理业务合同》及《应收账款转让清单》，约定康虹公司将其在上海大润发有限公司(被告，以下简称大润发公司)的应收账款债权及相关权利转让给工行青浦支行，工行青浦支行向康虹公司发放保理融资款，若保理融资到期日前工行青浦支行未收到大润发公司应收账款，工行青浦支行有权向康虹公司追索，也可以要求其对应收账款进行回购。康虹公司法定代表人施某等人向工行青浦支行提供最

* 刘涵，烟台大学法学院硕士研究生，浙江新台州律师事务所疑案研究中心研究员。

高额抵押及连带责任保证。合同签订后，工行青浦支行发放了335万元保理融资款，并就所涉3788766.01元应收账款的发票在中国人民银行征信中心应收账款质押登记系统(以下简称央行登记系统)办理了应收账款转让登记。融资到期后，工行青浦支行未收到大润发公司或康虹公司的应付款项，担保人亦未履行担保责任。同时，因康虹公司尚有其余未清债务，另案审理法院陆续向大润发公司发出协助执行通知书，冻结了康虹公司对大润发公司的应收账款。工行青浦支行遂以大润发公司、康虹公司及施某等为被告向法院提起诉讼，请求判令：(1)大润发公司支付应收账款本金3788766.01元及相应利息损失；(2)康虹公司在融资本金335万元及利息范围内对大润发公司的债务承担回购责任；(3)判令施某等承担担保责任。

一审判决

上海市青浦区人民法院经审理认为：(1)工行青浦支行与康虹公司签订保理合同及应收账款转让清单及明细，康虹公司未将应收账款债权转让事实通知大润发公司，所以该债权转让对大润发公司不发生效力。同时，在本案诉讼前，诸多法院依法冻结了康虹公司在大润发公司处的应收账款，上述应收账款因受司法限制，现已无法转让。工行青浦支行依据保理合同的约定要求大润发公司在应收账款到期时直接支付应收账款本金及利息的诉讼请求，缺乏相应的事实依据，一审法院不予支持。(2)保理合同明确约定了在工行青浦支行未收到购货方付款时，康虹公司应按照工行青浦支行的通知对应收账款进行回购，且康虹公司对有追索权保理业务项下融资承担最终偿还责任，故而康虹公司应向工行青浦支行承担清偿本息的责任。另外，施菊如、杨维滨、杨弘魏(该三者为被告)也应按约承担各自的担保责任。一审法院除工行青浦支行对大润发公司的诉请外，对其其余诉请予以支持。

一审判决后，工行青浦支行不服，提起上诉。

二审判决

上海市第二中级人民法院经审理认为：本案争议的核心在于债权转让通知是否已到达债务人大润发公司，即保理合同项下债权转让登记于央行登记系统是否可以免除债权转让合同当事人债权转让通知的义务。

法院认为，央行登记系统系根据《物权法》等规范性法律文件，为应收账款质押登记而设。保理业务中债权转让登记无法律法规赋予其法律效力，仅为公示服务，故与应收账款质押登记不同，债权转让登记于央行登记系统不发生强制性排他对抗效力。另外,法律、司法解释或相关规范性法律文件未赋予任何形式的登记以债权转让通知的法律效力,因此,即便债权转让在系争登记系统中进行了登记,也不能免除合同法确定的债权转让通知义务。二审法院驳回工行青浦支行针对大润发公司的诉请,终审维持原判。

二、相关规定

《合同法》第 80 条第 1 款(《民法典》第 546 条第 1 款):"债权人转让权利的,应当通知债务人。未经通知,该转让对债务人不发生效力。"

《民法典》第 768 条:"应收账款债权人就同一应收账款订立多个保理合同,致使多个保理人主张权利的,已经登记的先于未登记的取得应收账款;均已经登记的,按照登记时间的先后顺序取得应收账款;均未登记的,由最先到达应收账款债务人的转让通知中载明的保理人取得应收账款;既未登记也未通知的,按照保理融资款或者服务报酬的比例取得应收账款。"

《民法典》第 766 条:"当事人约定有追索权保理的,保理人可以向应收账款债权人主张返还保理融资款本息或者回购应收账款债权,也可以向应收账款债务人主张应收账款债权。保理人向应收账款债务人主张应收账款债权,在扣除保理融资款本息和相关费用后有剩余的,剩余部分应当返还给应收账款债权人。"

《应收账款质押登记办法》第 34 条:"权利人在登记公示系统办理以融资为目的的应收账款转让登记,参照本办法的规定。"

三、典型案例或做法

案号	裁判立场
中国工商银行股份有限公司上海市南汇支行诉上海商景实业有限公司等保理合同纠纷案/上海市浦东新区人民法院(2014)浦民六(商)再重字第 5 号之一民事判决	根据《合同法》的规定,债权人转让权利的,应当通知债务人,未经通知,该转让对债务人不发生效力。而本案中,被告商景实业并未将该债权转让的事实通知被告阳光城公司,虽然原告工商南汇支行于 2012 年 7 月 24 日向被告阳光城公司寄送了债权转让的通知,但该通知并未实际送达至被告阳光城公司,被告阳光城公司并不知晓原告工商南汇支行与被告商景实业之间的债权转让事实,且在原告工商南汇支行寄送债权转让通知之前,即 2012 年 6 月 21 日,被告阳光城公司已支付了涉案应收账款,被告商景实业亦确认被告阳光城公司已履行了支付义务,故被告商景实业将涉案应收账款债权转让给原告工商南汇支行对被告阳光城公司不发生效力。

续表

案号	裁判立场
中国民生银行股份有限公司武汉分行与深圳市核电工程建设有限公司、湖北华鑫科工贸股份有限公司、李某、张某庄保理合同及银行承兑协议、担保合同纠纷案/湖北省武汉市中级人民法院(2014)鄂武汉中民商初字第00698号民事判决	根据《合同法》第80条的规定,债权人转让权利的应当通知债务人,未经通知,该转让对债务人不发生效力,原告主张受让债权的前提是履行了合法的通知义务。虽然原告就应收账款在央行登记系统进行了登记,但登记并不当然免除债权转让通知的法定义务,也不能起到通知的法律效力,故原告主张债权的依据应为有效的债权转让通知。
中国工商银行股份有限公司上海市奉贤支行与上海开维喜集团股份有限公司、安科特种阀门有限公司、卓某成、洪某治、卓某超、中国石油化工股份有限公司荆门分公司保理合同纠纷案/上海市奉贤区人民法院(2016)沪0120民初6891号民事判决	本案中,被告开维喜公司并未将该债权转让的事实通知被告石油公司,原告虽于2016年4月15日寄送了债权转让的通知,但该通知并未实际送达至被告石油公司,被告石油公司在2016年6月25日收到原告再次寄送的债权转让通知之前并不知晓原告与被告开维喜公司之间的债权转让事实,且在原告寄送债权转让通知之前,被告石油公司已支付了涉案应收账款,被告开维喜公司亦确认被告石油公司已履行了支付义务。故原告不能对被告石油公司行使追索权。鉴于被告石油公司向被告开维喜公司履行了应收账款的清偿义务,故涉案应收账款债权即归于消灭。

四、法理分析

首先,本案应收账款债权转让的约定合法有效。根据《合同法》第124条的规定:"本法分则或者其他法律没有明文规定的合同,适用本法总则的规定,并可以参照本法分则或者其他法律最相类似的规定。"本案中工行青浦支行与康虹公司签订的《国内保理业务合同》及《应收账款转让清单》中约定康虹公司向工行青浦支行出让其对大润发公司的债权,以获取保理融资,这种保理行为本质上属于债权转让,故应按照《合同法》中债权转让相关条款予以处理。对于原告工行青浦支行与被告康虹公司签订的债权转让合同,合同双方关于债权转让的约定有明确的合同依据,且所转让的康虹公司对大润发公司的应收账款系真实债权,不违反法律、行政法规的强制规定,所以工行青浦支行与康虹公司对应收账款债权转让的约定依法有效。

其次,本案债权转让对债务人不发生法律效力。《合同法》第80条规定:

“债权人转让权利的，应当通知债务人。未经通知，该转让对债务人不发生效力。”债权转让合同对债务人发生法律效力的前提是尽了通知义务。虽然工行青浦支行与康虹公司签订保理合同后就所涉应收账款的发票在央行登记系统办理了应收账款转让登记，但央行登记系统仅为债权转让登记提供公示服务，不发生通知的法律效力。由于本案债权人、保理商对债权转让合同均未尽通知义务，所以该转让对大润发公司不发生法律效力。

但是若债权人、保理商都没有通知债务人大润发公司债权已经转让，而债务人知晓债权已经转让，那此时，通知还是不是对债务人产生法律效力的要件？对此，根据立法目的可知，法条规定通知的目的就是为了让债务人知悉债权已经发生转移，而在这种债务人已经知晓债权转让这一事实的情况下，债权人与保理商已经没有了通知的必要，故此种情形，债权转让通知不是对债务人与保理商发生法律效力的前提。

最后，工行青浦支行可以选择向债权人行使追索权。由于本案工行青浦支行与被告康虹公司未尽通知义务导致债权转让合同对大润发公司不发生效力，进而致使原告工行青浦支行不能向大润发公司主张应收账款债权。但根据保理合同约定若保理融资到期日前工行青浦支行未收到大润发公司应收账款，工行青浦支行有权向康虹公司追索，也可以要求其对应收账款进行回购，所以本案所涉合同是有追索权的保理合同，也就是说工行青浦支行虽然不能向大润发公司主张应收账款债权，但是可以选择向康虹公司行使追索权。但又因康虹公司在原告起诉时尚有其余未清债务，依现行法这时的追索权对康虹公司的其他债权人不具有优先性。

值得指出的是，现行《民法典》保理合同章存在不一样的处理方式。《民法典》第768条规定：“应收账款债权人就同一应收账款订立多个保理合同，致使多个保理人主张权利的，已经登记的先于未登记的取得应收账款；均已经登记的，按照登记时间的先后顺序取得应收账款；均未登记的，由最先到达应收账款债务人的转让通知中载明的保理人取得应收账款；既未登记也未通知的，按照保理融资款或者服务报酬的比例取得应收账款。”因工行青浦支行办理了应收账款转让登记，所以依照本条原告或可就其对大润发公司在应收账款范围内享有优先受偿权。

政策变更可否适用情势变更原则?

刘　涵

为了我国经济社会持续稳定健康发展,国土资源局颁布了《国家能源局关于调控煤炭总量优化产业布局的指导意见》以限制东部未来一段时间的矿业发展,该政策变动能否成为矿业公司股权转让合同构成情势变更的事由?矿业公司的股权转让合同是否需要同矿业权转让一样要经过审批程序?以下结合一则案例说明之。

一、案情与裁判

案件名称:大宗集团有限公司、宗锡晋与淮北圣火矿业有限公司、淮北圣火房地产开发有限责任公司、涡阳圣火房地产开发有限公司股权转让纠纷案

案情来源:最高人民法院(2015)民二终字第236号民事判决

案情简介:

2013年3月24日,大宗集团有限公司(被上诉人、原审原告,以下简称大宗公司)、宗锡晋(被上诉人、原审原告)为甲方,淮北圣火矿业有限公司(上诉人、原审被告,以下简称圣火矿业公司)为乙方签订《股权转让协议》。协议内容:甲方共同合法持有宿州宗圣公司和淮北宗圣公司各44%股权。乙方系两个公司的股东之一。合同约定无论与两个公司拥有的骑路孙煤炭资源、张油坊煤炭资源、梁花园煤炭资源(以下简称三处煤炭资源)相关的探矿许可证或采矿许可证是否作废、到期或失效,乙方均无条件地履行本协议约定的所有条款。协议签订后,圣火矿业公司依协议约定应当于2014年7月31日前支付第一期股权转让款1亿元,但圣火矿业公司未按期履行付款义务。2014年7月31日,圣火矿业公司向大宗公司出具2千万元的违约金欠条。2014年9月5日、9日、11日、12日,圣火矿业公司分四笔共计支付大宗公司违约金1千万元,之后再未支付

款项。

2007年7月28日，圣火矿业公司与大宗公司签订《合作经营合同》，约定双方共同注册成立淮北宗圣公司，圣火矿业公司将三处煤炭资源的探矿权转让给淮北宗圣公司。2007年12月15日，圣火矿业公司与大宗公司签订《合作经营合同》，约定上述三座煤矿的立项核准、可行性报告、矿井设计、环评工作由圣火矿业公司负责办理，如有困难时，大宗公司予以积极协助办理。2014年10月12日《国家能源局关于调控煤炭总量优化产业布局的指导意见》（国能煤炭〔2014〕454号，以下简称《指导意见》）第3条优化新建项目布局要求：按照“控制东部、稳定中部、发展西部”的总体要求，依据煤炭资源禀赋、市场区位、环境容量等因素确定煤炭产业发展格局。今后一段时间，东部地区原则上不再新建煤矿项目。

2014年10月31日，淮北圣火房地产开发有限责任公司（上诉人、原审被告，以下简称淮北房地产公司）、涡阳圣火房地产开发有限公司（上诉人、原审被告，以下简称涡阳房地产公司）出具承诺书，载明“2013年3月24日大宗公司与圣火矿业公司签订的股权转让协议所欠款项，具体内容和金额按原合同的约定履行。淮北房地产公司和涡阳房地产公司承诺：房产销售款首先按合同约定偿还大宗集团有限公司的到期债权。”

大宗公司、宗锡晋向一审法院起诉，请求：(1)判令圣火矿业公司支付股权转让款1亿元及违约金1000万元；(2)淮北房地产公司、涡阳房地产公司对上述债务承担连带付款责任；(3)诉讼费用由圣火矿业公司承担。

一审判决

山东省高级人民法院经审理认为：(1)圣火矿业公司对可能存在的风险能够预见。另外考虑到大宗公司诉请的第一笔股权转让款到期时，《指导意见》尚未出台，对该笔股权转让款，可以确认不符合情势变更原则，故对圣火矿业公司以情势变更原则解除合同的抗辩，应不予采信。(2)该院认为，2013年3月24日，大宗公司、宗锡晋与圣火矿业公司签订的《股权转让协议》，系双方真实意思表示，且不违反法律、行政法规的禁止性规定，该协议应当认定合法有效，双方系股权转让的法律关系。(3)本案中，淮北房地产公司和涡阳房地产公司向大宗公司出具《承诺书》，该院认为，该承诺书系淮北房地产公司、涡阳房地产公司的真实意思表示，其承诺并不违反法律、行政法规的禁止性规定，理应按承诺履行其相应义务。大宗公司要求淮北房地产公司、涡阳房地产公司承担连带责任没有法律依据，但淮北房地产公司、涡阳房地产公司应在其公司的房产销售款中对圣火矿业公司的债务承担共同还款责任。

一审判决后，圣火矿业公司、淮北房地产公司、涡阳房地产公司不服，提起上诉。

二审判决

最高人民法院经审理认为：(1)首先，政策原因并非是造成合作开发项目得不到核准的唯一原因。其次，案涉《股权转让协议》第 4 条约定：无论三处煤炭资源相关的探矿许可证或采矿许可证是否作废、到期或失效，圣火矿业公司均无条件地履行本协议。2014 年 7 月 31 日，圣火矿业公司在第一笔转让款期满不能支付的情况下向大宗公司出具了 2000 万元的违约金欠条并在之后实际履行 1000 万元，而《指导意见》出台时间是在 2014 年 10 月 12 日，故对该笔股权转让款，一审判决认定不符合情势变更原则，有事实依据。(2)2013 年 3 月 24 日，大宗公司、宗锡晋与圣火矿业公司签订的《股权转让协议》，系双方真实意思表示，且不违反法律、行政法规的禁止性规定，一审判决认定该协议合法有效并无不当。至于案涉《股权转让协议》是否应进一步继续履行、是否应予解除的问题，由于大宗公司、宗锡晋在一审中并没有主张，圣火矿业公司亦未提出反诉，故该部分事项已经超出了本案二审的审理范围，本院不予审理。(3)大宗公司起诉淮北房地产公司、涡阳房地产公司的实质是请求两房地产公司基于承诺函的约定承担相应的法律责任，一审法院经审查认定淮北房地产公司、涡阳房地产公司不构成连带保证责任，但应在其房产销售款中对圣火矿业公司的债务承担共同还款责任，一审判决实质上并未加重其民事责任，本院予以维持。

综上，圣火矿业公司、淮北房地产公司、涡阳房地产公司的上诉请求不能成立，一审判决认定事实清楚，适用法律正确，应予维持。

二、相关规定

《合同法》第 87 条(《民法典》第 502 条)："法律、行政法规规定转让权利或者转移义务应当办理批准、登记等手续的，依照其规定。"

《合同法》第 107 条(《民法典》第 577 条)："当事人一方不履行合同义务或者履行合同义务不符合约定的，应当承担继续履行、采取补救措施或者赔偿损失等违约责任。"

《最高人民法院关于适用〈中华人民共和国合同法〉若干问题的解释(二)》

(法释〔2009〕5 号)第 26 条(《民法典》第 533 条):“合同成立以后客观情况发生了当事人在订立合同时无法预见的、非不可抗力造成的不属于商业风险的重大变化,继续履行合同对于一方当事人明显不公平或者不能实现合同目的,当事人请求人民法院变更或者解除合同的,人民法院应当根据公平原则,并结合案件的实际情况确定是否变更或者解除。”

三、典型案例或做法

案号	裁判立场
张某与丁某保、陶某敏股权转让纠纷案/陕西省咸阳市中级人民法院(2019)陕 04 民终 2228 号民事判决	所涉矿业权的主体应是公司而非股东,只有公司才有权在符合法律规定的条件下,依法转让矿业权。本案中张弛作为泾阳县鑫安建材有限公司股东之一,其与陶某敏、丁某保 2013 年 10 月 30 日签订《股权及设备转让协议》,约定转让其占有泾阳县鑫安建材有限公司 25%的股权及双马采石厂的设备,转让协议所涉设备也属于股东财产范畴,并不涉及公司的矿业权的转让,该转让协议的履行也不当然发生公司采矿权的效力。该股权及设备转让协议已履行,系双方真实意思表示,不违反法律、行政法规的强制性规定,故该转让协议合法有效。对于合同履行问题,签订协议时被上诉人对于该采石场实际情况是明知的,不存在上诉人故意隐瞒相关事实的情况,其在经营过程中出现因环境保护政策企业被停业的情况,系被上诉人自己应承担的商业风险,不符合情势变更原则,被上诉人称双方所签合同无效于法无据。
马某与尹某、彭某彬股权转让纠纷案/陕西省咸阳市中级人民法院(2018)陕 04 民初 169 号民事判决	本案中,在转让协议签订时,宏兴建材公司就尚未办理采矿许可证,但政府对于其办理采矿许可证的期限予以延期,此后宏兴公司并未领取采矿许可证,原告对此情况完全清楚,并按照合同约定履行了大部分的给付义务,在股权具备转让条件后,马某未能及时给付合同约定转让款,迟延履行合同义务,在经营过程中出现因环境保护政策企业被取缔的情况,系原告自己应承担的商业风险,不符合情势变更原则,原告此项请求解除合同的理由不能成立。
王某新与雷某股权转让合同纠纷上诉案/最高人民法院(2015)民二终字第 284 号民事判决	王某新与雷某签订的《股权转让协议》及《补充协议》是双方当事人的真实意思表示,且不违反法律及行政法规的强制性规定,应为合法有效。上述协议签订后,王某新按约支付了相关股权转让款,从而获得了吼西煤矿 20%的股权,随后在进行技改升级过程中,吼西煤矿被政府列为关闭对象,导致技改无法继续进行,双方不能通过经营煤矿获利,但是协议约定的王明新通过支付股权转让款获得 20%的股权,并以合伙人身份参与煤矿经营管理等内容已经得到履行,案涉协议目的得到部分实现。另外,煤矿因政策原因被关闭,其结果对双方造成的影响是一致的,并非只损害了王某新的利益从而在双方当事人之间造成显失公平。因此,本案吼西煤矿在技改升级过程中被关闭不符合情势变更的情形,不应适用情势变更原则对双方所签协议进行变更或解除。

四、法理分析

情势变更，是指在合同有效期间，非因当事人双方的原因，发生了缔约时不能预见的重大变化，如维持合同发生当时的效力，其履行显失公平时，当事人一方可请求仲裁机关或人民法院变更或解除本项合同，以维持公允。

首先，本案不适用情势变更原则。从不可预见性来说，根据《合同法司法解释（二）》（法释〔2009〕5 号）第 26 条规定，“合同成立以后客观情况发生了当事人在订立合同时无法预见的、非不可抗力造成的不属于商业风险的重大变化，继续履行合同对于一方当事人明显不公平或者不能实现合同目的”，可知，构成情势变更要首先要具备的便是不可预见性。在本案中，淮北宗圣公司和宿州宗圣公司的三处煤炭资源的采矿权证，自 2007 年开始申办，一直到 2014 年《指导意见》出台都未成功办理，并且根据该《指导意见》的规定，一段时间内东部地区原则上不再办理新建项目，而安徽省是否属于东部地区尚不明确。除此之外，案涉《股权转让合同》也约定了无论两个公司拥有的三处煤炭资源相关的探矿许可证或采矿许可证存废与否，乙方均无条件地履行协议所有的约定，可见原告对采矿权无法办理应当具有一定的可预见性。所以本案中政策的变动并不符合情势变更原则。

从时间要件来说，情势变更须发生在合同成立之后，履行完毕之前。在本案中原被告双方所约定的第一笔付款期限为 2014 年 7 月 31 日，而《指导意见》出台时间为当年 10 月份，很显然《指导意见》出台时合同第一笔付款期限已经到期，所以《指导意见》的出台不能成为被告适用情势变更来免除自身违约责任的理由。

其次，本案合同依法有效。矿业权与股权是两种不同的民事权利，矿业权转让合同与企业股权转让合同的本质区别在于是否涉及矿业权主体的变更。若企业股权转让不导致矿业权主体的变更，则不属于矿业权转让，转让合同无须批准。本案中，股权转让前后，三处煤炭资源的探矿权许可证始终在淮北宗圣公司和宿州宗圣公司两个公司名下，不会发生转移，故本案并非转让探矿权的法律关系，而是股权转让的法律关系，对涉案《股权转让协议》也不存在审批问题。所以大宗公司、宗锡晋与圣火矿业公司签订的《股权转让协议》，系双方真实意思表示，且不违反法律、行政法规的禁止性规定，该协议合法有效。

最后，被告应承担违约责任。《合同法》第107条规定："当事人一方不履行合同义务或者履行合同义务不符合约定的，应当承担继续履行、采取补救措施或者赔偿损失等违约责任。"本案圣火矿业公司依协议约定应当于2014年7月31日前支付第一期股权转让款1亿元，但圣火矿业公司未按期履行付款义务，故依本条规定，圣火矿业公司应按合同约定履行合同义务并支付相应的违约金。对淮北房地产公司、涡阳房地产公司来说，根据其《承诺书》约定，两个公司的房产销售款首先按合同约定偿还大宗公司的到期债权。但《承诺书》中并未约定连带责任，所以淮北房地产公司、涡阳房地产公司对圣火矿业公司的债务承担共同还款责任而非连带保证责任。

交钥匙能否等于交付使用商品房？

刘　涵

买房几乎是每一个成家立业的老百姓都不可避免的一件大事，在交房环节，开发商将钥匙交给买受人能否算商品房已经交付使用？以下结合一则案例说明之。

一、案情与裁判

案件名称：任某诉豫某公司商品房销售合同纠纷案

案情来源：河南省淮滨县人民法院（2019）豫1527民初3675号民事判决

案情简介：

2016年4月28日，任某（原告）与豫某公司（被告）签订《商品房买卖合同》，约定原告任某购买被告开发建设的商品房，商品房款合计××××元，买受人按其他方式按期付款；出卖人应当在2017年1月31日前，依照国家和地方人民政府的有关规定，将符合本合同约定条件的商品房交付买受人使用……第11条约定："交接商品房达到交付使用条件后，出卖人应当书面通知买受人办理交付手续。双方进行验收交接时，出卖人应当出示本合同第8条规定的证明文件，并签署房屋交接单。所购商品房为住宅的，出卖人还需提供《住宅质量保证书》和《住宅使用说明书》。出卖人不出示证明文件或出示证明文件不齐全，买受人有权拒绝交接，由此产生的延期交房责任由出卖人承担。"2017年5月4日，原告任某收到涉案房屋钥匙，并与被告物业办公室签订《装修保证协议书》。合同签订后，涉案房屋到原告提起诉讼为止，尚未办理房产证。被告豫某公司也未证明其在交付涉案房屋钥匙时出示了《商品房买卖合同》第11条约定的出卖人交付房屋时需要提供《住宅质量保证书》和《住宅使用说明书》。

因此，原告任某向本院提出诉讼，请求：判令被告豫某公司向原告支付违约金 45188.6 元(从 2017 年 2 月 1 日起计算至 2019 年 9 月 29 日,共计 971 日);判令被告立即对原告的房屋进行验收、交房;判令被告立即为原告办理房产证并承担全部责任,判令被告规范物业管理;判令被告承担本案诉讼费。

一审判决

河南省淮滨县人民法院经审理认为:被告豫某公司于本判决生效后 20 日内给付原告任某违约损失赔偿金 10333.8 元;被告于本判决生效后 30 日内协助原告任某办理房屋权属证书。

宣判后,原被告均未上诉,判决已经发生法律效力。

二、相关规定

《合同法》第 60 条(《民法典》第 509 条第 1 款、第 2 款):“当事人应当按照约定全面履行自己的义务。当事人应当遵循诚实信用原则,根据合同的性质、目的和交易习惯履行通知、协助、保密等义务。”

《合同法》第 107 条(《民法典》第 577 条):“当事人一方不履行合同义务或者履行合同义务不符合约定的,应当承担继续履行、采取补救措施或者赔偿损失等违约责任。”

《最高人民法院关于审理商品房买卖合同纠纷案件适用法律若干问题的解释》(法释〔2003〕7 号)第 11 条第 1 款[《最高人民法院关于审理商品房买卖合同纠纷案件适用法律若干问题的解释》(法释〔2020〕17 号)第 8 条第 1 款]:“对房屋的转移占有,视为房屋的交付使用,但当事人另有约定的除外。”

《最高人民法院关于审理商品房买卖合同纠纷案件适用法律若干问题的解释》(法释〔2003〕7 号)第 17 条[《最高人民法院关于审理商品房买卖合同纠纷案件适用法律若干问题的解释》(法释〔2020〕17 号)第 13 条]:“商品房买卖合同没有约定违约金数额或者损失赔偿额计算方法,违约金数额或者损失赔偿额可以参照以下标准确定:逾期付款的,按照未付购房款总额,参照中国人民银行规定的金融机构计收逾期贷款利息的标准计算。逾期交付使用房屋的,按照逾期交付使用房屋期间有关主管部门公布或者有资格的房地产评估机构评定的同地段同类房屋租金标准确定。”

《最高人民法院关于审理商品房买卖合同纠纷案件适用法律若干问题的解释》(法释〔2003〕7 号)第 18 条[《最高人民法院关于审理商品房买卖合同纠纷案件适用法律若干问题的解释》(法释〔2020〕17 号)第 14 条]:“由于出卖人的原

因，买受人在下列期限届满未能取得房屋权属证书的，除当事人有特殊约定外，出卖人应当承担违约责任：(一)商品房买卖合同约定的办理房屋所有权登记的期限；(二)商品房买卖合同的标的物为尚未建成房屋的，自房屋交付使用之日起 90 日；(三)商品房买卖合同的标的物为已竣工房屋的，自合同订立之日起 90 日。合同没有约定违约金或者损失数额难以确定的，可以按照已付购房款总额，参照中国人民银行规定的金融机构计收逾期贷款利息的标准计算。”

《最高人民法院关于审理买卖合同纠纷案件适用法律问题的解释》(法释〔2012〕8 号)**第 31 条**[**《最高人民法院关于审理买卖合同纠纷案件适用法律问题的解释》**(法释〔2020〕17 号)**第 23 条**]：“买卖合同当事人一方因对方违约获有利益，违约方主张从损失赔偿额中扣除该部分利益的，人民法院应予支持。”

三、典型案例或做法

案号	裁判立场
周某治、俞某芳与余姚众安房地产开发有限公司商品房销售合同纠纷案/浙江省宁波市中级人民法院(2014)浙甬民二终字第 470 号民事判决	原告周某治、俞某芳与被告众安公司签订的《商品房买卖合同》系双方当事人真实意思表示，属有效合同，对当事人具有法律约束力。双方当事人应按照约定全面履行自己的权利义务。当事人一方不履行合同义务或者履行合同义务不符合约定的，应当承担继续履行、采取补救措施或者赔偿损失等违约责任。原告在该《双方同意书》上言明“经本人与众安公司协商一致，本人按照合同约定时间配合办理相关交房工作，以便按期办理相关产证等手续，但不领取×幢×号钥匙等物料”，该文字表述并没有包含被告无须书面通知原告方办理房屋交付手续的意思表示，只是原告表明愿意按照合同约定的时间配合被告办理相关交房工作，即并未免除被告的书面通知以及签署交接单等义务，因此商品房达到交付使用条件后，被告仍应当按照合同的约定以书面的方式通知原告方办理房屋交付手续，双方进行验收交接，并签署房屋交接单等，且不仅仅局限于“领取×幢×号钥匙等物料”。
刘某与章丘市碧桂园房地产开发有限公司房屋买卖合同纠纷案/山东省章丘市人民法院(2017)鲁 0181 民初 5531 号民事判决	商品房买卖中，开发商的交房义务不仅仅局限于交钥匙，还需出示相应的证明文件，并签署房屋交接单，交付符合合同目的、能够正常居住使用的房屋等。本案中，刘某如何取得涉案房屋钥匙不得而知，但碧桂园公司交付的房屋质量存在问题是不争的事实，双方亦未签署正式房屋交接手续，碧桂园公司确实存在逾期交付的事实。在此情形下，刘某可以主张按照合同约定解除合同并支付相应违约金。

续表

案号	裁判立场
云浮市亘生经济发展有限公司、黄某明房屋买卖合同纠纷案/广东省云浮市中级人民法院(2018)粤53民终640号民事判决	根据双方合同第9条、第11条的约定,涉案商品房的交付条件为取得建设工程竣工验收备案证明文件和房屋测绘报告,并在2016年9月30日前交付房屋给被上诉人,在交付日期届满前15日上诉人应书面通知被上诉人查验房屋和办理交付手续,被上诉人未收到交付通知书的,以本合同约定的交付日期届满之日为办理交付手续的时间,以该商品房所在地为办理交付手续的地点。被上诉人在2016年10月21日已领取钥匙,但上诉人亦表示当时被上诉人是"借用"钥匙用于装修,即并非确认收楼,虽然上诉人认为被上诉人在起诉状中表示"到了2016年10月,被告欲向原告交付房屋",但涉案商品房于2016年11月4日取得竣工验收备案证明文件,才符合交楼条件,在涉案商品房未符合交楼条件前,被上诉人有权拒绝收楼。本案现有的证据并不能证实被上诉人已同意收楼。故上诉人认为已交付房屋的理据不足,本院不予支持。

四、法理分析

首先,开发商的交房义务既包括法定义务又包括约定义务。法定义务是指由国家立法机关或有权机关,根据法定程序所制定和颁发施行的法律、法规中明文规定的开发商所必须履行的某种"责任"。如建设部在《商品房销售管理办法》中规定,房产开发商应协助买受人办理房产证,其中开发商应协助办理房产证便是开发商的法定义务,也就是说无论在合同中是否约定,开发商都必须要协助买受人办证。而约定义务是指经双方协商一致,确定的义务,按照《合同法》第52条的规定,只要该义务的约定不违背法律法规的强制性规定,该约定义务就具有法律规则属性,双方当事人必须遵守。比如本案中当事人约定开发商应当书面通知买受人办理交付手续,其中出卖人的书面通知就是当事人之间的约定义务。虽然法定义务与约定义务概念相区分,但是二者外延上也存在重叠,约定义务是当事人意思自治的体现,其中有许多都是依据法律制定的,这些法定义务同时也成为了当事人的约定义务。

其次,开发商的交房义务不仅仅局限于交钥匙,交钥匙这一行为只是开发商履行的部分义务。根据《商品房买卖合同司法解释》(法释〔2003〕7号)第11条第1款:"对房屋的转移占有,视为房屋的交付使用,但当事人另有约定的除外。"虽然通常司法实践中将交付钥匙认为当事人对房屋的转移占有,但是根据原告与被告所签署的《商品房买卖合同》第8条和第11条中所约定的，出卖人应当在2017年1月31日前，将符合本合同约定的商品房交付买受人使用，房屋达到约定的交付使用条件后，出卖人应当书面通知买受人办理交付手续，出卖人还应当出示合同第8条规定的证明文件，并签署房屋交接单。另外，出卖人还需提供《住宅质量保证书》和《住宅使用说明书》。可知，本案中合同当事人对房屋的转移占有另有约定，故应当视为当事人履行合同约定的全部条件才算转移占有。所以，根据双方约定，出卖人的交付义务除了交付钥匙以外，还包括了书面通知买受人办理交接手续、出示相关证明文件、签署房屋交接单、以及提供《住宅质量保证书》和《住宅使用说明书》等义务。

最后，开发商应承担相应的违约责任。本案中原告与被告签订的《商品房买卖合同》系双方当事人真实意思表示，属于有效合同，对合同当事人具有法律约束力，双方当事人应按照约定全面履行自己的权利义务。由于本案开发商并未完全履行交房义务，所以原告可以向被告主张违约责任，要求其继续履行合同并赔偿损失。对于违约金的计算，当事人有约定的按约定，没有约定的，可以依据《商品房买卖合同司法解释》(法释〔2003〕7号)第17条第3款的规定："逾期交付使用房屋的，按照逾期交付使用房屋期间有关主管部门公布或者有资格的房地产评估机构评定的同地段同类房屋租金标准确定。"或者是参照《商品房买卖合同司法解释》(法释〔2003〕7号)第18条的规定："由于出卖人的原因，买受人在期限届满未能取得房屋权属证书的，除当事人有特殊约定外，出卖人应当承担违约责任，合同没有约定违约金或者损失数额难以确定的，可以按照已付购房款总额，参照中国人民银行规定的金融机构计收逾期贷款利息的标准计算。"

但是，由于原告任某于2017年5月4日接收涉案房屋钥匙并装修入住，也是自身受益的行为，故根据《买卖合同司法解释》(法释〔2012〕8号)第31条的规定："买卖合同当事人一方因对方违约获有利益，违约方主张从损失赔偿额中扣除该部分利益的。"人民法院在计算违约金时，也应考虑损益相抵的原则。

虽然《民法典》中对商品房买卖涉及的法律问题并没有直接规定，不过当事人仍可以依据《民法典》物权编和合同编的相关规定解决此类问题。就本案而言，虽然原告在物权变动之前已经占有该房屋，但由于案涉商品房未办理登记等手续，任某并未取得完整的物权。依据《民法典》第215条"当事人之间订立有关设立、变更、转让和消灭不动产物权的合同，除法律另有规定或者合同另有约定外,自合同成立时生效;未办理物权登记的,不影响合同效力”可知,虽然商品房等不动产物权变动,必须经过登记,但物权未办理登记等手续的,不影响合同的效力,也就是说,虽然任某对该商品房处于无权处置状态,但是该无权处置是由于开发商违约引起的,商品房买卖合同仍然有效,所以任某可以向开发商主张违约责任,并要求其继续履行合同。

行为人违约造成对方可期待的运营利益损失应否赔偿?

于 惠*

可得利益是当事人订立合同的主要目的所在,对其保护事关当事人交易的积极性和社会整体经济利益的增长,因此各国的违约损害赔偿制度对于可得利益损失普遍给予较高程度的保护。虽然我国《合同法》第113条明确设定了可得利益的概念和规则,但司法实践中对于可得利益损失赔偿问题仍然存在较多争议,本文将结合案例对此进行探究。

一、案情与裁判

案件名称:恽某平与内蒙古自治区乌兰察布市集宁区三和盛业汽贸有限责任公司分期付款买卖合同纠纷上诉案

案情来源:内蒙古自治区乌兰察布市中级人民法院(2013)乌民终字第238号民事判决

案情简介:

2012年3月,恽某平(上诉人、原审原告)在内蒙古自治区乌兰察布市集宁区三和盛业汽贸有限责任公司(被上诉人、原审被告,以下简称盛业公司)购买一辆"正宇牌"普通低速货车。恽某平采用分期付款的形式购买该货车,并与盛业公司就付款形式达成协议,协议约定:"该款货车售价为人民币120000元,恽某平在签订合同时,即需支付盛业公司人民币50000元,余款70000元,自2012年3月至2012年10月,每月5号之前支付人民币10000元。"合同签订后,恽某平依照合同约定向盛业公司支付定金5000元,首付款45000元,共计

* 于惠,山东大学法学院硕士研究生,浙江新台州律师事务所疑案研究中心研究员。

50000元。同年4月至5月,恽某平支付到期款20000元。盛业公司将该货车交付恽某平,但该货车的登记主仍为盛业公司。恽某平使用此货车从事个体营运,但由于该货车的发动机号和车架号与登记信息不符,被相关行政部门警告与罚款,并导致该货车无法上路行驶。而该货车实际的发动机号、车架号均与恽某平、盛业公司间买卖合同中记载的车辆信息不符合。经鉴定,恽某平的营运损失为每日450元。恽某平以盛业公司构成违约为由,提起诉讼,请求判令解除其与盛业公司签订的分期付款汽车买卖合同,盛业公司退还其购车款并赔偿其营运损失。

一审判决

内蒙古自治区乌兰察布市集宁区人民法院经审理认为:在原告按照合同约定交纳首付款后,被告应向原告交付合同约定的车辆。被告实际向原告交付的车辆与双方所签订合同约定的应交付车辆不一致,违反了合同约定,且造成原告不能对车辆正常使用,从而不能实现合同目的。因此,判决支持原告要求解除双方分期付款汽车买卖合同的诉讼请求;原告请求按照每日450元赔偿其营运损失,因与本案无必然联系,不予支持。

二审判决

内蒙古自治区乌兰察布市中级人民法院经审理认为:一审法院的判决并无不当,判决驳回上诉,维持原判。

二、相关规定

《合同法》第113条(《民法典》第584条):"当事人一方不履行合同义务或者履行合同义务不符合约定,给对方造成损失的,损失赔偿额应当相当于因违约所造成的损失,包括合同履行后可以获得的利益,但不得超过违反合同一方订立合同时预见到或者应当预见到的因违反合同可能造成的损失。经营者对消费者提供商品或者服务有欺诈行为的,依照《消费者权益保护法》的规定承担损害赔偿责任。"

《最高人民法院关于当前形势下审理民商事合同纠纷案件若干问题的指导意见》(法发〔2009〕40号)第9条:"在当前市场主体违约情形比较突出的情况下,违约行为通常导致可得利益损失。根据交易的性质、合同的目的等因素,可得利益损失主要分为生产利润损失、经营利润损失和转售利润损失等类型。生产设备和原材料等买卖合同违约中,因出卖人违约而造成买受人的可得利益损失通常属于生产利润损失。承包经营、租赁经营合同以及提供服务或劳务的合同中，因一方违约造成的可得利益损失通常属于经营利润损失。先后系列买卖合同中，因原合同出卖方违约而造成其后的转售合同出售方的可得利益损失通常属于转售利润损失。”

三、典型案例或做法

案号	裁判立场
北京华瑞鹏达国际贸易发展有限公司与北京云瑞莲祥商贸有限公司买卖合同纠纷案/北京市第一中级人民法院(2008)一中民终字第 10408 号民事判决	本案中，云瑞莲祥公司与华瑞鹏达公司于 2006 年 9 月签订买卖锌精矿的合同之后，华瑞鹏达公司的法定代表人联系并陪同云瑞莲祥公司的总经理与葫芦岛锌业公司签订了《工矿产品订货合同》。华瑞鹏达公司对于云瑞莲祥公司欲从华瑞鹏达公司购买锌精粉转卖葫芦岛锌业公司获取利益，以及云瑞莲祥公司与葫芦岛锌业公司签订的合同内容，以及葫芦岛锌业公司要求的质量标准均是明知的，但华瑞鹏达公司在云瑞莲祥公司多次催告的情况下，始终没有履行供货义务。因此，华瑞鹏达公司对于不履行合同义务会导致云瑞莲祥公司丧失通过履行协议所获得的利益同样也是明知的。故云瑞莲祥公司基于华瑞鹏达公司的违约行为主张可得利益损失，符合法律规定。
安徽东方钙业有限公司、合肥水泥设计院诉安徽国合工程咨询有限责任公司建设工程质量纠纷案/安徽省高级人民法院(2004)皖民二终字第 72 号民事判决	一审法院认为，由于水泥设计院所提供的图纸中存在的缺陷，引起工程平台框架梁、板裂缝。东方钙业公司提出的误工损失，虽然没有提供确切损失数额的依据，但事实上因工程出现质量问题导致东方钙业公司长时间不能按时生产，给东方钙业公司造成一定的误工损失当是在常理之中，根据公平原则应由水泥设计院予以适当的赔偿。 二审法院认为，原审根据本案的实际情况，依公平原则对工程延误损失酌定判决为 10 万元并无不当。上诉过程中东方钙业公司以设计的日生产能力来计算可得利益，既未提供充分的事实依据也不合乎情理。因为在一般情况下，生产线无法在投产时立即达到设计的生产能力，且水泥设计院在签订技术合同书时也无法预见到这一数额的可得利益损失。故东方钙业公司、水泥设计院关于可得利益损失赔偿数额的上诉理由均不能成立。

续表

案号	裁判立场
上海大竹工贸有限公司与上海金槌商品拍卖有限公司拍卖纠纷案/上海市黄浦区人民法院(2000)黄经初字第673号民事判决	1999年10月14日，原告大竹公司向被告金槌公司购买了电力公司委托被告拍卖的电缆附件设备。但原告去提货时，被告却未能交货，致使原告与他人签订的合同无法履行。故原告诉至法院要求被告返还拍卖款并赔偿经济损失。 根据合同法规定损失赔偿应当相当于因违约所造成的损失，包括合同履行后可获得的利益。原告在拍卖成交后即与案外人签订了购销合同，从中可获取的利润应认定为是其可得利益，但该项利益的损失已超过拍卖标的价款，确有悖诚实信用；而且正如被告所称已超过被告在订立合同时可以预见的因违反合同可能造成的损失。因此本院难以全额支持原告的该项诉讼请求。因赔偿金具有补偿性，根据公平原则，本院按拍卖标的价款的30%确定赔偿金数额。

四、法理分析

违约损害赔偿额包括合同履行后可以获得的利益。合同履行后可以获得的利益的损失，即为可得利益损失，是指一方未全面履行合同等违约行为导致守约方所丧失的财产性损失，主要分为生产利润损失、经营利润损失和转售利润损失等类型。本案中，买方要求卖方赔偿的营运损失并非《指导意见》第9条中说明的承包经营、租赁经营合同以及提供服务或劳务的合同中因一方违约直接造成的可得利益损失。

我国《合同法》第113条确立了“合理预见规则”。“合理预见规则”是指违约方对违约所造成损失的赔偿责任不得超过违约合同一方订立合同时预见或应当预见到的因违约可能造成的损失。“合理预见规则”是限制损害赔偿范围的重要规则，能够在保护守约方合理期待的同时，防止违约方由于将要承担不加限制、不可预计的责任而不敢缔结契约，避免遏制经济发展的活力。

“合理预见规则”的内容包括预见的主体、时间和标准。“合理预见规则”要求预见的主体是违约方，时间是订立合同时，判断标准为一般理性人。从理性人的角度分析，买方在与卖方签订买卖合同时，并未向卖方当事人表明购买该车系用于经营，故作为违约方的卖方在缔结合同时无法预见到其违约行为会导致买方当事人遭受运营损失。因此，卖方对于买方所主张的运营损失应不予赔偿。

《民法典》第 584 条与《合同法》第 113 条相比，删除了第 2 款有关经营者欺诈行为的规定，而对第一款仅有术语上的调整。我国目前的违约损害赔偿规范体系并未将《指导意见》提出的区分可得利益损失类型、综合运用计算规则、适当分配举证责任等具体指导意见上升为法律规定，"合理预见规则"仍然有待完善，可得利益损失赔偿问题还有待立法或司法解释作出更为明确的规定。

代表人越权并加盖私刻公章的行为能否构成表见代表?

董媛媛

司法实践中,存在法定代表人以法人名义,超越其代表权对外签订合同亦加盖法人印章的情况,甚至有的代表人私刻公章,订立合同时加盖假公章。发生纠纷后,法人能否以超越权限或加盖的是假公章为由拒绝承担责任?下面结合审判实践说明之。

一、案情与裁判

案件名称:郭某亮诉交通银行股份有限公司镇江扬中支行、扬中绿洲环境科技实业有限公司金融借款合同纠纷再审案

案情来源:最高人民法院(2018)最高法民再302号民事判决

案情简介:

2013年12月26日交通银行股份有限公司镇江扬中支行(被申请人、一审被告、二审被上诉人,以下简称扬中支行)副行长戴某翔向案外人陈某燧出具借条,借条主要内容:今借到郭某亮(再审申请人、一审原告、二审上诉人)人民币4720万元整,请将此款转到中电变压器股份有限公司账户上,再将此款转到扬中绿洲环境科技实业有限公司(原审被告,以下简称绿洲公司)账户上,定于2013年12月27日归还。具借人:戴某翔、扬中支行并加盖了公章。郭某亮于同年12月26日从其个人银行卡中将4720万元借款付至中电变压器股份有限公司,后转至绿洲公司。借款期限届满后,扬中支行一直未归还借款。郭某亮向一审法院起诉请求:判令被告扬中支行偿还借款4720万元并支付利息;诉讼费用由被告扬中支行承担。经查,盖印章地点为扬中支行戴某翔办公室,扬中市人民法院(2016)苏1182刑初70号刑事判决书中仅认定戴某翔私刻过公章

的事实，并未认定案涉借款合同使用的印章系戴某翔私刻。

一审判决

江苏省镇江市中级人民法院经审理认为：本案争议焦点为：戴某翔出具借条行为是履行职务行为还是表见代理。(1)职务行为系企业负责人在法律和章程范围内履行职权的行为。根据《商业银行法》第3条规定的商业银行经营业务范围，戴某翔向个人借款的行为不属于商业银行的经营活动，不构成履职行为。(2)表见代理的条件：一是行为人无权代理，二是合同相对人主观必须是善意、无过失。本案中，戴某翔的行为不属于其职务范围内的经营活动，属无权代理。原告陈述借款原因是绿洲公司因需"过桥"而发生的短期资金拆借，借款人应当是绿洲公司，扬中支行未实际使用资金，原告系当地规模企业的财务总监，对此应当知道，且在取得对银行的债权时并未要求出具正式单据，存在过失，因而不构成表见代理。综上，判决驳回原告的诉讼请求。一审判决后，原告郭某亮不服提起上诉。

二审判决

江苏省高级人民法院经审理认为：本案争议的焦点为：(1)扬中支行是否应当承担向郭某亮返还借款4720万元本金及利息的责任。(2)一审法院审理本案过程中是否存在程序错误。

关于焦点问题(1)，第一，现有证据并不能充分证明该行对绿洲公司负有4720万元的债务。第二，根据《商业银行法》的规定，案涉借款行为不属于扬中支行的经营活动。第三，郭某亮应当知晓商业银行法的强制性规定、戴某翔擅自向个人借款并加盖公章超越其职务权限，但其未对该行为是否经过批准进行核实，也未要求将款项汇入该行的自身账户并出具该行正式单据。故戴某翔的行为不构成表见代表。第四，戴某翔的行为属于无权代理。商业银行帮客户转贷应由客户自行办理借款手续并承担还款责任，且向个人借款并非银行的正常经营活动。郭某亮未经核实便出借款项存在重大过失，故不构成表见代理。综上，戴某翔出具借条系个人借款行为。关于焦点问题(2)，一审法院变更争议焦点能更准确反映争议的主要问题且当事人已在庭审中进行了充分辩论，故并未剥夺郭某亮的诉讼权利，并无程序不当。

再审判决

最高人民法院经审理认为：本案争议的主要问题是扬中支行是否应当承担案涉借款的还款责任，具体分析如下：(1)应认定在案涉借条上借款人处盖章的扬中支行为借款人。若借款人为戴某翔本人，则无需加盖银行公章，只有扬中支行作为借款人时其负责人才需要在盖章处签字。(2)戴某翔时任该行负责人并持有该行公章，借款合同系工作时间在其办公室所签且仅约定资金借用一天，因此，郭某亮信赖戴某翔代表该行进行业务资金周转符合常人理性判断。(3)绿洲公司提供的证据证明该行对其欠款 4720 万元，且该行在借条签订后亦利用该款项偿还债务，故认定该行实际使用借款。综上，扬中支行应承担还款责任。原审法院认定案涉借款为戴某翔个人所借系认定事实错误，本院予以撤销，判决支持原告郭某亮的诉讼请求。

二、相关规定

《民法总则》第 61 条(《民法典》第 61 条)："依照法律或者法人章程的规定，代表法人从事民事活动的负责人，为法人的法定代表人。法定代表人以法人名义从事的民事活动，其法律后果由法人承受。法人章程或者法人权力机构对法定代表人代表权的限制，不得对抗善意相对人。"

《合同法》第 50 条(《民法典》第 504 条)："法人或者其他组织的法定代表人、负责人超越权限订立的合同，除相对人知道或者应当知道其超越权限的以外，该代表行为有效。"

《合同法》第 125 条第 1 款(《民法典》第 142 条)："当事人对合同条款的理解有争议的，应当按照合同所使用的词句、合同的有关条款、合同的目的、交易习惯以及诚实信用原则，确定该条款的真实意思。"

三、典型案例或做法

案号	裁判立场
中信银行股份有限公司长沙晚报大厦支行与李某波借款合同纠纷案/最高人民法院(2013)民提字第 21 号民事判决	本案的焦点问题是：(1)蒋某飚向李某波出具借条的行为能否认定是职务行为；(2)中信晚报支行应否承担向李某波返还借款的责任。 1.蒋某飚时任该行的负责人，在其办公场所出具借条符合履行职务的特征。借条内容表明是该行向李某波借款，蒋某飚依职权从事的民事行为对该行产生法律效力。《商业银行法》第 3 条的规定是商业银行的经营业务范围而并非从事民事行为的范围。蒋某飚代表该行进行借款不能认定为超越职务权限，不适用《合同法》第 50 条。 2.证据证明该行曾使用过借条上公章的名称。即便该公章是假章，李某波也无能力辨识出真伪，因此其法律后果应由该行承担。

续表

案号	裁判立场
张某庆与海南鸿嘉房地产开发有限公司民间借贷纠纷上诉案/山东省淄博市中级人民法院(2019)鲁 03 民终 4109 号民事判决	关于鸿嘉公司应否就案涉借款承担保证责任的问题:(1)张某庆未提交证据证实该《保证函》履行了决议程序。(2)根据《合同法》第 50 条及《民法总则》第 61 条第 3 款规定,张某庆自始未与鸿嘉公司进行协商,亦未证明其在接受他人交付《保证函》时对鸿嘉公司的决议程序和内容进行了审查。《保证函》中仅有公司印章而无经办人员及法定代表人签印。以上表明张某庆未尽到审查义务,不构成善意。综上,《保证函》无效,不能作为认定该公司承担责任的依据。(3)对于《保证函》无效,张某庆与鸿嘉公司均存在过错。根据过错程度来认定鸿嘉公司承担的责任范围。
交通银行股份有限公司武汉汉阳支行与新天地公司等金融借款合同纠纷案/湖北省武汉市汉阳区人民法院(2017)鄂 0105 民初 4128 号民事判决	本院认为,关于新天地公司是否应该承担保证责任的问题。(1)叶方雄作为新天地公司的法定代表人与原告签订了保证合同且加盖该公司印章和其个人印章,故无论是否与备案的印章一致,合同均是叶方雄代表该公司所作的真实意思的表示。(2)保证合同上加盖有该公司印章和叶方雄个人印章,股东会决议上由相关股东的签名并加盖公司印章,不存在形式瑕疵。原告对相关资料进行了形式审查且签订合同时叶方雄在场,故原告有充分理由信赖保证合同上印章的真实性。根据《民法总则》第 61 条,叶方雄以公司名义与原告签订保证合同,未召开股东会虽违反公司章程,但其法律后果由该公司承担。

四、法理分析

表见代表,是指法人或其他组织的法定代表人或负责人超越其代表权限实施某种行为,善意相对人基于一定客观事实有正当理由相信其没有超越代表权限,该代表行为有效的制度。

首先,根据交易习惯和款项流向认定借款人为扬中支行。在无保证人的情况下,借款合同只有借款人和贷款人两方主体,在借款人处签字或盖章的应当认定为借款人。根据《合同法》第 125 条第 1 款的规定:“当事人对合同条款的理解有争议的,按照交易习惯确定该条款的真实意思。”从交易习惯来看,若戴某翔为个人借款则无需加盖银行公章;若银行为借款人则需其负责人在盖章处签字。因此,戴某翔作为负责人代表该行签字盖章符合交易习惯。从款项流向来看,案涉款项虽在相关公司之间流转并未经过该行自身账户,但绿洲公司提供证据证明该行对其欠款 4720 万元,借条签订后其亦收回 4720 万元,故认定扬中支行系借款人且实际使用该款项。

其次，戴某翔有权代表扬中支行签订借款协议且该行为构成表见代表。根据《民法总则》第61条和《合同法》第50条的规定，表见代表的构成要件为：法定代表人或负责人以法人的名义实施民事行为；该行为超越代表权限，包括法律、法人章程和决议授权的权限；具有信赖外观的客观存在；相对人善意且无过失。本案中，戴某翔于借条上签字后写明“扬中支行”并加盖公章表明是以该行名义签订合同，此行为超越该行章程业务范围，但《商业银行法》并未禁止此类借款行为。基于戴某翔时任负责人并持有公章，借条系工作时间在其办公室所签的外观事实，郭某亮有理由相信其有代表权且符合常人理性判断，不存在过失。章程对其代表人权限的限制系内部治理，第三人通常难以知悉，且无证据证明郭某亮对此知晓，推定其为善意。因此，戴某翔的行为构成表见代表，由该行承担还款责任。

最后，私刻公章与否不影响对善意相对人信赖利益的保护。本案中扬中支行并无证据证明借款合同上使用虚假公章，亦未证明案涉公章为戴某翔私刻。即便证明使用的为私刻公章，相对人也并无能力辨识其真伪。基于负责人持有公章、在其办公室内签订合同并盖章的形式外观，使郭某亮相信此公章系该行真实意思表示，因而对其信赖利益予以保护。此两种情况皆由扬中支行承担还款责任。

此外，《九民纪要》（法〔2019〕254号）对法定代表人盖章行为效力的认定提供了审判思路：“在审理案件时应当主要审查签约人于盖章之时有无代表权或者代理权，从而根据代表或者代理的相关规则来确定合同的效力。法定代表人或者其授权之人在合同上加盖法人公章的行为，表明其是以法人名义签订合同，除《公司法》第16条等法律对其职权有特别规定的情形外，应当由法人承担相应的法律后果。法人以法定代表人事后已无代表权、加盖的是假章、所盖之章与备案公章不一致等为由否定合同效力的，人民法院不予支持。”

公司不及时开具离职证明、归还证件，员工能否要求赔偿？

董媛媛

在解除或终止劳动合同后，因用人单位拒绝或者拖延办理离职手续、归还专业证件和印章，导致劳动者无法出示相关证件、与新单位办理入职手续。该劳动者可否就此期间内无法再就业的损失要求赔偿？应如何厘定损失计算期间和赔偿标准？以下结合审判实践说明之。

一、案情与裁判

案件名称：蔡某龙诉南京金中建幕墙装饰有限公司劳动合同纠纷上诉案

案情来源：江苏省南京市中级人民法院（2016）苏01民终652号民事判决

案情简介：

蔡某龙（上诉人、原审原告）于2014年2月24日入职南京金中建幕墙装饰有限公司（上诉人、原审被告，以下简称金中建公司），双方于当日签订劳动合同，约定合同期限自2014年2月24日起至2019年2月23日止。2015年1月20日，该公司根据建筑行业的规定，将蔡某龙的一级建造师证暂押在南京市装饰行业管理办公室。2015年3月28日，蔡某龙因个人原因向该公司提出书面辞职申请。2015年4月28日，蔡某龙与该公司签订解除劳动关系协议一份。离职前12个月，其月平均工资为13975元。2015年7月6日，蔡某龙申请劳动争议仲裁，于同年8月24日收到仲裁决定书后，起诉请求判令：(1)金中建公司支付因拖延归还证件不办理离职手续，致其无法再就业的损失82500元（自2015年5月13日起至10月28日止，按15000元/月的标准计算）；(2)该公司归还其一级建造师执业证书和注册证书及印章、国家注册安全工程师执业证书和注册证书、安全B证、高工证等，协助办理建造师转出手续和社保及公积金转移等离职手续。

一审判决

江苏省南京市江宁区人民法院经审理认为：(1)关于原告主张的返还证件请求，原告提交的证据不足以证明其将安全B证、一级建造师印章交由被告保管，故不予支持。原告主张的其他证件已由被告当庭归还。(2)关于原告主张的离职手续问题。原被告双方劳动关系于2015年4月28日解除，被告应依法为原告办理相关离职和证件转移手续，故对原告要求被告协助办理相关离职手续的诉请予以支持。(3)关于原告主张的被告应赔偿其未就业损失问题。原被告双方劳动关系于2015年4月28日解除后，被告应在法定期限内为原告办理离职手续，返还相关证件。未依法履行上述义务致原告无法就业导致的损失，被告应承担赔偿责任。(4)关于赔偿标准，本院认定按照原告在离职前月平均工资13975元，酌定被告赔偿4个月未就业损失。

一审判决后，蔡某龙与金中建公司均不服，提出上诉。

二审判决

江苏省南京市中级人民法院经审理认为：(1)关于蔡某龙主张的归还安全B证及一级建造师印章的问题。因其未提供证据证明将安全B证及一级建造师印章交给了金中建公司，故对该诉请不予支持。(2)关于未及时退还证件导致的损失问题。蔡某龙于2015年4月28日离职，该公司应在合理期限内为其办理相关证件的转出手续，但至2015年11月30日才将相关证件退还，远超合理期限。一审按照蔡某龙离职前月平均工资13975元的标准酌定该公司支付其4个月工资损失，并无不当。综上，一审判决认定事实清楚，处理并无不当。驳回上诉，维持原判。

二、相关规定

《劳动合同法》第50条第1款："用人单位应当在解除或者终止劳动合同时出具解除或者终止劳动合同的证明，并在十五日内为劳动者办理档案和社会保险关系转移手续。"

《劳动合同法》第89条："用人单位违反本法规定未向劳动者出具解除或者终止劳动合同的书面证明，由劳动行政部门责令改正；给劳动者造成损害的，应当承担赔偿责任。"

《劳动合同法》第91条："用人单位招用与其他用人单位尚未解除或者终止

劳动合同的劳动者，给其他用人单位造成损失的，应当承担连带赔偿责任。”

三、典型案例或做法

案号	裁判立场
张某利、铜川市王益区王家河街道卫生院劳动争议纠纷上诉案/陕西省铜川市中级人民法院(2020)陕02民终62号民事判决	本案的焦点问题是：(1)王家河卫生院应否出具终止劳动合同书面证明。根据《劳动合同法》规定，终止劳动合同时出具书面证明是用人单位的法定义务，也是劳动者另行就业的必备证明。该卫生院仅发出解除劳动关系的单方书面通知且其内容、性质及效力均与终止劳动关系的书面证明不同，即应当出具。(2)张某利有关损失赔偿主张应否支持。该卫生院未出具解除劳动关系证明，客观上影响张某利与再就业用人单位建立合法劳动关系，应当赔偿。
李某诉金海能国际机电设备(北京)有限公司劳动争议纠纷上诉案/北京市第三中级人民法院(2016)京03民终972号民事判决	本案的焦点问题是：(1)金海能公司应否赔偿因未出具离职证明给李某造成的损失。因该公司未举证证明其曾与李某联系或直接送达过该证明并在15日内办理档案和社保转移手续，则应承担赔偿责任。(2)该公司的赔偿责任如何确定。本案查明该公司未出具离职证明确导致李某无法入职新公司，故应赔偿其经济损失。依据录用通知书，李某明知新公司要求其限期内提供离职证明，时隔5个月后才要求金海能公司开具该证明，亦负一定过错，本院酌情认定赔偿数额。
宋某、国网辽宁省电力有限公司营口供电公司劳动争议纠纷上诉案/辽宁省营口市中级人民法院(2020)辽08民终143号民事判决	本案争议焦点是供电公司应否承担恢复劳动关系及支付工资等相关待遇的责任。宋某主动提出辞职且双方已签订解除劳动合同书，虽该公司未将其档案和社保关系转移，但并不影响此合同的效力且自辞职后宋某未再到原单位工作。为劳动者办理离职手续是用人单位的法定后合同义务，该公司应承担未在合理期限内履行该义务所致损失，但宋某对其损失未提供充分证据证明。综上，对宋某要求恢复工作、赔偿损失的诉请不予支持。
陈某卿、河南正博建设监理有限公司劳动争议纠纷上诉案/河南省郑州市中级人民法院(2019)豫01民终25929号民事判决	本院认为，根据《最高人民法院关于审理劳动争议案件适用法律若干问题的解释(三)》第1条规定：“人民法院应当受理用人单位未办理社保手续导致劳动者无法享受社保待遇的损失而发生的争议。”本案中，陈某卿未提交社保不能补办的证据。考虑到双方在2019年4月至7月存在劳动仲裁和诉讼的情况；另，无充足证据证明上述状况系该公司故意所致。故不予支持前述损失及不能再就业损失的赔偿。

四、法理分析

首先，出具离职证明、办理离职及专业证件转移手续属用人单位的法定义务。根据《劳动合同法》第50条："用人单位应当在解除或者终止劳动合同时出具解除或者终止劳动合同的证明，并在十五日内为劳动者办理档案和社会保险关系转移手续。"同时应为劳动者办理工作岗位涉及证件的转移手续，以便其再次就业。本案原被告双方劳动关系于2015年4月28日解除，故被告应协助原告办理前述手续。根据《民诉法》及其司法解释的规定，当事人应提供证据证明其主张且不能够证明时应承担举证不利的后果。原告主张证件和印章的归还，但其提交的证据不足以证明安全B证、一级建造师印章已交被告保管。故法院对返还此两种材料的要求不予支持，其他证件应由被告归还。

其次，用人单位应承担未履行前述法定义务导致的未就业损失。根据《劳动合同法》第89、91条的规定，用人单位未履行出具劳动关系解除证明并办理离职手续的法定义务造成劳动者损害的，应当承担赔偿责任。在招聘时用人单位通常要求劳动者提供离职证明、档案和社保转移等手续。本案被告未在法定期限内履行前述法定义务，庭审时才归还相关证件且证件转出手续仍未办理。被告归还建筑行业相关证书为原告再就业的必要条件，原告亦举证证明因被告过错导致其此前无法向新用人单位出示证件的事实。故被告未及时办理离职手续及归还证件造成原告再就业权益损害，应予赔偿。

最后，以劳动者实际工资能力和双方过错确定具体赔偿责任。以原告此前在被告处工作的工资标准较能客观合理反映其工资能力，故赔偿标准认定为原告离职前12个月平均工资13975元。类比典型案例二，法院对双方过错程度予以认定来酌定计算期间亦可应用于本案。原告明知再就业需要离职证明和专业证件，时隔近两个月后才于2015年7月6日申请劳动仲裁，对放任损失扩大具有一定过错。考虑到被告至2015年11月30日才归还相关证件，故法院酌定未就业损失的计算期间为4个月。

丈夫以登记于妻子名下的机动车质押借款，如何认定质押合同效力？

董媛媛

夫妻关系存续期间买车，仅登记一方姓名，该车权属如何认定？丈夫以登记于妻子名下的机动车质押借款，在妻子不知情的情况下，车辆和借款均已交付，如何认定质押合同效力？欠款不能归还时，借款人能否实现质权、取得车辆所有权？以下结合审判实践说明之。

一、案情与裁判

案件名称：孙某军、伏某婷返还原物纠纷上诉案

案情来源：山东省淄博市中级人民法院(2020)鲁03民终1745号民事判决

案情简介：

2018年5月18日，伏某婷(被上诉人、原审原告)支付72.5万元购买越野车一辆，以其为机动车所有人完成注册登记。牛某华(被上诉人、原审被告)在原告不知情的情况下将该车辆用于向孙某军(上诉人、原审被告)抵押借款，借款35.6万元。两被告于2018年12月26日签订了汽车质押借款合同，但从孙某军提供的汽车质押借款合同文本中，合同第一页借款人一栏写的是“牛某华(代伏某婷)”。合同第二项质押条款为空白，合同主文后当事人签字处也均未签字。合同附件中，除借条外的其他合同附件均未填写。该借款打入了牛某华的个人账户。但合同签订时原告未在场，亦未签字，事后也未认可。后牛某华于借款当日将案涉车辆交付孙某军。后因不能归还借款，该车抵顶了借款。孙某军要求过户，在原告未在场、过户时亦未签字的情况下，牛某华于2019年3月将车辆过户到毛某雷名下，后来该车又于2019年6月份转到孙某军名下。原告得知实情后，多次向孙某军索要车辆未果。伏某婷向一审法院起诉请求：

(1)确认两被告之间的合同中质押条款无效。(2)判令两被告返还案涉车辆。

另查明,原告与牛某华于 2019 年 5 月 17 日协议离婚。离婚协议书约定:双方各自财产、物品、欠款归各自所有;牛某华名下个人借款债务均自行承担。原告向牛某华索要案涉车辆时才得知车辆质押的情况。

一审判决

山东省淄博市临淄区人民法院经审理认为:车辆属于特殊动产,案涉车辆的登记所有人为原告,故原告享有物权。《合同法》第 51 条规定:"无处分权的人处分他人财产,经权利人追认或者无处分权的人订立合同后取得处分权的,该合同有效。"本案中,牛某华为了借款与孙某军签订的汽车质押借款合同,牛某华私自向孙某军交付并处分了涉案车辆,无证据证明原告对此作出了质押并处分的意思表示。故两被告之间的质押合同,原告未同意也未签字认可,原告与孙某军之间并未形成借贷关系。该合同中的质押条款因当事人未签字,也未经原告追认,不具有法律效力,应为无效。根据《物权法》第 34 条关于返还原物和第 106 条善意取得及其相关司法解释的规定,本案汽车质押借款合同当事人为二被告。孙某军明知该车登记所有人为原告,在原告未到场,牛某华无处分权却私自向孙某军交付并处分了该车。故孙某军取得车辆时不具有善意。借款合同中载明的出借金额为 35.6 万元,而该车辆价值为 72.5 万元,二者价款相差悬殊,明显显失公平,非属以合理价格转让。故应当认定孙某军具有重大过失。因此,孙某军不能善意取得,应依法返还原告。

被告孙某军不服,提起上诉。

二审判决

山东省淄博市中级人民法院经审理认为:争议焦点为孙某军是否善意取得质权。案涉车辆设定质押时登记于伏某婷名下,系伏某婷与牛某华夫妻关系存续期间购买,双方未书面约定该财产权属,应当属于夫妻共同共有财产。《最高人民法院关于适用〈中华人民共和国婚姻法〉若干问题的解释(一)》[以下简称《婚姻法司法解释(一)》]第 17 条第(2)项规定,夫或妻非因日常生活需要对夫妻共同财产作重要处理决定,夫妻双方应当平等协商,取得一致意见。他人有理由相信其为夫妻双方共同意思表示的,另一方不得以不同意或不知道为由对抗善意第三人。根据《物权法》第 97 条的规定:"处分共有动产的,应当经占份额三分之二以上全体共同共有人同意,但共有人之间另有约定的除外。"孙某军明知机动车登记在伏某婷名下,牛某华无权单方处分,在既无伏某婷同意质押的直接意思表示、也无证据证明其同意和授权牛某华将案涉车辆予以质押的情况下，便与牛某华签订质押协议并接受质押财产，未尽到合理的注意义务，具有重大过失。因此，孙某军对案涉机动车不享有质权，应当予以返还。

故本院驳回上诉，维持原判。

二、相关规定

《物权法》第 34 条（《民法典》第 235 条）："无权占有不动产或者动产的，权利人可以请求返还原物。"

《物权法》第 97 条（《民法典》第 301 条）："处分共有的不动产或者动产以及对共有的不动产或者动产作重大修缮的，应当经占份额三分之二以上的按份共有人或者全体共同共有人同意，但共有人之间另有约定的除外。"

《物权法》第 106 条（《民法典》第 311 条）："无处分权人将不动产或者动产转让给受让人的，所有权人有权追回；除法律另有规定外，符合下列情形的，受让人取得该不动产或者动产的所有权：（一）受让人受让该不动产或者动产时是善意的；（二）以合理的价格转让；（三）转让的不动产或者动产依照法律规定应当登记的已经登记，不需要登记的已经交付给受让人。受让人依照前款规定取得不动产或者动产的所有权的，原所有权人有权向无处分权人请求赔偿损失。当事人善意取得其他物权的，参照前两款规定。"

《婚姻法》第 19 条第 1 款（《民法典》第 1065 条第 1 款）："夫妻可以约定婚姻关系存续期间所得的财产以及婚前财产归各自所有、共同所有或部分各自所有、部分共同所有。约定应当采用书面形式。没有约定或约定不明确的，适用本法第十七条、第十八条的规定。"

《合同法》第 51 条（《民法典》第 597 条第 1 款）："无处分权的人处分他人财产，经权利人追认或者无处分权的人订立合同后取得处分权的，该合同有效。"

《合同法》第 58 条（《民法典》第 157 条）："合同无效或者被撤销后，因该合同取得的财产，应当予以返还；不能返还或者没有必要返还的，应当折价补偿。有过错的一方应当赔偿对方因此所受到的损失，双方都有过错的，应当各自承担相应的责任。"

三、典型案例或做法

案号	裁判立场
李某与文某兰、吴某飞财产损害赔偿责任纠纷上诉案/湖南省益阳市中级人民法院(2020)湘09民终1532号民事判决	案涉车辆为文某兰与吴某飞在婚姻关系存续期间购买,属于夫妻共同共有财产。根据《物权法》第97条的规定:"处分共有的动产,应当经全体共同共有人同意。"吴某飞未经文某兰同意,将车辆出售给李某,系擅自处分共同财产,属无权处分。李某明知案涉车辆登记在文某兰名下且不同意转让,仍与吴某飞签订《车辆转让协议》,故其非属善意第三人。李某以二手车买卖为业,在明知文某兰与吴某飞系车辆共有人,合同已解除的情况下,低价转售车辆,导致案涉车辆无法追回。根据《物权法》第106条的规定:"受让人依据该条取得不动产或者动产的所有权的,原所有权人有权向无权处分权人请求赔偿损失。"因此,李某、吴某飞对此应当承担赔偿责任。
黄某、黄某1与林某民间借贷纠纷上诉案/广东省潮州市中级人民法院(2014)潮中法民一终字第106号民事判决	本案的焦点问题是:黄某1与林某签订的抵押担保合同是否有效及应承担何种法律责任。原审法院认定黄某1以其房产为林某借给黄某120万元设立抵押担保是本人的真实意思表示。黄某1提供抵押房产的所有权证记载的所有权人为"黄泽滋"(黄某1曾用名)。该房产系其夫妻关系存续期间所建。林某基于对该房屋所有权证登记记载事项的信赖而签订合同,属善意且无过失。林某完全有理由相信黄某1处分其房产的行为有征得其妻同意,应认定黄某1以该房产设立抵押的行为符合法律规定的表见代理,故该抵押担保合同有效。但黄某1未依约办理房产抵押登记手续,抵押权并未设立。根据《担保法司法解释》第56条第2款的规定,黄某1应在抵押房产价值范围内对黄某的上述债务承担赔偿责任。
蔡某红与李某等股权转让纠纷申请再审案/最高人民法院(2016)最高法民申2884号民事裁定	最高法经审查认为,争议焦点为讼争股权转让协议的效力。(1)麦某新与蔡某红系夫妻,双方未对夫妻共同财产进行过分割。麦某新在夫妻关系存续期间投资设立长新公司是以夫妻共同财产出资,其所持90%股权应归双方共同共有。后蔡某红以受让剩下10%的股份,使该公司成为二人持股的夫妻公司。登记在各自名下的股权份额仅是为办理工商登记之用,并非双方对共同财产的分割约定。蔡某红受让股权的款项源于夫妻共同财产,股权取得也在夫妻关系存续期间,故这10%的股权应认定为夫妻共同共有。麦某新向李某转让长新公司全部股权,是对夫妻共同财产的处分。根据《婚姻法》第17条和《婚姻法司法解释(一)》第17条的规定,麦某新系长新公司法定代表人。其转让股权的目的是筹款为蔡某红弥补挪用公款造成的空缺以减轻刑事处罚。8月6日协议书写明股权转让已经该公司全体股东通过。这些客观事实足以使李某有理由相信,转让长新公司全部股权系蔡与麦夫妻双方共同的意思表示。李某主观上是善意的。(2)共同共有关系存续期间,共同共有人不存在优先购买权。麦某新名下股权是夫妻共同财产,二者至今仍是夫妻,故蔡某红不享有优先购买权。讼争股权转让协议并未侵害优先购买权,应认定为有效。

四、法理分析

首先，案涉质押合同成立，合同当事人为牛某华和孙某军。从合同签订来看，牛某华以登记于伏某婷名下的机动车质押借款，并无证据证明伏某婷知情，事后也未认可。合同文本借款人一栏填写的是"牛某华(代伏某婷)"，质押条款为空白，当事人签字部分均未签字；从实际履行来看，借款当日牛某华将案涉车辆交付孙某军，该借款打入了牛某华的个人账户。后牛某华不能归还借款，便在伏某婷未在场且办理过户未签字的情况下将该车过户。根据《合同法》第37条，采用合同书形式订立合同，在签字或者盖章之前，当事人一方已经履行主要义务，对方接受的，该合同成立。牛某华与孙某军均已履行各自义务，故案涉质押合同成立，合同当事人为牛某华和孙某军。伏某婷与孙某军并未形成质押关系。

其次，牛某华以车质押系无权处分，案涉质押合同无效。根据《婚姻法》第19条的规定可知，婚姻关系存续期间，除法律另有规定或夫妻间明确约定外，夫妻双方或一方所得财产均为夫妻共同所有。案涉机动车设定质押时虽登记于伏某婷名下，但系夫妻关系存续期间购买，双方未书面约定该财产权属，应当属于夫妻共同共有财产。《物权法》第97条规定："处分共有的不动产或者动产以及对共有的不动产或者动产作重大修缮的，应当经占份额三分之二以上的按份共有人或者全体共同共有人同意，但共有人之间另有约定的除外。"故在牛某华将案涉机动车质押给孙某军时，应有牛某华与伏某婷的共同意思表示。又据《合同法》第51条："无处分权的人处分他人财产，经权利人追认或者无处分权的人订立合同后取得处分权的，该合同有效。"并无证据证明伏某婷存在同意或授权牛某华将案涉机动车予以质押的意思表示，事后亦未追认。故牛某华以该车质押并过户的行为系无权处分，案涉质押合同无效。

最后，孙某军不构成善意取得。根据《物权法》第106条之规定，善意取得的构成要件为：(1)受让人须是善意的，不知出让人是无处分权人。(2)以合理的价格转让。(3)转让的财产应当登记的已经登记，无需登记的已经交付给受让人。三项条件必须同时具备。善意取得其他物权的，参照前述规定。本案中，无证据证明伏某婷同意或授权牛某华以案涉车辆出质的情况下，孙某军便与牛某华签订合同并接受质押车辆。过户时亦无证据证明伏某婷作出同意或追认的意思表示。孙某军明知该车登记于伏某婷名下，处分时应取得其同意，却未尽到合理的、善良的注意义务，应认定其具有重大过失，非为善意。同时，案涉合同中所载明的出借金额为35.6万元，车辆价值为72.5万元，伏某婷购买该车与牛某华质押仅时隔半年。即便考虑到车辆折损，借款金额与车辆价值仍相差悬殊，非属合理价格范围。因此，孙某军不能善意取得质权。根据《物权法》第34条，孙某军系无权占有，应当将该车返还原告。又据《合同法》第58条，合同无效后，因该合同取得的财产，应当予以返还；不能返还或者没有必要返还的，应当折价补偿。有过错的一方应当赔偿对方因此所受到的损失，双方都有过错的，应当各自承担相应的责任。孙某军返还车辆后，可要求牛某华赔偿其因未取得质权所受到的损失。

值得注意的是，《合同法》第51条中的"处分"一般定位为处分行为，而不包括负担行为。《民法典》将《合同法》第51条从总则部分移至合同编买卖合同一章，即第597条规定："因出卖人未取得处分权致使标的物所有权不能转移的，买受人可以解除合同并请求出卖人承担违约责任。"由"违约责任"一词可明确得出买卖合同不因出卖人无权处分而无效。而《民法典》所用的处分概念是广义的，未细致区分负担与处分，即"处分"不仅是订立负担性合同效果的行为也包括"权利转移的效果"的处分行为，例如第356条、第357条和第753条中与"处分"并列的出资、出卖、赠与、投资入股等形式。① 学理上一般将"处分"概念限缩于狭义的处分行为，即直接移转权利的意思表示。因此有学者认为民法典应该对处分行为作出一般规定，而不是仅规定于分编。② 于本案，牛某华以车质押非属买卖行为，后将车过户确属处分所有权的意思表示。若依据第597条的法理，本案质押借款合同应属有效，后根据《民法典》第311条可得出孙某军不能善意取得，但可依据有效合同获得救济，以此平衡当事人利益。

---

① 参见陈永强：《中国民法处分行为之多元模式》，《法治研究》2020年第4期。

② 参见张谷：《民法典合同编若干问题漫谈》，《法治研究》2019年第1期。

质保期经过后买方能否以质量异议、技术材料未交付而拒不支付货款?

董媛媛

买卖合同中未约定检验期但约定了质保期,买受人提出货物质量异议的期间如何确定?买方未在质保期内提出质量异议,此后能否以货物存在质量问题为由主张行使后履行抗辩权?出卖方未交付技术材料,买受人能否以此为由拒不支付货款?以下结合审判实践说明之。

一、案情与裁判

案件名称:东方电气集团东方汽轮机有限公司与大庆高新技术产业开发区大丰建筑安装有限公司、大庆大丰能源技术服务有限公司买卖合同纠纷案

案情来源:最高人民法院(2019)最高法民终185号民事判决

案情简介:

2011年8月,东方汽轮机有限公司大安风电分公司(以下简称大安分公司)与大庆高新技术产业开发区大丰建筑安装有限公司(上诉人、原审被告,以下简称大丰建安公司)签订《买卖合同》约定:大丰建安公司向大安分公司购买33套风力发电机组,总价款包括风电机组设备、备品备件和易耗品、与设备有关的一切税、费和技术资料费等费用。另,技术服务费为300万元,总计17,622万元。供货时间为:"2011年10月30日到11月30日供货11套;12月1日到12月30日供货11套……最终准确的供货时间以大丰建安公司提前3个月书面通知时间为准。"其中,合同第4.2.5条约定:全部33套机组通过最终验收,并由最终用户、大丰建安公司、大安分公司共同签署最终验收证书后第一个年度内,大安分公司提交总价款10%的财务收据及最终验收证书,大丰建安公司收到并经审核无误后15个工作日内,支付总价款10%的货款。第4.3条约定,技术服务

费的支付:合同设备通过机组性能验收试验,买方、卖方、最终用户签署预验收证书后,卖方提交合同设备技术服务费总价 70%的商业发票,买方审核无误后按此支付;合同设备通过最终验收,买方、卖方、最终用户签署最终验收证书,卖方提交合同技术服务费总价 30%的发票,买方审核无误后支付剩余服务费。第 9.6 条约定:在取得"预验收证书"后进入"质量保证期"。整台风电机组的质保期为 5 年……

2012 年 10 月 15 日,大安分公司与案涉风力发电机组的业主方肇源新龙顺德风力发电有限公司(以下简称顺德公司)共同对 33 套风力发电机组进行验收,并在验收证书上签字、盖章。2012 年 11 月 5 日,顺德公司在肇源风电场正式进入质保期报告上签字、盖章,确认已于该年 11 月 4 日完成 240 个小时的验收,从 2012 年 11 月 6 日正式进入质保期。

2015 年 8 月 13 日,东方电气集团东方汽轮机有限公司(被上诉人、原审原告,以下简称东方汽轮机公司)与东方电气风电有限公司(以下简称东方电气公司)签订《风电业务委托协议》,第 16 条中明确:东方电气公司不得擅自更改、变更合同的收款方式、时间及金额。2016 年 2 月东方汽轮机公司向大丰建筑公司发函,说明了双方交易的风电机组预验收证书已于 2012 年 10 月签署并通知该公司货款及技术服务费的支付期限。同月 29 日,大丰建筑公司回函表明已收到该发函。2016 年 4 月 18 日,大丰建安公司与东方电气公司就肇源项目的付款和履行情况进行协商,形成《会议纪要》,载明:肇源风电场从 2011 年 12 月开始发货,根据合同约定预验收之日起第 4 个年度的第一个月支付预验收款,到 2015 年 10 月应支付验收款 7138.8 万元,在最终验收证书签到后第一个年度内支付质保金 1822.2 万元。具体付款计划为:2016 年 5 月开始付款,每月付款 200 万元。剩余欠款从 2017 年 1 月开始每月付款 600 万元,到 2017 年底将预验收款及质保金全部支付完毕。

2016 年 7 月 17 日,大丰建安公司、大庆大丰能源技术服务有限公司(原审被告,以下简称大丰服务公司)与东方汽轮机公司签订《付款担保协议》,约定:大安分公司是东方汽轮机公司的分支机构,肇源项目的一切权利、义务均由东方汽轮机公司承接。肇源项目应付预验收款及质保金共计为 8961 万元,由大丰建安公司直接付给东方汽轮机公司。具体付款比例、额度、期限仍按《会议纪要》执行,大丰服务公司为肇源项目款项的支付承担连带担保责任。大丰建安公司已按期支付预付款和部分进度款。东方汽轮机公司就 2017 年 5 月 17 日前欠付的2400万元货款另行向大庆中院起诉。大丰建安公司就肇源项目合同履行过程中的损失、质量问题向大庆中院提起诉讼。

一审判决

黑龙江高级人民法院经审理认为：大安分公司与大丰建安公司签订的《买卖合同》系双方真实意思表示，内容不违反法律、行政法规的效力性强制性规定，又无导致合同无效的其他法定情形，应为有效。大安分公司履行了全部供货义务，大丰建安公司依约支付了预付款和进度款。对于合同约定于预验收之日起第4个年度的第一个月内支付总价款40%的货款及最终验收后支付总价款10%的货款如何履行，大丰建安公司与东方电气公司协商后形成《会议纪要》并签字盖章，确定了支付时间及标准，合法有效。《会议纪要》表明双方已变更了合同约定的付款条件，大丰建安公司已履行了部分约定，其应按《会议纪要》的约定支付尚欠的货款、服务费并返还质保金。

二审判决

最高人民法院经审理认为：本案二审争议的焦点问题有：(1)东方汽轮机公司是否擅自变更合同内容，不正当促成收款条件成就；(2)大丰建安公司以货物质量存在问题为由主张先履行抗辩权能否成立；(3)东方汽轮机公司是否依约履行完毕交货义务。

针对焦点问题(1)，大丰建安公司主张，东方电气公司签署《会议纪要》超越《风电业务委托协议》约定，擅自变更了合同内容。但《会议纪要》系由大丰建安公司与东方汽轮机公司授权的东方电气公司自由协商、合意形成，内容不违反法律规定。东方汽轮机公司并未擅自变更合同内容、不正当促成收款条件成就。

针对焦点问题(2)，自2011年《买卖合同》签订后至2018年，大丰建安公司从未正式提出质量异议。在2017年10月东方汽轮机公司提起货款追索诉讼后，大丰建安公司才于2018年另案提起了质量异议之诉要求损害赔偿。因质量问题已经另案处理，大丰建安公司的权益可以另案寻求救济，故对大丰建安公司提出的因质量问题而享有先履行抗辩权的主张本院不予支持。

针对焦点问题(3)，案涉33台风机交货时已经进行了验货，其后完成了预验收，货物早已交付业主方顺德公司并投入使用，至双方货款讼争产生时已长达4年多，大丰建安公司未提供证据证明其或顺德公司曾经对东方汽轮机公司未交付风机技术资料提出过异议，风机亦未出现因缺少技术资料而无法运行或者其他不能实现合同目的的情况。相反，大丰建安公司签署的《付款担保协议》中明确认可："东方分公司的供货义务已经履行完毕。"交付技术材料是卖方负有的从给付义务，违反该义务，买方可以主张相应的违约责任。除非卖方违反该从给付义务导致买方所买货物无法正常使用，影响合同目的的实现，否则买方不能以此为由拒绝履行给付货款的主给付义务。

综上，大丰建安公司的上诉请求不能成立，驳回上诉，维持原判。

二、相关规定

《合同法》第 158 条(《民法典》第 621 条)："当事人约定检验期间的，买受人应当在检验期间内将标的物的数量或者质量不符合约定的情形通知出卖人。买受人怠于通知的，视为标的物的数量或者质量符合约定。当事人没有约定检验期间的，买受人应当在发现或者应当发现标的物的数量或者质量不符合约定的合理期间内通知出卖人。买受人在合理期间内未通知或者自标的物收到之日起两年内未通知出卖人的，视为标的物的数量或者质量符合约定，但对标的物有质量保证期的，适用质量保证期，不适用该两年的规定。出卖人知道或者应当知道提供的标的物不符合约定的，买受人不受前两款规定的通知时间的限制。"

《最高人民法院关于审理买卖合同纠纷案件适用法律问题的解释》(法释〔2012〕8 号)第 20 条[**《最高人民法院关于审理买卖合同纠纷案件适用法律问题的解释》**(法释〔2020〕17 号)第 14 条]："合同法第一百五十八条规定的检验期间、合理期间、两年期间经过后，买受人主张标的物的数量或者质量不符合约定的，人民法院不予支持。"

三、典型案例或做法

案号	裁判立场
青海盐湖海纳化工有限公司、江苏远方电缆厂有限公司买卖合同纠纷上诉案/最高人民法院(2019)最高法民终38号民事判决	本案二审争议焦点为，电缆公司出售给海纳公司的部分电缆是否因存在质量问题而应予退货。双方在电缆采购合同上约定了检验期。检验期是买受人用以检验所受领的标的物是否符合合同约定及通知出卖人的期限。质量保证期是出卖人承诺合同标的物在正常使用条件下应当具备合同约定的以及国家或行业标准确定的质量标准和使用性能的期间。故本案质量异议期应先适用6个月的检验期。距海纳公司接收最后一批电缆已近四年，至诉讼前其均未就电缆的质量问题提出异议。根据《合同法》第158条第1款的规定，应视为电缆质量符合约定。且电缆胶皮粘连、开裂、长度不够、跳码等问题，都属于开箱便能检验出的外观瑕疵，并非难以发现的隐藏性质量缺陷。其亦未证明是按约定的技术标准正确安装、正常使用和正确保养诉争电缆的情况下，发现存在质量瑕疵影响使用性能，故本案不适用质量保证期的瑕疵担保责任。
周某、绵阳大其业建材有限公司买卖合同纠纷再审案/四川省高级人民法院(2019)川民申22号民事裁定	争议焦点为：(1)建材公司是否具有根本性违约行为。(2)周某是否享有先履行抗辩权。 1.《购销合同》虽约定“建材公司提供出厂合格证、检测报告及出厂复检报告”，但《购销合同》也约定：对所提供材料质量存在异议，应在货到现场后3日内提出，如未按规定期限提出书面异议的，视为所供材料符合合同规定。本案中周某对案涉货物进行签收后，未在合同约定期限内提出书面质量异议，还向建材公司支付货款。根据《合同法》第158条第1款规定，应视为周某认同建材公司已全面履行合同。建材公司未提供出厂合格证、检测报告及出厂复检报告仅属履行附随义务有瑕疵，并不会导致合同目的不能实现，故不构成根本违约。 2.本院认为，先履行抗辩权的行使是以双方互负债务，且履行有先后顺序为前提，因双方并未约定建材公司提供出厂合格证、检测报告及出厂复检报告为付款前提，故不能以此为由行使《合同法》第67条规定的先履行抗辩权。
广西城建建设集团有限公司、南宁市刘悦商贸有限责任公司买卖合同纠纷上诉案/广西壮族自治区玉林市中级人民法院(2020)桂09民终2407号民事判决	争议焦点为：剩余货款的支付条件是否成就。合同约定城建公司支付货款的条件需刘悦公司提供增值税专用发票。城建公司不支付货款的抗辩理由源于先履行抗辩权，其构成要件之一是当事人因同一合同互负债务，在履行上存在关联性，形成对价关系。而刘悦公司按时交付合格货物和城建公司按时支付货款是双方应负的合同对价义务。提供发票只是刘悦公司的附随义务而非主要义务，其迟延履行并未直接影响到合同目的的实现。付款义务与提供增值税专用发票并不具有对价关系。城建公司诉前未提出质量异议，由此证明刘悦公司已完成其主要合同义务，城建公司付货款的条件已经成就，应依约履行付款义务。

四、法理分析

首先,《会议纪要》中变更合同的内容系双方合意,应为有效。本案中,东方汽轮机公司与东方电气公司签订《风电业务委托协议》约定东方电气公司不得擅自更改、变更合同的收款方式、时间及金额。根据《合同法》第77条的规定:"当事人协商一致,可以变更合同。"《会议纪要》系由东方汽轮机公司委托的东方电气公司与大丰建安公司合意形成,而非东方汽轮机公司单方擅自变更,内容不违反法律法规的强制性规定,应为有效。其中对原合同的变更是双方自主协商的结果,东方汽轮机公司并未违反诚实信用原则,为自己利益不正当促成收款条件成就。《民法总则》第171条规定了行为人超越代理权时,相对人的催告权和撤销权、被代理人的追认权和拒绝权。东方电气公司虽在《会议纪要》中超越权限变更合同内容,但大丰建安公司与东方汽轮机公司在《付款担保协议》中对该《会议纪要》内容进行确认,双方亦按《会议纪要》约定履行了部分义务。大丰建安公司并未催告或行使撤销权,东方汽轮机公司的行为应视为对合同变更内容的认可。因此,大丰建安公司主张东方汽轮机公司变更合同系不正当实现付款条件的抗辩不成立,合同变更内容亦对该公司有效。

其次,以存在质量问题为由行使后履行抗辩权,应在质保期内提出质量异议。根据《合同法》第67条,后履行抗辩权是指在双务合同中应当先履行的一方未履行或者不适当履行,到履行期限的对方当事人享有不履行、部分履行的权利。后履行抗辩权可适用于三种情形:一是应当先履行的一方不履行;二是应当先履行的一方不适当履行造成根本违约;三是应当先履行的一方不适当履行构成部分履行,另一方有权就未履行部分拒绝给付。大丰建安公司认为东方汽轮机公司所供货物存在严重质量问题而主张后履行抗辩权拒不支付货款。根据《合同法》第158条规定可知,买受人应在约定的检验期间内将标的物质量不符合约定的情形通知出卖人。买受人怠于通知的,视为标的物的质量符合约定。未约定检验期间但约定了质保期的,通知期限适用质保期。又据《买卖合同司法解释》第20条规定,质量保证期经过后,买受人主张标的物的质量不符合约定的,人民法院不予支持。由案涉《买卖合同》第9.6条及案件事实可知,合同虽未约定验收期,但实际于2012年11月4日完成240小时验收工作。质保期为2012年11月6日至2017年11月6日。由(2018)黑民终385号生效判决可知,2018年该案二审期间大丰建安公司提出质量异议。此前验收期间和质保期内该公司均未就案涉货物存在质量问题向东方汽轮机公司提出过异议。故应视为案涉货物符合约定,东方汽轮机公司已依约先履行交付义务,并无不适当履行造成根本违约或部分履行之情形,大丰建安公司不能以质量异议为由行使后履行抗辩权。

最后,未交付技术资料不构成根本违约,大丰建安公司应依约支付货款。从给付义务是指,基于法律规定、当事人约定、诚实信用原则或者补充协议的解释而产生的,不决定合同类型,不具有独立意义,旨在使债权人利益得到最大限度满足的义务。从给付义务是相对于合同关系必备的并能决定合同关系类型的主给付义务而言,当从给付义务与当事人合同目的密切相关并影响合同目的的实现时,亦会产生合同抗辩权。案涉货物已完成交付、验收并投入使用,大丰建安公司未提供证据证明其或业主方顺德公司曾对卖方未交付货物技术资料提出过异议。即东方汽轮机公司已依约完成卖方主给付义务之履行。从性质来看,交付技术材料属于当事人约定产生,由卖方履行的从给付义务;从案件事实来看,违反该从给付义务并未导致大丰建安公司或顺德公司无法正常使用货物或影响合同目的实现之情形。因此,在卖方已履行其主给付义务之前提下,买方不能因卖方从给付义务的不履行而拒不履行其主给付义务,也即大丰建安公司应按照约定支付货款。

租户要求减免疫情期间的房租是否合理?

刘曙东*

2020 年初，新冠肺炎疫情突发，各省陆续启动了重大突发公共卫生事件一级响应，同时为避免大规模的人员流动与聚集给疫情防控带来不便，各地相继延迟复工或改线上办公。各项举措势必会造成经济损失，导致公民收入波动或甚短期内入不敷出，引发房租、房贷、车贷的给付难以为继的现实问题。

当时有两则关乎租金的新闻引发社会热议：其一，2020 年 1 月 28 日，万达商管集团对全国万达旗下 323 个万达广场所有商户免除在 1 月 24 日至 2 月 25 日期间的租金以及物业费，预计所免租金将超过 30 亿元(商铺租赁)。其二，2020 年 2 月 3 日西安市灞桥区张家坡村，近百户房东主动给因疫情不能返城的房客减免房租，预估减免房租达 20 万元(住房租赁)。对此，大家各有说辞，有人认为此次疫情确属不可抗力，自身也因停业或无法返城使得先期的合同目的无法实现，故应当予以减免；也有人认为事态百样，不可一概而论，更不能站在道德的制高点上慷他人之慨。那么，主张减免疫情期间的租金是否具有法律依据呢？以下我们便作以分析。

一、新冠肺炎是否属于“不可抗力”，房屋的承租方可否以此为由向出租方主张减免租金？

《民法典》第 180 条规定：“因不可抗力不能履行民事义务的，不承担民事责任。法律另有规定的，依照其规定。不可抗力是不能预见、不能避免且不能克服的客观情况。”《民法典》第 590 条规定：“当事人一方因不可抗力不能履行合同的，根据不可抗力的影响，部分或者全部免除责任，但是法律另有规定的除

---

* 刘曙东，烟台大学法学院硕士研究生，浙江新台州律师事务所疑案研究中心研究员。

外。因不可抗力不能履行合同的，应当及时通知对方，以减轻可能给对方造成的损失，并应当在合理期限内提供证明。当事人迟延履行后发生不可抗力的，不能免除其违约责任。”

本次疫情是否构成承租方不能预见、不能避免且不能克服的不可抗力呢？不能预见强调对某一事件的发生常人无法预先洞察，不能避免强调行为人尽己所能仍旧无法避害，不能克服强调行为人倾其全力仍旧无法克服既成的客观损失。从形式上看，新冠肺炎确属不可抗力，承租方大可以此为由向出租方主张减免租金，但实务中仍须依个案情形分析，不仅在性质上要区分商铺租赁与住房租赁，而且也要考虑到租期长短等因素的影响。

首先，对于商铺租赁者来说：自疫情防控阻击战打响以来，各地餐饮娱乐等公共场所多因行政举措所迫而停业关门。对此种情形，承租者的确无法预见、无法避免且无法克服，故援引不可抗力规则请求减免租金，似乎情有可原。倘若并非行政强制而停业关门，仅是由于疫情期间客流剧减、市场波动所致损失，应属于正常的商业风险不能适用该规则。至于租期的长短在商铺租赁中似乎影响不大，毕竟商业社会收益与风险并存，不能因为短期租赁更加注重当时的外部环境而予以倾斜保护。

其次，对于住房租赁来说：在春节假期返乡过年或外出旅行期间因人流管控而滞留外地，无法及时返回所致的房屋空置、歇业停工和收入不济等影响尚未达到不能履行的程度，且当时政府和企业均采取了相应举措竭力维持经济运转，公民的基本收入虽有下降，但仍有保障，春假返乡后的房屋空置亦属正常，故不可以此为由请求减免租金。但考虑到住房租赁事关公民温饱，有必要审慎待之，应进一步考虑到租期的长短，笔者认为社会生活瞬息万变，长期的住房承租者对于疫情等社会风险当具一定的预见性，但短期的临时租赁（以不足 6 个月为参考）其目的单一、直接，此种情形若由于疫情缘故致使房屋过半租期内闲置，应属不可抗力。

最后，对 2003 年“非典”疫情后些许商户请求减免租金的案例进行分析可得：虽支持的法院居多，但裁判理由与结果不尽相同。裁判理由中有视疫情为不可抗力而处理的，也有基于公平原则的考量而处理的；裁判结果上有支持全免的，也有支持减半的。

二、新冠肺炎的突发是否属于合同履行中的"情势变更",房屋的承租方可否以此为由向出租方主张减免租金?

《民法典》第533条规定:"合同成立后,合同的基础条件发生了当事人在订立合同时无法预见的、不属于商业风险的重大变化,继续履行合同对于当事人一方明显不公平的,受不利影响的当事人可以与对方重新协商;在合理期限内协商不成的,当事人可以请求人民法院或者仲裁机构变更或者解除合同。"

对此,本次疫情是否构成合同履行中的情势变更呢?新冠肺炎自湖北武汉席卷全国,其速度之快,影响之广超乎我们的想象,全国各省区均陆续启动了重大突发公共卫生事件一级响应,为防控疫情采取了诸多强制举措,不免会导致宏观政策调整、市场异常波动、供需失调等。此类事实并非一般的商业风险而是我们所无法预料、更无过错可言的。对尚在租期内的商铺租赁来说,倘若继续如约履行势必会显失公平,故符合合同履中情势变更的条件。但对于住房租赁是否适用,还应以租期的长短为别而具体问题具体分析。

首先,对于尚在租赁期间的商铺承租者而言:新冠肺炎的突袭,使得原本应是旺季的春节假期不复过往,遭受巨大的经济损失,笔者认为该状况下,无论是严令停业关门的行政举措还是疫情所致市场的异常波动,对于承租者来说均无法预见,也无过错可言,都有悖于合同订立的初衷,动摇了原合同成立的基础,故以情势变更为由主张减免租金应予以支持。至于租期的长短,似乎两者除所受影响的程度不同之外,再无区分的必要。

其次,对于普通的住房租赁者而言:长期租赁合同其目的的实现并非表现为时刻身处其中,住房仅是提供一个稳定的归宿而不至于流落街头。而疫情所致房屋的有限空置、经济收入的减少等逻辑上与当初租赁合同的签订并不存在牵连,也不构成合同履行的情势变更,故不能以此请求减免租金。但对于短期租赁而言,基于公平考量,若因疫情而致房屋在大半租期内都处于闲置状态,此时要求承租方如约履行明显有失公平,故可尝试援引情势变更原则以求重新协商。

最后,需注意的是基于维护契约精神,我国法院对情势变更原则的适用大多持审慎态度,故试图以此为由请求减免租金的胜算难料。

三、小结

综上所述,对于承租者是否可以主张减免疫情期间租金的讨论,首先在性质上应分为商铺租赁与住房租赁两种情形，而后在具体案件中对于租期的长短也要有所顾虑。总体而言，对于商铺租赁来说不论租期长短，只有受行政举措所迫而停业关门的情形可谓不可抗力，并以此为由主张减免，也可尝试以情势变更为依据主张减免。对于住房租赁来说，笔者认为也仅在短期租赁（以不足6个月为参考）中，若过半租期都处于闲置状态等类似情形下，才能以不可抗力或者情势变更为由主张减免。

回归现实生活，最高效的方式还是双方当事人的协商（尤其是住房租赁的情形）。既可未雨绸缪，在合同订立之初便将相关情形做以约定；也可亡羊补牢，事后主动与出租方进行沟通交流，以求变更。但切勿道德绑架，尤其是个人住房租赁，应明了自身与商铺租赁的不同之处。但愿万众一心，同舟共济，共克时艰。

就未经海关放行货物签订的买卖合同是否有效?

付 琦*

根据《海关法》规定,海关监管货物未经海关许可,不得转让或进行其他处置,此种情况下,出卖人与买受人就未经海关放行的海关监管货物签订的买卖合同是否必然无效?仓储服务提供者在存货不足时,对提货方作出虚假批注、货权确认的行为是否成立侵权?下面结合审判实践说明之。

一、案情与裁判

案件名称:张家港泰富石油仓储有限公司与江苏苏美达国际技术贸易有限公司侵权纠纷再审案

案情来源:最高人民法院(2011)民提字第74号民事判决

案情简介:

2005年1月和3月,江阴润华化工制品有限公司(以下简称润华公司)先后将报关单号为4844项下的1509.036吨、6608报关单项下的1957.362吨进口苯乙烯存放于张家港泰富石油仓储有限公司(申请再审人、一审被告、二审被上诉人,以下简称泰富公司)。两公司之间存在长期合作关系。3月23日,江苏苏美达国际技术贸易有限公司(被申请人、一审原告、二审上诉人,以下简称苏美达公司)向润华公司购买1000吨进口苯乙烯。次日,润华公司将销货(调拨)通知单交付给苏美达公司,表示其出售的苯乙烯储存在泰富公司仓库。泰富公司表示将该通知单作为苏美达公司的仓储货物入库凭证,并作了批注。次日,苏美达公司支付全部货款,润华公司交付增值税发票及销货(调拨)通知单。因货

* 付琦,山东大学法学院硕士研究生,浙江新台州律师事务所疑案研究中心研究员。

物调整原因，上述两个报关单项下的苯乙烯被润华公司于3月30日抵偿给了泰富公司。为向苏美达公司确认1000吨苯乙烯存放于泰富公司仓库，泰富公司于4月12日、4月28日、5月17日分别向其出具库存货物货权确认单。

苏美达公司与润华公司约定的苯乙烯(报关单号码的尾数为6608)货物货权于2005年4月15日被转移给后者，于5月20日被海关放行。5月27日，法院因另案确定查封标的为6608报关单项下的1506吨进口苯乙烯。6月7日，泰富公司提出货物被法院查封而拒绝苏美达公司发货要求。在另案法院作出判决后，法院于10月又裁定继续查封上述苯乙烯1260吨。至2006年5月15日，上述查封的苯乙烯中共有1300吨被执行。

一审判决

江苏省无锡市中级人民法院经审理认为：关于泰富公司是否应对润华公司确认之诉的债务承担连带责任问题。虽然泰富公司在销货(调拨)通知单上批注同意据以作为苏美达公司的仓储货物入库凭证时，该货物尚未报关入库，但当苏美达公司提货时，泰富公司确已仓储了润华公司出售给苏美达公司的1000吨货物，只是因为该批货物被法院查封，泰富公司确实存在向苏美达公司交付全部货物的法律障碍。因6608报关单项下的货物查封后，最终实际执行了1300吨，故泰富公司对2006年5月15日剩余的657.362吨仍有交付货物的义务，对此，湖北省高级人民法院已作出生效判决，确认泰富公司负有向苏美达公司交付苯乙烯657.362吨的义务，若不能交付原货物，应赔偿货物相应价值7888344元。

苏美达公司现要求泰富公司就其不能交付1000吨余下342.638吨苯乙烯承担相应的责任，因泰富公司不能交付是因法院查封以及2006年5月15日最终强制执行所致，并非泰富公司过错，泰富公司不应担责。苏美达公司关于泰富公司侵害其民事权利并要求泰富公司对润华公司确认之诉的债务承担连带责任的主张，依据不足，不予支持。

二审判决

江苏省高级人民法院经审理认为：润华公司与泰富公司构成共同侵权。(1)润华公司和泰富公司共同实施了侵害苏美达公司的利益的行为。泰富公司在润华公司的提单批注并与苏美达公司签订仓储协议的行为，是苏美达公司向润华公司支付全部货款的前提。泰富公司先后三次在苏美达公司填制的《库存货物货权确认单》上盖章，确认润华公司出卖的1000吨苯乙烯货权归属于苏美达公司。(2)润华公司与泰富公司存在共同侵权的故意。润华公司虚开提单,具有套取并占用苏美达公司货款的故意。其应当知道润华公司的存货数量不足和货物仍处于海关监管之下的事实。泰富公司隐瞒了上述事实,作出虚假的批注和货权确认,具有与润华公司共同欺诈苏美达公司的故意。(3)润华公司与泰富公司的侵权行为与苏美达公司的损失存在因果关系。润华公司与苏美达公司签订买卖合同、虚开提单,泰富公司在润华公司的提货单批注等行为给苏美达公司造成了润华公司有足够的存货的假象,苏美达公司基于以上错误认识向润华公司支付了1200万元货款。二者的共同欺诈行为是造成苏美达公司损失的直接原因。

再审判决

最高人民法院经审理认为:主要争议焦点为:(1)案涉《产品购销合同》是否无效;(2)泰富公司是否应对苏美达公司的货款损失及其利息承担侵权赔偿责任。

第一,苏美达公司与润华公司签订的《产品购销合同》系双方真实意思表示,合同约定买卖的标的物是1000吨进口苯乙烯。虽然《海关法》第37条第1款之规定对海关监管货物的转让作出了限制,且根据《海关法》第86条的规定,对于违法转让海关监管货物的,可以采取罚款及没收违法所得的方式予以行政处罚,但并未明确违反该规定即产生转让合同无效的法律后果。润华公司存储在泰富公司的进口苯乙烯货物最终缴清关税获得了海关放行,《产品购销合同》的订立和履行对国家利益及社会公共利益未造成损害。从规定内容和法律后果看,《海关法》的上述规定不属于效力性强制性规定,《产品购销合同》不因买卖标的物属于海关监管货物而归于无效。

第二,苏美达公司主张泰富公司为苏美达公司批注销货(调拨)通知单、三次出具货权确认单的行为与润华公司具有共同侵权的故意,应当对苏美达公司的货款损失及其利息承担侵权赔偿责任。从泰富公司为润华公司调剂货物这一行为可以看出,即使润华公司仓储货物不足,通常情况下泰富公司也会调取其他货物进行交付。润华公司进入破产清算程序、无法清偿所欠债务,才是导致苏美达公司损失的根本原因。苏美达公司与润华公司签订《产品购销合同》时,润华公司还处在正常经营的状况,此时泰富公司在销货通知单上进行批注以及确认货权的行为,应当是基于与润华公司长期合作的关系而作出的履约承诺,并不具有与润华公司共同欺诈苏美达公司、骗取货款的故意。至于泰富公司的上述行为是否恰当以及应否承担相应的责任，属于仓储合同履行中的问题，应在仓储合同项下予以解决。再者，苏美达公司与润华公司签订《产品购销合同》并承诺支付全部货款在先，泰富公司为苏美达公司的销货（调拨）通知单进行批注在后，无论泰富公司是否作出批注，苏美达公司都要按照合同约定支付货款，其损失与泰富公司的行为没有直接的因果关系。苏美达公司主张泰富公司的行为对其构成侵权的事实和法律依据不足，不予支持。

二、相关规定

《民法通则》第130条（《民法典》第1186条）："二人以上共同侵权造成他人损害的，应当承担连带责任。"

《合同法》第52条（《民法典》第153条）："有下列情形之一的，合同无效：……（五）违反法律、行政法规的强制性规定。"

《合同法》第122条（《民法典》第186条）："因当事人一方的违约行为，侵害对方人身、财产权益的，受损害方有权选择依照本法要求其承担违约责任或者依照其他法律要求其承担侵权责任。"

《海关法》第37条："海关监管货物，未经海关许可，不得开拆、提取、交付、发运、调换、改装、抵押、质押、留置、转让、更换标记、移作他用或者进行其他处置。海关加施的封志，任何人不得擅自开启或者损毁。人民法院判决、裁定或者有关行政执法部门决定处理海关监管货物的，应当责令当事人办结海关手续。"

《海关法》第86条："违反本法规定有下列行为之一的，可以处以罚款，有违法所得的，没收违法所得：……（十）未经海关许可，擅自将海关监管货物开拆、提取、交付、发运、调换、改装、抵押、质押、留置、转让、更换标记、移作他用或者进行其他处置的。"

《最高人民法院关于适用〈中华人民共和国合同法〉若干问题的解释（二）》（法释〔2009〕5号）第14条[①]："合同法第五十二条第（五）项规定的'强制性规定'，是指效力性强制性规定。"

① 2020年12月29日，最高人民法院印发《关于废止部分司法解释及相关规范性文件的决定》（法释〔2020〕16号），决定废止2009年4月24日印发的《最高人民法院关于适用〈中华人民共和国合同法〉若干问题的解释（二）》。

三、典型案例或做法

案号	裁判立场
四川金核矿业有限公司与新疆临钢资源投资股份有限公司特殊区域合作勘查合同纠纷案/最高人民法院（2015）民二终字第167号民事判决	本案的焦点问题是：临钢公司与金核公司签订的《合作勘查开发协议》应否解除。违反法律、行政法规的强制性规定的合同无效。当事人之间签订的在自然保护区的勘查、开采矿产资源合同，即使已经得到国土资源主管部门批准，亦未有管理部门对该项目的矿产开发明确禁止，人民法院仍应对合同效力进行特别审查。该协议违反了《自然保护区条例》第26条的禁止性规定，如果认定该协议有效并继续履行，将对自然环境和生态造成严重破坏，损害环境公共利益。故《合作勘查开发协议》应属无效。
招商银行股份有限公司大连东港支行与大连振邦氟涂料股份有限公司、大连振邦集团有限公司借款合同纠纷案/最高人民法院（2012）民提字第156号民事判决	本案的焦点问题是：担保人振邦股份公司承担责任的界定。关于《抵押合同》及《不可撤销担保书》效力问题：公司作为不同于自然人的法人主体，其合同行为在接受合同法规制的同时，当受作为公司特别规范的《公司法》的制约。《公司法》第1条、第16条第2款之规定明确了其立法本意在于，防止公司的实际控制人或者高级管理人员损害公司、小股东或其他债权人的利益，故其实质是内部控制程序，不能以此约束交易相对人。故此上述规定宜理解为管理性强制性规范。对违反该规范的，原则上不宜认定合同无效。另外，如作为效力性规范认定将会降低交易效率和损害交易安全。
四川省聚丰房地产开发有限责任公司与达州广播电视大学合资、合作开发房地产合同纠纷案/最高人民法院（2013）民一终字第18号民事判决	本案争议焦点是《合作开发协议书》的性质和效力问题。合同违反法律、行政法规中的效力性强制性规定无效。本案中，达州广播电视大学主张合同无效的理由是《合作开发协议书》违反了《国有资产评估管理办法》第3条第（1）项、《招标拍卖挂牌出让国有建设用地使用权规定》《事业单位国有资产管理暂行办法》第28条，以及《城镇国有土地使用权出让和转让暂行条例》第19条、《城市房地产管理法》第39条第（2）项的规定，但《国有资产评估管理办法》《招标拍卖挂牌出让国有建设用地使用权规定》和《事业单位国有资产管理暂行办法》系行政规章，而《城市房地产管理法》第39条第（2）项、《城镇国有土地使用权出让和转让暂行条例》第19条为法律、行政法规中的管理性强制性规定，均不能作为认定合同无效的依据。

四、法理分析

本案中的主要争议焦点集中在两点：（1）买卖合同是否因违反法律、行政法规强制性规定无效。（2）仓储服务提供者做出的虚假批注、货权确认行为是否成立侵权。分析如下：

其一，判断本案合同是否有效必须先明确管理性强制规定和效力性强制规定的区分。依《合同法司法解释(二)》(法释〔2009〕5号)第14条所述，《合同法》第52条第(5)项规定的"强制性规定"仅包括效力性强制性规定。依学界通说和司法实践观点，合同因效力性强制性规定而无效是指法律及行政法规明确规定违反该类规定将导致合同无效，或法律及行政法规虽未明确规定合同如违反规范将无效，但若使合同继续有效将损害国家利益和社会公共利益。对于效力性强制性规定与管理性强制性规定的区分判断，应从以下几个方面考量：(1)条文本身明确规定了合同的效力问题。这包括两种情形：①法律或行政法规明确规定了违反该条文将导致合同无效。②该条文本身虽未明确规定合同的效力，但所引致的其他条文对合同效力作了规定，此时亦为效力性强制规定。(2)条文本身未明确规定合同的效力问题。在条文本身对合同效力未作规定时，应当综合考量该条文的立法目的及与其他条文的关系，依靠目的解释与体系解释的方法来确定其为效力性强制性规定还是管理性强制性规定。《九民纪要》亦主张"人民法院在审理合同纠纷案件时，要依据《民法总则》第153条第1款和《合同法司法解释(二)》(法释〔2009〕5号)第14条的规定慎重判断'强制性规定'的性质，特别是要在考量强制性规定所保护的法益类型、违法行为的法律后果以及交易安全保护等因素的基础上认定其性质。"

就本案而言，当事人签订买卖合同，合同标的物属于处于海关监管之下、未经放行的货物。《海关法》旨在加强海关监督管理，其第37条第1款规定："海关监管货物未经海关许可，不得转让或进行其他处置。"第86条同时规定："对于违法转让的可以采取罚款及没收违法所得的方式予以行政处罚。"《海关法》并未明确规定或通过引用其他法律条文的方式表明违反第37条第1款将导致买卖合同无效的法律后果。并且，就处于海关监管之下、未经放行的货物签订买卖合同的法律行为本身并不存在损害市场经济秩序，违背善良风俗等事由，若继续使该买卖合同有效不会对国家利益或公共利益造成损害。另外，如作为效力性规范认定将会降低交易效率和损害交易安全。因此，《海关法》第37条第1款应属管理性强制性规定而非效力性强制性规定，违反该规定并不会导致合同无效的法律后果，故当事人之间的买卖合同为有效合同。

其二，本案仓储服务提供者对其做出虚假批注、货权确认的行为不承担侵权责任。一般侵权责任的构成要件包括违法行为、损害事实、因果关系及过错。

从违法行为上看，对于仓储服务提供者对仍处于海关监管、未被放行的货物向提货方做出虚假批注、货权确认的行为，根据《民法总则》第7条规定，这一行为违反了诚实信用原则，属于违法行为。从损害事实上看，该行为导致提货方错误认识货物真实情况，最终由于存货方的破产导致货物被法院强制执行而给提货方造成了货物损失，可以认定存在损害事实。从因果关系上看，由于提货方与存货方之间签订合同并且支付货款在先，仓储服务提供者做出虚假批注、货权确认的行为在后，因此该行为并非提货方支付货款的依据，提货方最终不能顺利提取货物的直接原因是存货方的破产，而非仓储服务提供者的行为，两者之间并不存在因果关系。从过错上来看，仓储服务提供者的行为是基于其与存货方之间的长期合作关系而做出的调剂代垫货物行为，而在仓储行业中，为存货企业调剂货物余缺的行为普遍存在，属于一种商业习惯。本案中仓储服务提供者是基于长期合作的关系而作出的这一系列履约承诺，并不存在隐瞒货物真实情况、欺诈货款的故意。仓储服务提供者的行为不能满足侵权的所有构成要件，无需承担侵权责任。

银行违反注意义务之责任承担

李锦媛[*]

实践中，经常发生银行账户密码失窃被盗刷、银行未尽到审慎监管义务导致开户人账户资金被他人擅自支取、借用账户、错误转账、错误冻结划扣等事件。在这些案件中，如何认定当事人的注意义务范围，明确责任承担范围及方式？以下将结合审判实践予以简要说明之。

一、案情与裁判

案件名称：枣庄矿业（集团）有限公司柴里煤矿与华夏银行股份有限公司青岛分行、青岛保税区华东国际贸易有限公司联营合同纠纷案

案情来源：最高人民法院（2009）民提字第137号民事判决

案情简介：

2004年3月16日，枣庄矿业（集团）有限公司柴里煤矿（再审申请人、一审原告、二审被上诉人、原再审被申请人，以下简称柴里煤矿）与华夏银行股份有限公司青岛分行（被申请人、一审被告、二审上诉人、原再审申请人，以下简称华夏银行）、青岛保税区华东国际贸易有限公司（一审被告、二审上诉人，以下简称华东公司）签订《合作经营印尼木材协议》。部分协议约定：柴里煤矿与华东公司合作经营印尼木材，柴里煤矿应当提供资金人民币1000万元并汇入华夏银行，华东公司用此来办理国际贸易信用证开证申请。华夏银行应当在见到柴里煤矿负责人书面同意意见后方可办理信用证开证申请。

2004年3月19日，柴里煤矿向华东公司交付1000万元汇票，华东公司将该笔资金存入其在华夏银行开立的一般结算账户上。

---

* 李锦媛，山东大学法学院硕士研究生，浙江新台州律师事务所疑案研究中心研究员。

2004年3月22日起，华东公司先后向该账户存入1500万元。但随后至2004年11月29日期间，该账户陆续向外支出款项。其中，于4月21日和4月23日分别支出350万元和300万元，该两笔资金转账凭证上资金用途栏均注明为“木材开证”。但针对350万元资金，华夏银行在未见到柴里煤矿负责人书面同意意见情况下即允许华东公司支取。至2005年3月17日，该账户余额为227.7元。

一审判决

山东省滕州市人民法院及山东省枣庄市中级人民法院经审理认为：本案的争议焦点是华夏银行对1000万元资金是否负有监管义务，进而是否应当对该笔资金承担补充赔偿责任。按照三方达成的协议，华夏银行在见到柴里煤矿负责人书面意见后，方可允许华东公司进行资金支取。故华夏银行实则对1000万资金负有监管义务。但在华东公司支取资金时，华夏银行并未及时阻止，应认定其未尽到监管义务，故应当对柴里煤矿损失的1000万元承担补充赔偿责任。

二审判决

山东省高级人民法院经审理认为：柴里煤矿违反约定，未将资金直接汇入华夏银行开证保证金账户中，而是将汇票交由华东公司，由其将汇票款存入其在华夏银行一般结算账户中，且华东公司未明确告知华夏银行该款项的性质，由此导致1000万资金与华东公司自有资金相混同，从而使得该笔资金性质不明确。故华夏银行对该笔资金不负有监管义务，不应承担补充赔偿责任。

再审判决

最高人民法院经审理认为：从三方当事人达成的协议来看，华夏银行对华东公司因申请开证而支取资金负有监管义务，当属无异。但对于华东公司因申请开证以外的事由而支取资金是否负有监管义务，合同未明确规定，此时应当以一般理性人为视角来解释合同条款。涉案1000万资金存入华东公司的一般结算账户上，无法与其他账户上资金相区分而加以监管，故华夏银行对华东公司非以开证用途而从其一般结算账户上支取该笔资金并无监管义务。故以“木材开证”为由而支取的两笔款项中，因其中一笔350万资金是华夏银行在未见到柴里煤矿负责人书面意见情况下即放款，属于未尽到监管义务，故华夏银行只对损失的350万元承担补充赔偿责任。

二、相关规定

《合同法》第107条(《民法典》合同编第577条):“当事人一方不履行合同义务或者履行合同义务不符合约定的,应当承担继续履行、采取补救措施或者赔偿损失等违约责任。”

《商业银行法》第6条:“商业银行应当保障存款人的合法权益不受任何单位和个人的侵犯。”

《商业银行法》第60条:“商业银行应当建立、健全本行对存款、贷款、结算、呆账等各项情况的稽核、检查制度……”

《人民币银行结算账户管理办法》第9条:“银行应依法为存款人的银行结算账户保密。对单位银行结算账户的存款和有关资料,除国家法律、行政法规另有规定外,银行有权拒绝任何单位或个人查询……”

三、典型案例或做法

案号	裁判立场
中国建设银行股份有限公司阿克苏地区分行与新疆天源棉业有限责任公司、新疆天丰种业有限责任公司行纪、承揽合同纠纷案/最高人民法院(2012)民提字第83号民事判决	阿克苏分行依照合同的划扣行为并不存在过错。1234账户为天丰公司一般存款账户,天源公司与天丰公司虽约定该笔账户中资金归天源公司所有,但基于合同相对性,该约定不具有外部效力。且双方当事人办理的《预留印鉴申请书》亦不能证明该笔资金归天源公司所有。故阿克苏分行依据其与天丰公司借款合同的约定从账户上划扣资金合法有效。故阿克苏分行不存在过错,不应承担赔偿责任。
广发证券股份有限公司与兴业银行北京中轴路支行证券登记、托管和结算纠纷上诉案/最高人民法院(2006)民二终字第45号民事判决	广发证券、阜成门营业部与兴业中轴路支行签订了资金存管协议。但在资金存管协议生效前,690账户仍属于一般存款账户,而非客户交易结算资金专用账户。故无论根据事实存储合同关系还是法律规定,兴业中轴路支行均不负有监管和审查义务,不应对阜成门营业部从690账户擅自转款的行为承担责任。
哈尔滨市南岗区跃进乡延兴村村民委员会与哈尔滨城郊农村信用合作社联社工程信用社储蓄存款合同纠纷案/最高人民法院(2011)民提字第178号民事判决	工程信用社在办理本案账户开户手续、预留印鉴更换、存款支取等业务中存在违法违规操作问题,致使索春鹏用私刻的延兴村委会预留印鉴及刘东潮个人名章,伪造介绍信并在工程信用社办理了更换预留印鉴手续,陆续将2000万元资金从账户转出。工程信用社在此过程中存在过错,应当承担赔偿责任。

四、法理评析

对于账户安全问题，我国目前虽有《中国人民银行法》与《商业银行法》等为代表的法律法规加以规制，但前述规定仍过于笼统，无法解决审判实践中的疑难案件。以下将结合目前审判经验，就有关账户问题中当事人注意义务判定、过错的认定、责任承担作出说明。

首先，银行及其他主体对账户资金安全负有一定注意义务。本案中，三方当事人约定华夏银行就对用于开证申请的1000万元资金进行监管。该约定合法有效，故华夏银行对此负有监管责任。但对华东公司非因开证申请支取资金是否负有监管义务合同并未明确约定，此时应当依据诚实信用原则解释合同条款。因该1000万元资金放于华东公司一般存款账户上，华东公司对此享有较强支配权，故应当推定华夏银行对华东公司非因开证申请支取资金不负监管责任。值得注意的是：在实践中，即便针对他人一般结算账户，也可对其他主体（如本案中的柴里煤矿）苛以义务以共同化解风险。（该部分内容在以下部分简述之。）

其次，划定各方当事人注意义务之范围。本案中，华夏银行在未见到柴里煤矿负责人书面同意意见情况下即放款，可以认定其存在重大过失。值得进一步思考地是：即便存在过错，华夏银行也应当在事后立即通知柴里煤矿以采取补救措施减少损失，反之若进一步造成损失的，华夏银行对扩大部分的损失承担责任。当然，若在华夏银行履行通知义务后，柴里煤矿未作出相应指示的，华夏银行对此不承担责任。此外，对于银行之外的其他当事人而言，也负有审慎义务。就本案而言，柴里煤矿本身存在过错：其将汇票交于华东公司，华东公司将1000万元存入其在华夏银行开立的一般结算账户上，由此导致该笔资金与账户自有资金混同，银行难以全面履行监管义务，故柴里煤矿存在疏忽。但对于一般结算账户而言，风险是否不可化解？具体来讲，在本案涉及的情境下，可以对开立人就账户享有的自主支配权加以限制。如为规避风险，可以赋予当事人查询资金状态的权利。为确保资金安全，该项权利兼具义务性质。当然为实现利益平衡，查询权仅限于合同方当事人享有，且原则应当在双方当事人到场情形下进行。

最后，确定各方当事人责任承担范围及方式。本案中银行行为既构成侵权行为，又构成违约行为，柴里煤矿选择提起违约之诉。对于责任承担方式而言，依前述知并没有可以直接援引的金融方面的法律法规，大多基于促进银行业健康发展价值考量，依原《合同法》《侵权责任法》模糊化判定银行承担补充赔偿责任。当然银行承担补充赔偿责任是较为理想的选择，但不应当作一刀切处理。若银行存在重大过失，应当对损失部分与其他主体承担连带责任，对于超过自己所应承担部分时，银行可通过行使追偿权来实现多方主体利益平衡。若其他当事人也存在过错，则可以适用过错相抵原则以减轻银行责任。

擅自处分被查封扣押冻结财产之合同效力认定及责任承担

李锦媛

实践中常存在行为人擅自处分被有关机关查封、扣押、冻结财产之现象，此现象常常涉及刑民交叉问题。在刑法上，已有专门的罪名加以规制，在民法领域，若行为人擅自处分行为构成犯罪，民事合同效力是否会受到影响？对此，在《最高人民法院关于适用〈民法典〉有关担保部分的解释》出台之前，审判实践做法不一，且存在买卖被查封扣押财产合同有效、抵押合同却无效的二元对立局面。值得赞同的是，已经生效的《最高人民法院关于适用〈民法典〉有关担保部分的解释》明确规定："行为人就被查封扣押的财产进行抵押的，抵押合同有效。"《民法典》合同编亦明确规定，行为人未取得处分权而处分财产的，合同有效。故下文将结合案例对擅自处分被查封扣押冻结财产之合同效力和责任承担问题作出简要说明。

一、案情与裁判

案件名称：北京汇润通投资管理有限公司、熊某华确认合同有效纠纷二审案

案件来源：浙江省高级人民法院(2020)浙民终502号民事判决

案情简介：

浙江经发实业集团有限公司(被上诉人、原审原告，以下简称经发集团)及相关企业发生债务危机后，北京汇润通投资管理有限公司(上诉人、原审被告，以下简称汇润通公司)、熊某华(上诉人、原审被告)自愿参与对经发集团的资产重组。为此，汇润通公司、熊某华先后共向经发集团及其关联企业注入重组资金共计38883.64万元。后因客观原因，重组未能成功，汇润通公司、熊某华退

出重组。截至2015年11月30日,经发集团尚欠汇润通公司、熊某华余额为16662.10万元。2017年8月22日,汇润通公司、熊某华与经发集团签订《债务清偿协议书》一份,协议载明双方同意以诸暨国用(2000)字第1-631号游泳馆土地及地上建筑物、附属物所有权予以抵押清偿债务。

另查明:2014年1月14日,诸暨市人民法院作出(2013)绍诸商初字第3987号民事调解书。判决书中写明:经发集团应向诸暨农商行归还借款本金2210万元及截至2013年11月30日的利息3840075.22元,并支付自2013年12月1日起至付清日止按合同约定和央行有关规定计算的利息。诸暨农商行对经发集团向其抵押的房产及土地(即前述游泳馆土地及地上建筑物、附属物)享有优先受偿权。现该抵押物已进入司法拍卖程序。

一审判决

绍兴市中级人民法院经审理认为:案涉《债务清偿协议书》是否生效是本案的争议焦点。我国《刑法》第314条、《民事诉讼法》第111条第1款、《城市房地产管理法》第38条均就不得隐藏、转移、变卖、毁损、转让已被查封、扣押的财产作出规定,但上述相关规定并未明确处分查封财产合同的效力。根据我国《民法总则》第153条的规定,上述法律强制性规定不导致本案《债务清偿协议书》无效。故汇润通公司、熊某华以此主张案涉《债务清偿协议书》无效之理由不能成立。

二审判决

浙江省高级人民法院经审理认为:案涉游泳馆土地被多家人民法院查封,就经发集团将案涉土地抵押给诸暨农商行的事实,汇润通公司、熊某华与经发集团签订的《债务清偿协议书》中均有记载,而案涉房产存在被查封的障碍,仅为房产不能过户,属于物权变动问题,不影响合同的效力。虽然《民事诉讼法》第111条第(3)项规定,转移、变卖被查封的财产的诉讼参与人或者其他人,人民法院可以根据情节轻重予以罚款、拘留,构成犯罪的,追究其刑事责任,但该规定并未明确处分查封财产合同的效力,故汇润通公司、熊某华主张协议无效的理由不能成立。当事人对被人民法院查封的财产进行处分,不能认定其违反了效力性强制性规定,原审法院认定《债务清偿协议书》为当事人真实意思表示,内容不违反法律、行政法规的强制性规定,确认有效并无不当。

二、相关规定

《物权法》第 184 条第(5)项[《民法典》第 399 条第(5)项]:"下列财产不得抵押:……(五)依法被查封、扣押、监管的财产……"

《最高人民法院关于人民法院民事执行中查封、扣押、冻结财产的规定》(法释〔2004〕15 号)第 26 条第 1 款[《最高人民法院关于人民法院民事执行中查封、扣押、冻结财产的规定》(法释〔2020〕21 号)第 24 条]:"被执行人就已经查封、扣押、冻结的财产所作的移转、设定权利负担或者其他有碍执行的行为,不得对抗申请执行人。"

《最高人民法院关于人民法院民事执行中查封、扣押、冻结财产的规定》(法释〔2004〕15 号)第 26 条第 3 款[《最高人民法院关于人民法院民事执行中查封、扣押、冻结财产的规定》(法释〔2020〕21 号)第 24 条第 3 款]:"人民法院的查封、扣押、冻结没有公示的,其效力不得对抗善意第三人。"

《最高人民法院关于适用〈中华人民共和国担保法〉若干问题的解释》(法释〔2000〕44 号)第 5 条①:"以法律、法规禁止流通的财产或者不可转让的财产设定担保的,担保合同无效。"

《最高人民法院关于适用〈中华人民共和国民法典〉有关担保制度的解释》(法释〔2020〕28 号)第 37 条第 2 款:"当事人以依法被查封或者扣押的财产抵押,抵押权人请求行使抵押权,经审查查封或者扣押措施已经解除的,人民法院应予支持。抵押人以抵押权设立时财产被查封或者扣押为由主张抵押合同无效的,人民法院不予支持。"

《城市房地产管理法》第 38 条第(2)项:"下列房地产,不得转让:……(二)司法机关和行政机关依法裁定、决定查封或者以其他形式限制房地产权利的……"

① 2020 年 12 月 29 日,最高人民法院印发《关于废止部分司法解释及相关规范性文件的决定》(法释〔2020〕16 号),决定废止 2000 年 12 月 8 日印发的《最高人民法院关于适用〈中华人民共和国担保法〉若干问题的解释》。

三、典型案例或做法

案号	裁判立场
原告兴业银行某支行与被告卢某、陈某、张某执行分配方案异议之诉案/福建省漳州市中级人民法院(2013)漳民终字第336号民事判决	根据《物权法》第184条“下列财产不得抵押:……(五)依法被查封、扣押、监管的财产……”之规定,原告兴业银行某支行与被告张某于2011年11月1日重新办理的借款,因在办理借款之前被告张某用以抵押的财产已被法院查封,故该抵押行为因违反法律规定而无效。因此,原告兴业银行某支行对已被法院查封的被告张某所有的坐落于龙海市石码镇和平路秋收阁2幢20店的房产也就不享有优先受偿权。 注:《最高人民法院关于适用〈民法典〉有关担保部分的解释》(以下简称《民法典担保制度司法解释》)生效后,原被告签订的抵押合同应当有效。
山东金龙地产有限公司与山东魅力四射文化娱乐管理有限公司确认合同效力纠纷申诉、申请民事裁定案/最高人民法院(2016)最高法民申1365号民事判决	案涉会议纪要和协议书是金龙公司与魅力公司经过协商达成,是双方当事人当时的真实意思表示,内容不违反法律、行政法规的强制性规定,应为有效。而涉案房产存在被查封的障碍,房产不能办理过户,属于物权变动问题,不影响买卖合同的效力。
阜康市金塔实业有限公司、富某借款合同纠纷二审案/浙江省高级人民法院(2019)浙民终49号民事判决	《物权法》第184条、《担保法司法解释》第5条规定:依法被查封、扣押、监管的财产,不得抵押;以法律、法规禁止流通的财产或者不可转让的财产设定担保的,担保合同无效。具体到本案,金塔公司与富某在订立案涉采矿权抵押合同时,用于担保的金塔公司煤矿采矿权已被人民法院查封,该抵押合同因违反法律效力性强制性规定而无效。 注:《民法典担保制度司法解释》生效后,原被告签订的抵押合同应当有效。

四、法理分析

类似案件主要涉及合同效力认定及有无效后当事人责任承担问题,以下将进行简要分析。

首先,经发集团行为系无权处分行为。《刑法》第91条第(3)项规定:“在国家机关、国有公司、企业、集体企业和人民团体管理、使用或者运输中的私人财产,以公共财产论。”财产一旦被查封扣押冻结后,有关机关应当尽到妥善保管义务，实则含有此处的管理义务，但这并不意味着财产所有权发生转移，被扣押财物者仍享有所有权。此处之所以规定“以公共财产论”在本质上是为了保护有关机关对财物的占有状态。故行为人对财产的擅自处分构成无权处分。因为此时行为人处分权已经受到限制，一旦财产之上增设负担便是对有关机关圆满合法占有状态的破坏。就本案而言，案涉游泳馆已被查封，经发集团仍进行抵押，是行使本就司法机关享有的管理权能之表现，构成无权处分。

其次，《债务清偿协议书》应当认定有效。在《民法典担保制度司法解释》(法释〔2020〕28 号)出台之前，抵押合同无效当属审判主流。归根结底，核心问题在于《物权法》第184 条第(5)项之规定“下列财产不得抵押：……(五)依法被查封、扣押、监管的财产”性质为何？诸多判决直接将该规定界定为效力性强制性规定，因而合同无效是当然结果。然而判决说理有失偏颇。其实最早从《最高人民法院关于人民法院民事执行中查封、扣押、冻结财产的规定》第 24 条可看出，处分被查封扣押冻结财产的合同应当有效，该条“被执行人就已经查封、扣押、冻结的财产所作的移转、设定权利负担”指的是物权变动行为，而诸多法院将其认定为债权行为从而判定合同无效。此外，我国虽对是否承认物权行为尚存争议，但至少根据“区分原则”亦可以承认合同原则有效。从提高物之利用效率、优化营商环境角度出发，也应该审慎界分效力性强制性规定与管理性强制性规定，且从《全国法院民商事审判工作会议纪要》(法〔2019〕254 号)、《民法典》规定来看，效力性强制性规定呈现缩小趋势。故《物权法》第 184 条应当为管理性强制性规定，在《民法典担保制度司法解释》(法释〔2020〕28 号)之前，本案即判定《债务清偿协议书》有效值得肯定。

最后，经发集团应当承担违约责任或侵权责任。依前述认定《债务清偿协议书》有效，事后的充分救济则显得尤为重要，唯此才能实现利益平衡。就违约责任而言，若汇润通公司、熊某华事后不能行使优先受偿权，可依《债务清偿协议书》请求经发集团承担违约责任。就侵权责任而言，若汇润通公司、熊某华同样事后不能行使优先受偿权，则属侵害汇润通公司和熊某华债权，构成违约请求权和侵权请求权的竞合，由当事人择一行使。另外应当予以注意的是：在查封扣押冻结过程中，有关机关负有公示义务以及对抵押人是否享有处分权进行审查的义务。若未尽到前述义务而侵害申请执行人或善意第三人合法权益的，应当承担行政赔偿责任。

未在合同上签字能否成为合同当事人?

李锦媛

实践中当事人订立合同形式多样，一方当事人未在合同签字、捺印，是否影响其成为当事人？另外，在某些案件中，一方当事人常指定以他人银行账户作为收款、付款账户，这又对合同当事人判断产生何影响？以下结合案例予以简要说明。

一、案情与裁判

案件名称：刘某家、刘某阳建设工程施工合同纠纷案

案件来源：江西省高级人民法院(2020)赣民终930号民事判决

案情简介：

2016年11月29日，江西省九江市庐山东林寺(被上诉人、原审原告，以下简称东林寺)与刘某家(上诉人、原审被告)签订了《古建工程施工合同》。双方在合同中指定以刘某阳(上诉人、原审被告)建设银行账户作为工程收款账户，但刘某阳未在合同上签字。合同签订后，东林寺分别于2016年12月13日、2017年1月18日、2017年10月3日向刘某阳提供的建设银行账户支付工程预付款5100万元，刘某家均出具了工程款收据，且加盖了刘某家印章。后于2017年7月7日至2018年5月6日，东林寺陆续14次向刘某阳银行账户转账共计179.9882万元，上述款项刘某家均出具了借款收据，且加盖刘某家私章，借款收据注明用于案涉工程建材进口报关费及运费借款。

2017年1月6日，刘某家委托静幢公司与日本商美株式会社签订一份《古建筑施工合同》，约定由日本商美株式会社承包施工本案工程。(静幢公司，系刘某阳于2016年7月21日成立的自然人独资有限公司——编者注。)

2017年1月5日，刘某阳以个人名义与建发物流天津公司签订《代理进口

合同》。2017年6月26日,刘某阳与建发物流集团公司签订《代理进口合同》及《补充协议》,两合同均约定建发物流天津公司、建发物流集团公司以自己的名义与日本商美株式会社签订进口本案工程加工建材合同。后于2017年1月9日至2018年5月22日,刘某阳陆续分13次从其账户向建发物流天津公司、建发物流集团转账,其中4笔是从合同指定的刘某阳建设银行账户转出,另外9笔从其招商银行账户转出。

此外,另查明:(1)刘某阳还通过自己建行账户、招商银行账户及其他账户向个人转账,但用以证明款项用途的证据不全,多数收款人员身份难以查清,无法确认刘某家、刘某阳将款项用于履行本案合同开支。(2)刘某阳在案涉工程施工过程中以工程负责人的身份在《工作联络单》上署名。

一审及二审裁判

江西省九江市中级人民法院及江西省高级人民法院裁判理由大体相同,经审理认为:本案争议焦点之一为刘某阳是否应承担民事责任。《合同法》第36条规定:"法律、行政法规规定或者当事人约定采用书面形式订立合同,当事人未采用书面形式但一方已经履行主要义务,对方接受的,该合同成立。"刘某阳在《古建工程施工合同》履行过程中,以个人名义实际履行了合同主要义务、享有了合同主要权利,主要体现在:(1)刘某阳提供本人银行账户作为《古建工程施工合同》双方指定工程款收款账户,直接收取了东林寺预付工程款共计5100余万元,且该账户款项由其支配和使用。(2)刘某阳通过个人独资设立的静幢公司将案涉工程整体转包给日本商美株式会社。(3)刘某阳在案涉工程施工过程中以工程负责人的身份在《工作联络单》上署名。(4)刘某阳以本人名义就本案工程建材采购对外签订代理进口合同、委托运输合同等,并以本人名义支付货款保证金和交纳税费。(5)刘某阳以本人其他银行账户,支付案涉工程款项,还自认指示其他账户支付工程款、案涉工程人员工资、旅差等费用。综上,刘某阳虽然没有在案涉《古建工程施工合同》上作为合同当事人签名,但以实际履行合同主要义务的行为表明其与东林寺达成了缔约及履约合意,符合《合同法》第36条的规定,故刘某阳依法应当承担相应的民事责任。

二、相关规定

《合同法》第36条(《民法典》第490条第2款):"法律、行政法规规定或者当事人约定合同应当采用书面形式订立,当事人未采用书面形式但是一方已经履行主要义务，对方接受时，该合同成立。”

《合同法》第10条第1款(《民法典》第469条)：“当事人订立合同，有书面形式、口头形式和其他形式。”

《最高人民法院关于适用〈中华人民共和国合同法〉若干问题的解释(二)》(法释〔2009〕5号)第2条[①]：“当事人未以书面形式或者口头形式订立合同，但从双方从事的民事行为能够推定双方有订立合同意愿的，人民法院可以认定是以合同法第十条第一款中的‘其他形式’订立的合同。但法律另有规定的除外。”

三、典型案例或做法

案号	裁判立场
付某升、山东姜玉坤视光科技有限公司商标使用许可合同纠纷案/山东省淄博市中级人民法院(2020)鲁03民终3277号民事判决	本案的争议焦点是“姜玉坤”商标使用被许可人的认定问题。自2002年起王某海取得“姜玉坤”商标使用许可，与其妻侄付某升以及王某在泰安市共同经营“姜玉坤”眼镜店。2018年始王某海、付某升因经营权问题产生分歧，从两人分歧期间姜玉坤公司与王某海来往函中可以看出，姜玉坤公司从2002年商标授权至今一直认可王某海系泰安市的“姜玉坤”商标使用许可人，故对于上诉人付某升主张的2002年和2013年有付某升签字的商标使用许可合同一事，姜玉坤公司认为付某升均是以王某海代理人的身份、以王某海的名义签订。虽然姜玉坤公司自2002年以来与王某海、付某升共同经营体签过多份商标使用许可合同，部分合同和加盟费收据上也有付某升的签字，但是不能以此认定付某升是“姜玉坤”商标被许可人，应将双方多年来多次签订的《特许使用注册商标连锁经营协议书》以及《“姜玉坤”品牌加盟商补充合同》等合同作为一个整体进行考察，不能孤立或单独根据某一个合同或某一个条款来确定一方当事人。综前所述，合同另一方当事人应为王某海。

① 2020年12月29日，最高人民法院印发《关于废止部分司法解释及相关规范性文件的决定》(法释〔2020〕16号)，决定废止2009年4月24日印发的《最高人民法院关于适用〈中华人民共和国合同法〉若干问题的解释(二)》。

续表

案号	裁判立场
李某松、赵某兵买卖合同纠纷案/四川省成都市中级人民法院(2020)川01民终6424号民事判决	本案争议焦点之一为:何某是否应当承担连带责任。何某系受李某松委托,为案涉工程的管理人员,李某松亦认可何某系其雇佣到工地上的管理人员,可以认定何某系案涉项目的管理人员,且该事实为被上诉人所明知,根据《水泥供应协议》的合同当事人认定,虽何某在《欠条》《松潘东裕道路项目决算单》上进行了签名,但根据最终李某松与被上诉人签订《承诺书》的约定内容,可以认定何某的签名系以项目管理人员名义对水泥款欠款事实的确认,并不能证明何某以个人名义作出了加入承担债务的意思表示,故对被上诉人主张何某对水泥款支付承担连带责任之主张不予支持。
福州市自来水有限公司、福建三江饮料有限公司供用水合同纠纷案/福建省福州市中级人民法院(2019)闽01民终3509号民事判决	本案争议焦点之一为:三江公司是否应当承担本案水费。本案供用水合同的相对人虽系自来水公司和委会,但三江公司才系该水表项下实际用水人,且其亦与自来水公司签订《用户水费结算协议书》,授权签约银行每月从其账户上划拨相应金额向自来水公司缴纳水费,故一审法院据此认定三江公司有义务共同承担本案水费并无不当,本院予以维持。

四、法理分析

本案争议焦点之一在于刘某阳是否为《古建工程施工合同》一方当事人。判定此类问题时,应当考量以下因素:

首先,本案《古建工程施工合同》为继续性合同,判定此类合同当事人,不应拘泥于合同形式,而应将合同当作整体,综合审查合同及其履行过程。合同形式多样,有书面形式、口头形式、其他形式。何为“其他形式”?《合同法司法解释(二)》(法释〔2009〕5号)第2条明确指出,当事人虽未采用书面或口头形式订立合同,但从双方从事的民事行为可以推断出当事人有订立合同意愿的,可以认定为《合同法》第10条第1款所指的“其他形式”。由此看出,基于鼓励交易原则,对合同形式把握不应过于严苛,而应从合同整体履行情况宏观、动态认定合同当事人问题。就本案而言,刘某阳当时虽未在合同签字,但从其事后外观行为来看,其具有缔结合同意愿,进而成为本案当事人。

其次,刘某阳行为属于默示承诺,与东林寺构成事实合同关系,从而成为合同当事人。《民法典》第140条第1款规定:“行为人可以明示或默示作出意思表示。”凡从行为中可以间接推知行为人默示的意思表示，无须通知要约人，也构成默示承诺。在要式合同场合，若仅存在默示承诺，合同原则上不成立甚至无效，但受要约人确属履行行为，且履行合同主要义务时，合同成立。就本案而言，刘某家虽出示证据证明其是委托刘某阳以自己名义对外签订代理合同等，但相关证据均未达到法定证明标准而未被采纳。反之，刘某阳以本人银行账户支付案涉款项；以自己名义与建发物流天津公司、建发物流集团公司签订《代理合同》，委托其进口案涉工程加工建材，并以自己的名义支付货款保证金和交纳税费；以工程负责人身份在《工作联络单》上署名……前述诸多行为表明：刘某阳本人以实际行动履行合同主给付义务，系其真实意思表示，与东林寺构成事实合同关系。

最后，就类案而言，应从账户实际使用权、账户资金归属、账户内资金流动去向判定合同当事人，而非仅拘泥于账户名称。对于账户使用权而言，常见出借账户情形。但何为法律意义上的出借账户，尚未有明确界定。实践中常以借用人是否取得了账户支配权加以判断，包括直接支配与间接支配。直接支配指账户完全由借用人控制；间接支配指银行账户、密码由出借人控制，出借人按照借用人指示进行资金流转。在前述情形下，最高人民法院曾有判决认为：合同约定将借款打至出借人账户，但该账户实际由借用人所用，“约定将借款打至出借人账户”仅为合同履行方式，出借人不是借款合同当事人。故实践中仅以账户名称来判定是否为合同当事人做法有失偏颇。本案中，刘某家与东林寺虽在合同中约定以刘某阳账户作为指定收款账户，但因刘某家并未取得刘某阳账户支配权，故并不构成账户出借，账户所有权和使用权均归于刘某阳享有。依“动产占有即所有”原则，资金亦归刘某阳所有，其将账户内部分资金用于货款支付，属于履行合同主给付义务之表现，为合同当事人。

无权处分合同被解除后如何合理分担损失?

李锦媛

一方当事人擅自处分登记在自己名下的共有房屋，根据未修改前的《最高人民法院关于审理买卖合同纠纷案件适用法律问题的解释》第 3 条(《民法典》第 597 条)规定，买卖合同有效。但因客观履行不能，另一方当事人请求解除合同后，如何合理分担损失？以下结合案例进行简要说明。

一、案情与裁判

案件名称：闫某与赵某房屋买卖合同纠纷案

案件来源：北京市第三中级人民法院(2016)京 03 民终 716 号民事判决

案情简介：

2012 年 11 月 25 日，赵某(二审被上诉人、一审原告、反诉被告)通过我爱我家公司居间介绍，与闫某(二审上诉人、一审被告、反诉原告)签订房屋买卖合同，购买登记在闫某名下的房屋(该房屋实则为闫某与其配偶共有房屋)。赵某在签订合同时知道闫某有配偶。合同签订后，赵某支付定金 5 万元。

2012 年 12 月 3 日，赵某与我爱我家居间公司共同对涉诉房屋进行了网签。但在网签之前，闫某表示不再履行合同。我爱我家居间公司履行完毕居间合同所约定义务后，赵某依约支付居间费 5.6 万元。

2012 年 12 月 20 日，赵某依法提起诉讼，请求闫某依法履行合同。法院依法追加闫某配偶李某为第三人参加诉讼。李某于 2013 年 3 月 8 日本案一审庭审中明确表示不同意出售案涉房屋。(以上均是另案处理)

2014 年 6 月 11 日，赵某再次起诉，请求解除与闫某房屋买卖合同、注销网签手续等。一审法院依法委托北京华信房地产评估有限公司对于案涉房屋的市场价值进行评估。经评估，确定涉诉房屋在 2015 年 4 月 9 日的估价结果为 476.03 万元。

一审判决

北京市朝阳区人民法院经审理认为：生效判决已认定买卖合同有效且无履行可能，故对解除合同并注销网签手续的诉讼请求予以支持。因闫某的行为构成违约，故应对赵某因合同解除而产生的损失承担违约责任。居间费系履行合同的实际支出，且金额符合居间合同的约定，应当赔偿。关于预期利益损失，网签系履约的必要环节，居间公司基于居间合同的授权办理网签，系履行居间义务，不存在与赵某恶意串通行为；闫某虽在合同签订后即拒绝履行合同，但合同并未因此解除，赵某诉讼要求继续履行合同的请求虽未获支持，但诉讼解决纠纷的方式不应被认定为恶意扩大损失。故法院在 2015 年 4 月 9 日的估价结果的基础上，综合考虑涉诉合同的实际履行情况等因素对预期利益损失予以酌定，判定闫某赔偿赵某预期利益损失 70 万元。

二审判决

北京市第三中级人民法院经审理认为：本案争议焦点为合同解除后，赵某得以主张的损害赔偿范围及如何合理确定损害赔偿数额。一审法院在确定赵某预期可得利益损失数额方面，适用法律不当。确定预期利益损失，应当综合运用可预见规则、减损规则、损益相抵规则以及过失相抵规则等，从守约方主张的可得利益赔偿总额中扣除违约方不可预见的损失、守约方不当扩大的损失、守约方因违约获得的利益、守约方亦有过失所造成的损失以及必要的交易成本。赵某在明知或应知房屋买卖合同因共有产权人异议而无法继续履行的情况下，赵某不仅没有通过解除合同、主张定金罚则、要求违约赔偿并进行替代房屋购买的方式维护自己的合法权益，反之仍办理网签手续，故对房价上涨的风险应承担主要责任。评估公司作出房地产估价报告时，距离前案一审开庭时间已两年有余，房屋价格的大幅上涨已超出了一般人的合理预期，一审法院以此估价结果作为确定赵某可得利益损失的依据明显不当。考虑到诉讼的周期以及重新鉴定的时间成本，对涉案房屋的价值及合理升值部分不再予以重新评估鉴定，而是参考合理的鉴定时点房屋升值的具体情况，综合考虑合同履行不能的过错及风险的负担、损失的可预见性及减损规则等因素，结合当事人合同违约及履行的具体阶段，酌情判定闫某赔偿赵某预期利益损失 30 万元。

二、相关规定

《合同法》第 94 条第(2)项[《民法典》第 563 条第(2)项]:“有下列情形之一的,当事人可以解除合同:……(二)在履行期限届满之前,当事人一方明确表示或者以自己的行为表明不履行主要债务……”

《合同法》第 97 条(《民法典》第 566 条第 1 款):“合同解除后,尚未履行的,终止履行;已经履行的,根据履行情况和合同性质,当事人可以要求恢复原状、采取其他补救措施,并有权要求赔偿损失。”

《合同法》第 113 条(《民法典》第 584 条):“当事人一方不履行合同义务或者履行合同义务不符合约定,给对方造成损失的,损失赔偿额应当相当于因违约所造成的损失,包括合同履行后可以获得的利益,但不得超过违反合同一方订立合同时预见到或者应当预见到的因违反合同可能造成的损失。”

《合同法》(第 119 条第 1 款(《民法典》第 591 条第 1 款):“当事人一方违约后,对方应当采取适当措施防止损失的扩大;没有采取适当措施致使损失扩大的,不得就扩大的损失要求赔偿。”

《最高人民法院关于审理买卖合同纠纷案件适用法律问题的解释》(法释〔2012〕8 号)第 29 条[《最高人民法院关于审理买卖合同纠纷案件适用法律问题的解释》(法释〔2020〕17 号)第 22 条]:“买卖合同当事人一方违约造成对方损失,对方主张赔偿可得利益损失的,人民法院应当根据当事人的主张,依据合同法第一百一十三条、第一百一十九条、本解释第三十条、第三十一条等规定进行认定。”

《最高人民法院关于审理买卖合同纠纷案件适用法律问题的解释》(法释〔2012〕8 号)第 30 条[《最高人民法院关于审理买卖合同纠纷案件适用法律问题的解释》(法释〔2020〕17 号)第 23 条]:“买卖合同当事人一方违约造成对方损失,对方对损失的发生也有过错,违约方主张扣减相应的损失赔偿额的,人民法院应予支持。”

三、典型案例或做法

案号	裁判立场
夏某梅、梁某萍等行纪合同纠纷案/陕西省西安市中级人民法院(2020)陕01民终8885号民事判决	梁某萍在未得到冉某雨授权或事后追认的情形下，与夏某梅签订房屋买卖合同系无权处分行为。在不存在无效的情形下，买卖合同有效。夏某梅要求赔偿差价损失等费用，依《买卖合同司法解释》第28条之相关规定：买卖合同约定的定金不足以弥补一方违约造成的损失，对方请求赔偿超过定金部分的损失的，可以并处，但定金和损失赔偿的数额总和不应高于因违约造成的损失。本案中，涉案房屋登记在冉某雨名下，夏某梅与梁某萍签订《房屋买卖三方合同》时产证尚不满两年，梁某萍在没有冉某雨合法授权的情况下代冉某雨在合同上签字，合同签订至今夏某梅也只向梁某萍支付了846000元中的20000元定金，涉案《房屋买卖三方合同》未能履行，夏某梅、梁某萍、冉某雨以及房朗公司均有一定责任。一审法院综合考虑，并考虑到夏某梅就实际损失的举证证据、房屋价格上涨幅度、双方当事人的过错程度、违约时间长短等综合因素，酌情认定梁某萍在双倍返还定金40000元的基础上再赔偿夏某梅损失100000元无明显不当。
谢某、张某房屋买卖合同纠纷案/广东省广州市中级人民法院(2020)粤01民终7605号民事判决	根据涉案微信聊天记录显示，张某曾因房产升值提出加价要求并报价390万元，谢某不同意并提出按总价370万元交易，但双方未能达成一致，而此时距离双方签订涉案合同仅数月时间。由此可见，双方对于涉案房产在短时间内升幅较大均有一定的预见。故一审法院综合考虑涉案房屋所在的区域、交易期间的房屋市场价格的升值幅度、谢某的自我减损义务、涉案合同的履行程度、当事人的过错程度等情况，酌情判令张某、金某向谢某赔偿50万元的差价损失，并驳回谢某关于按揭费用损失的诉讼请求，基本符合公平、合理的原则，较好平衡双方的利益，并无明显不当，本院予以维持。
郑某安与青海万通物业发展有限公司商品房买卖合同纠纷二审案/最高人民法院民事判决([法宝引证码]CLI.C.8650529)	郑某安一审起诉所主张的房屋涨价损失，即指可得利益损失。万通公司与郑某安签订《商品房买卖合同》时，《商品房买卖合同司法解释》已经实施，因此，万通公司应当预见到，如其违反合同约定，根据该解释第8条的规定，其可能承担的违约责任，除对方当事人所受直接损失外，还可能包括已付购房款一倍的赔偿。一审判决以合同无法继续履行时点的市场价与郑某安购买价之间的差额作为可得利益损失，判令万通公司赔偿郑某安11513700元，导致双方当事人之间利益的显失平衡，超出了当事人对违反合同可能造成损失的预期，根据《合同法》第113条第1款规定的精神，为了更好平衡双方当事人的利益，酌定万通公司赔偿郑某安可得利益损失5035400元内承担补充赔偿责任，尚属合理。

四、法理分析

本案争议焦点在于合同解除后，各方当事人之间如何合理分担损失。损失包括直接损失和可得利益损失。而如何确定可得利益损失往往是审判实践中的难题，故下文主要围绕此展开。

首先，闫某擅自处分共有房屋，存在过错，应就损失承担主要责任。房屋虽登记在闫某名下，但系闫某和其配偶共有。故闫某在未获得其配偶授予处分权情形下即以自己名义签订房屋买卖合同，由此导致合同履行不能所带来的损失，闫某负有主要责任。需说明的是：闫某行为虽系无权处分，但根据《最高人民法院关于审理买卖合同纠纷案件适用法律问题的解释》(法释〔2012〕8 号)第3 条(《民法典》第 597 条)之规定，买卖合同有效。此时，闫某配偶不同意出售房屋，故闫某因自嗣无法取得处分权而导致房屋所有权无法转移。另一方面，于赵某而言，其主观虽善意，但房屋未办理登记手续，故也不得依善意取得而享有房屋所有权。因此，在合同目的已无法实现的情况下，为化解合同僵局，陈某可依《合同法》第 94 条第(2)项[《民法典》第 563 条第(2)项]解除合同。

其次，依据过失相抵原则，对于扩大部分之损失，陈某不得要求赔偿。赵某与闫某签订合同后，闫某配偶明确表示不同意闫某出售房屋，在房屋所有权已不能发生转移的客观情形下，赵某并未及时采取合理措施防止损失扩大。故在涉案当时，根据《合同法》第 119 条第 1 款"当事人一方违约后，对方应当采取适当措施防止损失的扩大；没有采取适当措施致使损失扩大的，不得就扩大的损失要求赔偿"之规定，在陈某要求继续履行合同期间所产生的损失由其自行承担。

最后，依据可预见规则，赵某对于闫某在订立合同时无法预见的损失不得要求赔偿。《合同法》第 113 条(《民法典》第 584 条)规定："可履行利益不得超过违约方订立合同时预见到或者应当预见到的因违反合同可能造成的损失。"在本案作出评估鉴定时，已距另案生效判决较为久远，在此期间房屋价格大幅上涨，已超出一般理性人之预期，故在此期间内的损失不能认定为陈某可得利益损失。二审纠正了一审中评估时间鉴定点的认定问题，值得赞同。至于因时间成本等问题，二审中再未进行鉴定，此时参照合同不能履行时房屋市场价来确定赵某可得利益即可。另外，需指明的是：房屋价格上涨虽超出当事人可预见范畴，但仍属于商业风险，故不构成情势变更[参见最高人民法院(2017)最高法民再 26 号民事判决]。因此本案未以情势变更来认定可得利益损失范围亦值得赞同。

名为投资合作协议实为土地租赁合同，合同期限超过法定期限的部分无效

徐欣欣*

土地是建设项目投资、建设的先决要素之一，土地使用权的期限往往与投资回报机制挂钩。对于合作项目而言，出资方应当注意合作方提供的土地使用权的有效期限问题。实践中，存在不少的名为投资合作协议，实为土地租赁合同的情形。根据《民法典》第705条中租赁合同的租赁期限不得超过20年，超过部分无效的规定，在该类合同中约定合作期限超过20年的部分无效。因此，出资方极可能面临无法继续使用项目用地，从而投资失败的风险。本文结合相关案例进行法理分析，并对土地租赁的有效期限问题进行研究，以期对投资实务有所助益。

一、案情与裁判

案件名称：三亚市吉阳区抱坡村民委员会、三亚增改塑料材料有限公司土地租赁合同纠纷案

案件来源：最高人民法院(2019)最高法民终752号民事判决

案情简介：

2006年12月28日，三亚增改塑料材料有限公司(被上诉人、原审原告，以下简称增改公司)与三亚市吉阳区抱坡村民委员会(上诉人、原审被告，以下简称抱坡村委会)第五、六、七村民小组签订《合作协议书》，约定抱坡村委会第五、六、七村民小组(该三者为原审被告)将企业用地约50亩(以实测为主)和增改公司合作建设塑料厂项目，合作期限30年(2007年1月1日起至2036年12月

---

* 徐欣欣，山东大学法学院硕士研究生，浙江新台州律师事务所疑案研究中心研究员。

31日止）；抱坡村委会第五、六、七村民小组出让土地使用权作为投资，兴建厂房、机械、设备、流动资金由增改公司投资；合作期间，土地产权归抱坡村委会第五、六、七村民小组所有，土地使用权归增改公司，投资的厂房、机械设备产权和使用权归增改公司所有；增改公司承包自主经营，自负盈亏；第一个十年按每亩每年800元、第二个十年每亩每年900元，第三个十年每亩每年1000元支付承包经营款，每年12月份底支付。之后，增改公司投入资金完成土地平整、厂房建设、购买设备等工作，并实际经营。

2007年8月8日，增改公司和抱坡村委会共同成立三亚抱坡实业开发有限公司（原审第三人，以下简称抱坡公司），其中增改公司出资85万元占85%股份，抱坡村委会出资15万元占15%股份。

2013年抱坡村委会申请办理集体留用地，三亚市人民政府三府函〔2013〕576号《关于预留吉阳镇抱坡村委会发展用地的批复》同意将位于《三亚火车站站前区控制性详细规划》YC3-4-Z地块中37.80亩土地作为抱坡村委会集体发展用地，其规划性质为商办混合用地。2014年1月26日，抱坡村委会取得建设用地规划许可证，用地性质商办混合用地，用地面积38亩。

2014年4月18日，抱坡村委会与三亚诚通投资有限公司（原审第三人，以下简称诚通公司）签订《联营合作合同书》，约定利用抱坡村委会集体经济发展用地建设“诚通国际广场”项目（后经鉴定，该土地落入增改公司所主张的项目用地范围内）；抱坡村委会以集体经济发展用地使用权作为出资，诚通公司以出资负责建设的方式进行联营合作，共同设立项目公司，抱坡村委会以集体经济发展用地使用权评估作价投资额中的400万元作为出资，诚通公司以现金600万元出资；联营期限暂定为50年，即2014年4月1日至2064年3月31日。

2016年7月8日，三亚市吉阳区城市管理局向增改公司送达三吉城管（二大队）执决字〔2016〕第455号《强制执行决定书》，认定增改公司所建房屋未经规划部门批准，未取得建设工程规划许可证，属于违法建筑，决定对增改公司违法建筑物实施强制拆除。

2016年9月29日，三亚市吉阳区城市管理局拆除了增改公司部分房屋。抱坡村委会即和诚通公司开始“诚通国际广场”项目建设，并完成了全部主体建设。

基于上述事项，增改公司以抱坡村委会构成根本违约为由，诉至法院，请求:1.依法解除增改公司与被告抱坡村委会于2006年12月28日签订的《合作协议书》;2.依法判令被告抱坡村委会承担违约赔偿责任,判令被告抱坡村委会赔偿增改公司房屋拆迁补偿款1.7亿元,诚通公司承担连带赔偿责任。判令被告抱坡村委会承担解除合同违约金1.3亿元。

一审判决

海南省高级人民法院经审理认为:三亚市人民政府三府〔2006〕27号文说明三亚建材厂在签订《征用土地协议书》时,有部分土地未进行补偿,并约定原用地单位可继续使用。三亚市国土环境资源局虽于1993年1月29日为三亚建材厂办理国有划拨土地使用权证,但不必然证明已完成征地补偿手续。在未完成征地补偿之前,抱坡村委会可以继续使用签订征地协议书范围内的土地,包括合作或租赁,抱坡村委会第五、六、七村民小组将企业用地与增改公司签订合作协议并无不当。

关于抱坡村委会是否存在根本性违约:根据鉴定意见,第三人诚通公司与抱坡村委会签订的《联营合作合同书》的土地面积落入增改公司所主张的涉案土地的范围内。抱坡村委会在未与增改公司解除合作协议,增改公司使用合作土地期限还有18年的情况下,与诚通公司签订联营合作合同,将与增改公司合作建设塑料厂的部分土地另行与诚通公司合作建设"诚通国际广场"并实际履行,其行为已构成根本违约。

关于违约金及计算标准:考虑到如抱坡村委会不违约与诚通公司建设"诚通国际广场",增改公司还有18年使用期限,增改公司享有预期利益。因此,……增改公司请求抱坡村委会支付违约金,本院予以支持。增改公司主张违约金数额1.3亿元过高,酌定按照抱坡村委会与诚通公司合作增加收益估值的8%即3526.56万元支付。

二审判决

最高人民法院经审理认为:关于涉案土地在签订《合作协议书》时的性质和权属问题:在签订《合作协议书》时,涉案土地有小部分是属于抱坡村委会的集体土地,大部分是已被三亚市人民政府收回的国有土地。但根据《关于依法收回三亚市建材厂436456.23平方米用地的决定》的内容,原属三亚市建材厂的划拨土地,其中有部分是来自征用抱坡大队(抱坡村委会)的集体土地,因未对抱坡大队进行补偿,三亚建材厂与抱坡大队约定,抱坡大队可以继续使用土地至三亚建材厂按规定办理征地补偿手续时。因此,在三亚建材厂和三亚市政府均没有办理征地补偿的情况下，抱坡村委会对征用的国有土地部分享有约定的使用权。

关于《合作协议书》是土地租赁合同还是合作合同的问题：根据《合同法》第212条："租赁合同是出租人将租赁物交付承租人使用、收益，承租人支付租金的合同"的规定，租赁合同的出租人交付租赁物后，只收取固定的租金，而不承担任何经营风险。根据《合作协议书》的约定，抱坡村委会向增改公司交付约定土地后，增改公司按合同约定定期向抱坡村委会和第五、六、七村民小组支付土地利润承包款，增改公司在土地上自主经营、自负盈亏。因此，《合作协议书》符合租赁合同的特点，而不符合合作合同双方共享利润、共担风险的特点。对抱坡村委会认为《合作协议书》是租赁合同的主张，本院予以支持。

关于《合作协议书》的效力问题：因为《合作协议书》性质为土地租赁合同，根据《合同法》第214条规定"租赁期限不得超过二十年。超过二十年的，超过部分无效"的规定，《合作协议书》超过20年的部分应为无效。原审认定超过20年的部分有效，适用法律错误，本院予以纠正。

关于违约金的认定问题：《合作协议书》对违约金没有约定，如《合作协议书》能如约履行，增改公司的预期利益为其正常经营至2026年12月31日止所获得的利益。而"诚通国际广场"项目可能获得的收益，并非签订《合作协议书》时抱坡村委会和增改公司能预见的增改公司可获得的预期利益。因此原审法院按照抱坡村委会在"诚通国际广场"项目中增加收益估值的8%即3526.56万元计算预期利益的损失，无事实和法律依据，本院不予支持。

二、相关规定

《最高人民法院关于经济合同的名称与内容不一致时如何确定管辖权问题的批复》(法复〔1996〕16号)第1条[①]："当事人签订的经济合同虽具有明确、规范的名称，但合同约定的权利义务内容与名称不一致的，应当以该合同约定的权利义务内容确定合同的性质，从而确定合同的履行地和法院的管辖权。"

《合同法》第212条(《民法典》第703条)："租赁合同是出租人将租赁物交

---

① 2020年12月29日，最高人民法院印发《关于废止部分司法解释及相关规范性文件的决定》(法释〔2020〕16号)，决定废止1996年11月13日印发的《最高人民法院关于经济合同的名称与内容不一致时如何确定管辖权问题的批复》。

付承租人使用、收益，承租人支付租金的合同。”

《合同法》第 214 条(《民法典》第 705 条):“租赁期限不得超过二十年。超过二十年的，超过部分无效。租赁期间届满，当事人可以续订租赁合同，但约定的租赁期限自续订之日起不得超过二十年。”

《土地管理法》(2019 年修正)第 13 条第 1 款:“农民集体所有和国家所有依法由农民集体使用的耕地、林地、草地，以及其他依法用于农业的土地，采取农村集体经济组织内部的家庭承包方式承包，不宜采取家庭承包方式的荒山、荒沟、荒丘、荒滩等，可以采取招标、拍卖、公开协商等方式承包，从事种植业、林业、畜牧业、渔业生产。家庭承包的耕地的承包期为三十年，草地的承包期为三十年至五十年，林地的承包期为三十年至七十年；耕地承包期届满后再延长三十年，草地、林地承包期届满后依法相应延长。”

《土地管理法》(2019 年修正)第 60 条第 1 款:“农村集体经济组织使用乡(镇)土地利用总体规划确定的建设用地兴办企业或者与其他单位、个人以土地使用权入股、联营等形式共同举办企业的，应当持有关批准文件，向县级以上地方人民政府土地行政主管部门提出申请，按照省、自治区、直辖市规定的批准权限，由县级以上地方人民政府批准；其中，涉及占用农用地的，依照本法第四十四条的规定办理审批手续。”

《最高人民法院关于印发〈关于审理联营合同纠纷案件若干问题的解答〉的通知》[法(经)发〔1990〕27 号]第 4 条[①]:“(一)联营合同中的保底条款，通常是指联营一方虽向联营体投资，并参与共同经营，分享联营的盈利，但不承担联营的亏损责任，在联营体亏损时，仍要收回其出资和收取固定利润的条款。保底条款违背了联营活动中应当遵循的共负盈亏、共担风险的原则……”

《最高人民法院关于印发〈关于审理联营合同纠纷案件若干问题的解答〉的通知》[法(经)发〔1990〕27 号]第 9 条[②]:“……(二)农业集体经济组织以提供自己所有的土地使用权参加合伙型联营的，应当按照联营合同的约定承担联营债

---

① 2020 年 12 月 29 日，最高人民法院印发《关于废止部分司法解释及相关规范性文件的决定》(法释〔2020〕16 号)，决定废止 1990 年 11 月 12 日印发的《最高人民法院关于印发〈关于审理联营合同纠纷案件若干问题的解答〉的通知》。

② 2020 年 12 月 29 日，最高人民法院印发《关于废止部分司法解释及相关规范性文件的决定》(法释〔2020〕16 号)，决定废止 1990 年 11 月 12 日印发的〈最高人民法院关于印发《关于审理联营合同纠纷案件若干问题的解答〉的通知》。

务，如合同未约定债务承担比例的，可参照出资比例或者盈余分配比例承担。”

三、典型案例或做法

案号	裁判立场
百色天富投资有限公司与右江区百城街道办事处城东社区拉域第一农业经济合作社土地租赁合同纠纷案/广西壮族自治区百色市右江区人民法院（2017）桂1002民初2772号民事判决	本院认为：关于双方签订的《拉域一组村口三产安置用地合作开发合同书》的性质与效力的问题。拉域一组与天富公司签订的涉案合同约定，由拉域一组提供涉案的第三产业用地使用权，天富公司全额提供资金，双方合作开发，天富公司以支付土地红利方式有偿使用土地并独自经营，拉域一组按年度收取固定利益即土地红利，合同合作期满土地由拉域一组收回，地上建筑物及装修物等附着物归拉域一组所有，拉域一组不参与经营，不承担经营风险。由于双方不共同经营、也不共负盈亏及共担风险，协议内容不符合联营合同的本质特征，该合同属于名为土地合作开发，实为土地租赁，故本案的《拉域一组村口三产安置用地合作开发合同书》应当认定为土地租赁合同。 根据《合同法》第214条第1款的规定：“租赁期限不得超过二十年。超过二十年的，超过部分无效。”因此该合同书第3条“合作开发期限为35年”违反法律规定，超过部分应为无效。
临沂市罗庄区盛庄街道后盛庄社区居民委员会、山东临沂盛能集团股份有限公司土地租赁合同纠纷案/山东省高级人民法院（2014）鲁商终字第436号民事判决	关于本案的法律关系应认定为联营合同纠纷还是土地租赁合同纠纷的问题。本院认为：1993年6月1日原临沂市白庄发电厂与原临沂市盛庄镇后盛庄村民委员会签订的合同书虽载有“乙方（原临沂市盛庄镇后盛庄村民委员会）已投土地与甲方（原临沂市白庄发电厂）合办企业”“合营后土地所有权归合营企业”等内容，但合同中亦约定了“乙方不参与企业经营管理”“无论企业经营如何，每年由甲方付给乙方100万元人民币”等内容，故该合同书虽有进行联营的约定，但实际上应属于土地租赁合同。 且2010年6月10日盛能公司与后盛庄居委签订的《协议书》第2条约定“甲方（盛能公司）欠乙方（后盛庄居委）的土地租金问题：自1993年合同生效之日起账面延续至2007年底的累计所欠租金246.63671万元，第一次于2010年10月30日前还款146万元，第二次于2011年年底还清欠款100.63671万元”。本案二审庭审中盛能公司提交的两份收据亦记载收款事由为“2007年以前欠的土地租赁费”，故应视为盛能公司与后盛庄居委对1993年6月1日的合同性质为土地租赁合同在履行过程中也均予以认可。因此，原审法院将法律关系认定为联营合同纠纷不当，本院予以纠正。

续表

案号	裁判立场
沈阳市和平区公园管理处与江培宽土地租赁合同纠纷案/沈阳市和平区人民法院(2016)辽0102民初7945号民事判决	经审理查明:2008年4月1日,原告(甲方)区公园管理处与被告(乙方)江培宽签订合作经营协议书一份,载明:“江培宽同意将其所有的位于沈阳市和平区和平南大街20号房屋所占土地的使用权与乙方合作经营,本协议项下的土地使用权合作年限为48年,自二零零八年三月八日至二零五六年三月七日。收益金标准为:从二零零八年三月八日至二零一二年三月七日,每年为柒拾万元;从二零一二年三月八日至二零二二年三月七日,每年为捌拾万元;从二零三二年三月八日至二零四三年三月七日,每年为壹佰万元;从二零四三年三月八日至二零五三年三月七日,每年为壹佰壹拾万元;从二零五三年三月八日至二零五六年三月七日,每年为壹佰贰拾万元。”本院认为:该协议名为合作协议,双方实为土地租赁合同关系,依据《合同法》第214条之规定,租赁期限不得超过20年;租赁期间届满,当事人可以续订租赁合同,但约定的租赁期限自续订之日起不得超过20年。超过20年的,超过部分无效。双方合同约定期限为48年,超过20年部分无效。

四、法理分析

《最高人民法院关于经济合同的名称与内容不一致时如何确定管辖权问题的批复》(法复〔1996〕16号)第1条明确:“当事人签订的经济合同虽具有明确、规范的名称,但合同约定的权利义务内容与名称不一致的,应当以该合同约定的权利义务内容确定合同的性质。”因此,本案中双方签订的合同虽然名为《合作协议书》,但双方之间是否为合作关系,应当根据合同中约定的权利义务关系来判断。

1.涉案《合作协议书》实质上并非联营合作关系

根据《土地管理法》第60条第1款的规定,农村集体经济组织可以使用乡(镇)土地利用总体规划确定的建设用地兴办企业或者与其他单位、个人以土地使用权入股、联营等形式共同举办企业。《最高人民法院关于印发〈关于审理联营合同纠纷案件若干问题的解答〉的通知》[法(经)发〔1990〕27号]第4条规定了联营活动应当遵循的共负盈亏、共担风险的原则,不得设置保底条款;第9条中明确:“农业集体经济组织以提供自己所有的土地使用权参加合伙型联营的,应当按照联营合同的约定承担联营债务,如合同未约定债务承担比例的,可参照出资比例或者盈余分配比例承担。”可见,联营关系中双方共同承担债务风险是一个必备的特征要素。

本案中《合作协议书》约定由增改公司承包自主经营，自负盈亏，并不符合法律上关于联营项目共同经营，风险共担的要求。因此，《合作协议书》中约定的各方权利义务关系并非联营合作关系，《合作协议书》实质上并非合作合同。

2.涉案《合作协议书》构成租赁合同法律关系

《合同法》第十三章对租赁合同进行了专章规定。其中，《合同法》第212条规定："租赁合同是出租人将租赁物交付承租人使用、收益，承租人支付租金的合同。"因此，出租人的主要义务是交付租赁物，并基于交付租赁物享有收取租金的权利；承租人的主要义务是支付租金，并享有使用租赁物的权利。

涉案《合作协议书》中约定，合作期间，抱坡村委会的土地使用权归增改公司；增改公司第一个10年按每亩每年800元，第二个10年每亩每年900元，第三个10年每亩每年1000元支付承包经营款。此处虽然表述为"承包经营款"，但实为误用。《土地管理法》第13条第1款规定："土地承包是指农民集体所有和国家所有依法由农民集体使用的耕地、林地、草地，以及其他依法用于农业的土地，采取农村集体经济组织内部的家庭承包方式承包，或招标、拍卖、公开协商等方式承包，从事种植业、林业、畜牧业、渔业生产的活动。"《合作协议书》约定抱坡村委会将其享有的土地使用权提供增改公司开展项目建设，从而收取固定费用的行为，并非土地承包经营，亦不是联营合作关系，而属于租赁合同关系。因此，《合作协议书》的性质应为土地租赁合同。

3.土地租赁合同的有效期限问题

在《合作协议书》的性质明确为租赁合同后，关于《合作协议书》的有效期限问题，应根据《合同法》第214条中关于租赁合同的租赁期限规定进行判定。

《合同法》第214条第1款规定："租赁期限不得超过二十年。超过二十年的，超过部分无效。"本案中，《合作协议书》中约定的合作期限为30年（自2007年1月1日起至2036年12月31日止），因此，法院判定合作期限中超过20年的部分，即2027年1月1日至2026年12月31日的10年合作期间无效。

然而，值得注意的是，上述合同无效的规定并非完全的、绝对的无效。《合同法》第214条第2款规定："租赁期间届满，当事人可以续订租赁合同，但是约定的租赁期限自续订之日起不得超过二十年。"该款与第1款同为对租赁合同法定期限的规定，应当结合来看才能够完整地理解整个条文的法条本意。综合两款的规定可知，超过20年无效仅限制的是在一份合同中的最长有效期限，合同到期后当事人可以协商另行续签，而续签的每份合同可另外计算最长 20 年的有效期限。

故此，在一个长期合作项目中，如项目的合作期限需要超过 20 年时，当事人可以采用续签合同的方式获取更长期限的土地使用权，使得合作项目合法合规存续。但也需要对土地提供方在合同到期后同意续签协议的可能性进行评估，尽量规避合同到期后，土地提供方不再续签合同收回用地的交易风险。

如何厘清融资租赁交易中有关质权、抵押权的法律问题?

任亚平

金融是优化营商环境的重要力量,提升金融服务水平是营商环境建设的重要内容。融资租赁作为其中重要环节之一,如何让融资租赁成为真正服务于企业可信赖的金融模式,成为优化融资租赁营商环境的关键所在。随着融资租赁这一交易方式在日常经济交往活动中的普遍应用,法院关于融资租赁合同的纠纷也日益增多,当融资租赁交易中夹杂质权、抵押权时,如何厘清其中纷繁复杂的法律关系?相关权利人又该如何救济自己的合法权利?以下结合一则案例说明之。

一、案情与裁判

案件名称:吴某庆等与周某健合同纠纷上诉案

案情来源:广东省梅州市中级人民法院(2018)粤14民终137号民事判决

案情简介:

乙方许某昌与甲方汇通信诚租赁有限公司(上诉人、原审第三人)于2016年12月13日签订汽车融资租赁合同,约定:甲方按照乙方的要求购买车辆,并将车辆以融资的方式出租给乙方使用,乙方取得车辆所有权。购车总款144800元融资总额111198元,融资首付款57920元。乙方每月向甲方支付租金3848.18元,共应支付36个月。

汇通信诚租赁有限公司融资购买起亚牌轿车(以下简称案涉车辆)登记在许某昌名下,并办理了车辆抵押登记手续。履行期间,承租人未依约支付租金,甲方有权处分抵押物或以抵押物直接受偿。

许某昌取得案涉车辆后,质押给吴某庆(上诉人、原审被告),吴某庆于

2017 年7 月 22 日以质押债权转让形式将该车转让给周某健(被上诉人、原审原告)。原、被告签订了《质押债权转让协议》和《质押债权转让及质押车辆(债权附属物)交接免责协议》。约定被告吴某庆将现质押债权的质押车辆连同质押权及所有权转让给原告周某健。当天,被告吴某庆将行驶证、购置证、保险单、两把车钥匙及案涉车辆交付给原告周某健。原告周某健向被告吴某庆支付了 76000 元。因许某昌只向第三人汇通信诚租赁有限公司支付了 5 个月租金,第三人汇通信诚租赁有限公司遂派员于 2017 年 8 月 2 日晚上将案涉车辆从原告周某健手中强行开走。

一审判决

广东省梅州市梅县区人民法院经审理认为:原、被告签订的《质押债权转让协议》,名义是质押债权转让,但协议内容并无对原车主许某昌债权数额的体现,质押系对主债权合同履行的担保,需依附主债权存在,而本案中原告在签订合同时就具有购买该车的意思,该合同实质就是买卖合同。双方在签订合同时,被告吴某庆未提交证据证明其对该车的处分已经过所有权人的同意或已因所有权人即出质人主债务的不履行而取得该车的处分权,故被告对该车辆的转让系无权处分。原、被告签订的转让协议系双方真实意思表示,依法成立并生效。但因标的物是被告无权处分且已被第三人汇通信诚租赁有限公司收回导致合同目的无法实现,可依法解除。判决解除原告周某健与被告吴某庆签订的《质押债权转让协议》。

二审判决

广东省梅州市中级人民法院经审理认为:根据《合同法》第 242 条"出租人享有租赁物的所有权。承租人破产的,租赁物不属于破产财产"的规定,案涉车辆的所有权属于该车出租人汇通信诚租赁有限公司。2017 年 7 月 22 日周某健、吴某庆签订的《质押债权转让协议》,吴某庆将该车质押转让给周某健并未得到所有权人汇通信诚租赁有限公司或登记车主许某昌的追认,应认定周某健、吴某庆所签订的《质押债权转让协议》无效。

二、相关规定

《合同法》第 51 条(《民法典》第 597 条第 1 款):"无处分权的人处分他人财产,经权利人追认或者无处分权的人订立合同后取得处分权的,该合同有效。"

《合同法》第 58 条(《民法典》第 157 条):"合同无效或者被撤销后,因该合同取得的财产，应当予以返还；不能返还或者没有必要返还的，应当折价补偿。有过错的一方应当赔偿对方因此所受到的损失，双方都有过错的，应当各自承担相应的责任。”

《合同法》第242条(《民法典》第745条)：“出租人享有租赁物的所有权。承租人破产的，租赁物不属于破产财产。”

《最高人民法院关于审理买卖合同纠纷案件适用法律问题的解释》(法释〔2012〕8号)第3条(《民法典》第597条第1款)：“当事人一方以出卖人在缔约时对标的物没有所有权或者处分权为由主张合同无效的，人民法院不予支持。出卖人因未取得所有权或者处分权致使标的物所有权不能转移，买受人要求出卖人承担违约责任或者要求解除合同并主张损害赔偿的，人民法院应予支持。”

《最高人民法院关于适用〈中华人民共和国担保法〉若干问题的解释》(法释〔2000〕44号)第79条(《民法典》第415条)：“同一财产法定登记的抵押权与质权并存时，抵押权人优先于质权人受偿。同一财产抵押权与留置权并存时，留置权人优先于抵押权人受偿。”

三、典型案例或做法

案号	裁判立场
安徽信成融资租赁有限公司诉乐山市沙湾中盛陶瓷有限公司、乐山市商业银行股份有限公司沙湾支行融资租赁合同案/四川省乐山市沙湾区人民法院(2015)沙湾民初字第850号民事判决	原告安徽信成公司与被告沙湾中盛公司签订的《融资租赁合同》，原告安徽信成公司、被告沙湾中盛公司与广东科达公司签订的《购销合同》，被告沙湾中盛公司与被告商业银行沙湾支行签订的《流动资金借款合同》均系双方当事人真实意思表示，合同内容不违反法律、行政法规的强制性规定，属有效合同。 本案中，首先，原告已在租赁设备的显著位置上作出标识，表明此批设备属于融资租赁物且属于原告所有；其次，商业银行沙湾支行与被告沙湾中盛公司签订抵押合同时，未按照银行行业规定登录融资租赁登记公示系统进行融资租赁交易查询；再次，商业银行沙湾支行亦未要求被告沙湾中盛公司提供抵押设备的增值税发票原件，以确定该抵押设备确为被告沙湾中盛公司所有。鉴于以上情形，被告商业银行沙湾支行提出的其与被告沙湾中盛公司签订抵押合同时尽到了审查义务，有理由相信案涉设备属于被告沙湾中盛公司所有，属于善意第三人的抗辩与法院查明事实不符，被告商业银行沙湾支行应当知道抵押物“工程一套”设备属于融资租物且属于原告所有，其不属于善意第三人，对其抗辩不予采信。被告商业银行沙湾支行不能享有对上述融资租赁物的抵押物权。

续表

案号	裁判立场
深圳市快银商业保理有限公司、湖南大胜集团有限公司融资租赁合同纠纷案/湖南省株洲市芦淞区人民法院(2018)湘0203民撤7号民事判决	富道公司与航润公司在融资租赁协议中有所有权保留的约定,故案涉融资租赁物实际所有权人应是出租人。根据《物权法》第6条的规定,动产物权以占有作为权利享有的公示方法,湖南大胜集团有限公司根据航润公司转让时实际占有租赁物的事实推定其享有租赁物的所有权,符合法律规定;富道公司没有证据证明其在案涉租赁物的显著位置作出任何标识,湖南大胜集团有限公司不可能从案涉租赁物的外观判断出该财产非航润公司所有;湖南大胜集团有限公司在法院的主持下与航润公司、天地润和达成调解协议,以合理的价格,转让涉案租赁物,尽到了合理的注意义务。因此,根据《物权法》第106条的规定,湖南大胜集团有限公司取得案涉租赁物属善意取得。本案属于对两项制度,也就是对案涉租赁物上的实际所有权和善意第三人取得所有权保护的选择。《最高人民法院关于审理融资租赁合同纠纷案件适用法律问题的解释》(以下简称《融资租赁合同纠纷司法解释》)第9条规定中的“(一)出租人已在租赁物的显著位置作出标识,第三人与承租人交易时知道或者应当知道该物为租赁物的;(二)出租人授权承租人将租赁物抵押给出租人并在登记机关依法办理抵押权登记的”两种除外情形也赋予了出租人对融资租赁物自行保护的方式,而本案出租人没有证据证明其在融资租赁物的显著位置作出标识,也没有采取进一步措施对自己所有的租赁物权利进行保护。出租人虽然将案涉《融资租赁合同》、租赁物登记在人民银行相关征信系统,但原告湖南大胜集团有限公司不知道也没有义务查询案涉抵押物为融资租赁物。因此,本案在同一物上产生了两个相互冲突的物权的原因,不仅在于航润公司的无权处分,更是由于案涉租赁物的实际所有权人对租赁物的管理及保护不当使租赁物所有权被转让,使得租赁物所有权被善意第三人取得,在湖南大胜集团有限公司基于善意且无过错而取得涉案租赁物的所有权,这种物权冲突产生的不利法律后果由租赁物的实际所有权人承担更为公平合理。现富道公司将其对湖南大胜集团有限公司在《融资租赁合同》项下形成的7671900.92元应收租赁款债权转让给原告深圳市快银商业保理有限公司,原告深圳市快银商业保理有限公司为富道公司提供无追索权的保理业务服务。因此现原告深圳市快银商业保理有限公司为涉案租赁物的实际所有权人,该不利后果应由原告深圳市快银商业保理有限公司承担。

续表

案号	裁判立场
裕融租赁有限公司、李某融资租赁合同纠纷案/广东省广州市中级人民法院(2020)粤01民终7611号民事判决	根据《融资租赁合同》的约定,李某在支付完毕全部租金及留购款前,租赁物的所有权归裕融租赁公司所有。然而,辉安运输公司又将涉案车辆抵押给裕融租赁公司并办理了车辆抵押登记,故裕融租赁公司成为涉案车辆名义上的"抵押权人"。首先,《融资租赁合同纠纷司法解释》第9条第(2)项规定:"承租人或者租赁物的实际使用人,未经出租人同意转让租赁物或者在租赁物上设立其他物权,第三人依据物权法第一百零六条的规定取得租赁物的所有权或者其他物权,出租人主张第三人物权权利不成立的,人民法院不予支持,但有下列情形之一的除外:……(二)出租人授权承租人将租赁物抵押给出租人并在登记机关依法办理抵押权登记的。"本院认为,从条款来看,其设立的"出租人抵押权",实质目的并非担保租金债权,而是为公示权利,防止因承租人擅自处分租赁物导致第三人善意取得。其次,《担保法司法解释》第77条规定:"同一财产向两个以上债权人抵押的,顺序在先的抵押权与该财产的所有权归属一人时,该财产的所有权人可以以其抵押权对抗顺序在后的抵押权。"本院认为,一般来说,主债权因混同而消灭时,抵押权也随之消灭。只有在抵押物上存在数个抵押权时,为保护抵押物所有人的抵押权人利益,此时抵押权不消灭,抵押权人就自己的抵押物仍享有抵押权。然而,本案中并没有多个抵押权存在。最后,《物权法》第179条第1款规定:"为担保债务的履行,债务人或者第三人不转移财产的占有,将该财产抵押给债权人的,债务人不履行到期债务或者发生当事人约定的实现抵押权的情形,债权人有权就该财产优先受偿。"本院认为,本案中的"出租人抵押权"非物权法意义上的抵押权,只有抵押权之名,而无抵押权之实。综上所述,裕融租赁公司主张就自有的租赁物享有优先受偿权,于法无据,原审法院不予支持。

四、法理分析

融资租赁是指出租人根据承租人对租赁物件的特定要求和对供货人的选择,出资向供货人购买租赁物件,并租给承租人使用,承租人则分期向出租人支付租金,在租赁期内租赁物件的所有权属于出租人所有,承租人拥有租赁物件的使用权。

1.本案无权处分情况下签订的质押、买卖合同效力如何?

本案中,汇通信诚租赁有限公司作为融资租赁的出租人对案涉租赁车辆享有所有权,许某昌只是案涉车辆的名义所有人,许某昌在对汽车不享有所有权的情况下将车辆质押给被告吴某庆，属于无权处分的行为，根据《合同法》第51条："无处分权的人处分他人财产，经权利人追认或者无处分权的人订立合同后取得处分权的，该合同有效。"因此，许某昌与吴某庆之间签订的车辆质押协议处于效力待定状态。原、被告签订的《质押债权转让协议》，名义是质押债权转让，但协议内容并无对原车主许某昌债权数额的体现，质押系对主债权合同履行的担保，需依附主债权存在，而本案中原告在签订合同时就具有购买该车的意思，该合同实质就是买卖合同。被告吴某庆对该车的处分未经所有权人的同意也未取得该车的处分权，故被告对该车辆的转让系无权处分。依据《买卖合同司法解释》(法释〔2012〕8号)第3条的规定："当事人一方以出卖人在缔约时对标的物没有所有权或者处分权为由主张合同无效的，人民法院不予支持。出卖人因未取得所有权或者处分权致使标的物所有权不能转移，买受人要求出卖人承担违约责任或者要求解除合同并主张损害赔偿的，人民法院应予支持。"因此，吴某庆与周某健之间签订的买卖合同有效。《民法典》第597条规定："因出卖人未取得处分权致使标的物所有权不能转移的，买受人可以解除合同并请求出卖人承担违约责任。"按照民法通说理论，解除合同、承担违约责任是以合同有效为前提，因此可以推出无处分权出卖他人之物签订的合同有效。

2.汇通信诚租赁有限公司就案涉车辆的公示效力如何？

《最高人民法院关于审理融资租赁合同纠纷案件适用法律问题的解释》(法释〔2014〕3号)第9条第2项规定："承租人或者租赁物的实际使用人，未经出租人同意转让租赁物或者在租赁物上设立其他物权，第三人依据物权法第一百零六条的规定取得租赁物的所有权或者其他物权，出租人主张第三人物权权利不成立的，人民法院不予支持，但有下列情形之一的除外：……(二)出租人授权承租人将租赁物抵押给出租人并在登记机关依法办理抵押权登记的。"从该条款来看，其设立的"出租人抵押权"，实质目的并非担保租金债权，而是为公示权利，防止因承租人擅自处分租赁物导致第三人善意取得。因此，本案中，许某昌在无权处分情况下将案涉车辆质押给被告吴某庆，但是吴某庆却并不能善意取得案涉车辆的质权。退一步讲，即使吴某庆善意取得案涉车辆的质权，因汇通信诚租赁有限公司就案涉车辆享有抵押权并且已经办理了抵押登记，该抵押权具有对抗善意第三人的效力，也就是说，即使汇通信诚租赁有限公司对案涉车辆不享有所有权，因其抵押权较吴某庆的质权优先设立且已登记，汇通信诚租赁有限公司对案涉车辆的抵押权优先于吴某庆的质权得以受偿。

3.汇通信诚租赁有限公司以自力救济方式取回案涉车辆依据的是何种权利?

本案承租人许某昌未按期支付租金、拖欠多期租金，构成根本违约，汇通信诚租赁有限公司有权据此提前解除合同。汇通信诚租赁有限公司以自力救济方式取回自有融资车辆，依据的是相关法律及租赁合同所赋予的所有权，并非行使抵押权。原、被告签订的转让协议系双方真实意思表示，依法成立并生效。但因标的物是被告无权处分且已被第三人汇通信诚租赁有限公司收回导致合同目的无法实现，可依法解除。原告周某健作为受让方支付了合同对价，现因合同解除，被告吴某庆应返还合同价款，涉案车辆也应返还，而因该车已被第三人汇通信诚租赁有限公司行使所有权收回，无法返还车辆。被告吴某庆履行责任后，可向出质人即原名义车主许某昌主张其债权。

用工单位依法退回劳务派遣人员应否承担退工责任?

徐欣欣

劳务派遣作为一种特殊的用工方式,涉及劳务派遣公司(用人单位)、接受派遣公司(用工单位)与劳务派遣人员(劳动者)三方的关系。实务中,用工单位将劳动者退回派遣单位引发的退工责任纠纷较多。对于用工单位而言,应清晰地掌握法定退工的情形,以及依法退工应否承担责任的相关规定,从而有效规避用工风险。本文结合相关案例进行法理分析,以期对广大用工单位的风险防控有所助益。

一、案情与裁判

案件名称:殷某青与被上诉人江苏海宏电力工程顾问股份有限公司、无锡市手牵手劳务派遣有限公司劳动合同纠纷案

案件来源:江苏省无锡市中级人民法院(2017)苏02民终567号民事判决

案情简介:

2014年4月1日,殷某青(上诉人、一审原告)与无锡市手牵手劳务派遣有限公司(被上诉人、一审被告,以下简称手牵手公司)签订劳动合同,期限为2014年4月1日至2016年3月31日,手牵手公司将其派遣至江苏海宏电力工程顾问股份有限公司(被上诉人、一审被告,以下简称海宏公司)担任黄牌11座公务用面包车的驾驶员,约定实行标准工时制,加班工资计发基数为无锡市最低工资标准。

2015年8月4日,海宏公司致函手牵手公司,以殷某青驾驶的车辆不适合公司业务需要停止使用且公司目前无适合空岗安排为由,决定将其退回手牵手公司。殷某青在海宏公司工作至2015年8月3日。

2015 年 8 月 10 日，手牵手公司通知殷某青：因用工单位海宏公司业务需要，决定将其退回手牵手公司，现征求其意见，将为其重新安排新的工作单位，如不同意将与其协商解除劳动合同并补偿其 1 个月工资的代通知金及 1.5 个月工资的经济补偿金。殷某青表示不同意变更合同安排至新的工作单位。后手牵手公司为殷某青办理了退工手续，解除劳动合同日期为 2015 年 8 月14 日，退工理由为用人单位以被派遣劳动者被退回，维持或提高约定条件重新派遣时，劳动者不同意为由解除劳动合同。

殷某青认为海宏公司与手牵手公司系违法解除，申请劳动争议仲裁，因无锡市新区劳动争议仲裁委员会逾期未裁，遂诉至一审法院，请求判令海宏公司、手牵手公司"……3.支付其赔偿金及代通知金合计 14387.10 元(2877.42 元×2 个月×2＋2877.42 元)"。

一审判决

无锡高新技术产业开发区人民法院经审理认为：关于第三项诉讼请求：殷某青的工作岗位为黄牌公务车的驾驶员，海宏公司基于业务发展需要取消了该岗位并出售该车，殷某青被派遣的岗位已经消失，此时海宏公司将其退回手牵手公司并不违法，殷某青与手牵手公司的劳动合同并未解除，作为用工单位，海宏公司无需支付违法解除劳动合同的赔偿金。因劳动合同订立时所依据的客观情况发生重大变化，殷某青实际上已无法在原用工单位工作，手牵手公司欲为其重新安排新的工作单位，并告知其如不同意将协商解除劳动合同，但殷某青不同意给其安排新的工作单位。手牵手公司据此解除与殷某青的劳动合同符合法律规定，无须支付违法解除劳动合同的赔偿金。

二审判决

江苏省无锡市中级人民法院经审理认为：本案中，海宏公司因业务发展需要出售了殷某青原驾驶的车辆，殷某青被派遣的岗位已经消失，但是，殷某青与手牵手公司的劳动关系依然存续，海宏公司将其退回手牵手公司另作安排并不违法，殷某青主张海宏公司应当承担退工的责任没有法律依据。殷某青与手牵手公司之间的劳动关系解除系殷某青原工作内容(在海宏公司开车)因客观情况发生重大变化而无法履行，且殷某青未能就变更劳动合同内容与手牵手公司达成一致意见所致，按照《劳动合同法》第 40 条第(3)项的规定，手牵手公司可以提前与殷某青解除劳动合同，无需支付赔偿金。

二、相关规定

《劳务派遣暂行规定》第 12 条：“有下列情形之一的，用工单位可以将被派遣劳动者退回劳务派遣单位：（一）用工单位有劳动合同法第四十条第三项、第四十一条规定情形的；（二）用工单位被依法宣告破产、吊销营业执照、责令关闭、撤销、决定提前解散或者经营期限届满不再继续经营的；（三）劳务派遣协议期满终止的。被派遣劳动者退回后在无工作期间，劳务派遣单位应当按照不低于所在地人民政府规定的最低工资标准，向其按月支付报酬。”

《劳务派遣暂行规定》第 15 条：“被派遣劳动者因本规定第十二条规定被用工单位退回，劳务派遣单位重新派遣时维持或者提高劳动合同约定条件，被派遣劳动者不同意的，劳务派遣单位可以解除劳动合同。被派遣劳动者因本规定第十二条规定被用工单位退回，劳务派遣单位重新派遣时降低劳动合同约定条件，被派遣劳动者不同意的，劳务派遣单位不得解除劳动合同。但被派遣劳动者提出解除劳动合同的除外。”

《劳务派遣暂行规定》第 17 条：“劳务派遣单位因劳动合同法第四十六条或者本规定第十五条、第十六条规定的情形，与被派遣劳动者解除或者终止劳动合同的，应当依法向被派遣劳动者支付经济补偿。”

《劳动合同法》第 40 条第 1 款第（3）项：“劳动合同订立时所依据的客观情况发生重大变化，致使劳动合同无法履行，经用人单位与劳动者协商，未能就变更劳动合同内容达成协议的。”

《劳动合同法》第 41 条：“有下列情形之一，需要裁减人员二十人以上或者裁减不足二十人但占企业职工总数百分之十以上的，用人单位提前三十日向工会或者全体职工说明情况，听取工会或者职工的意见后，裁减人员方案经向劳动行政部门报告，可以裁减人员：（一）依照企业破产法规定进行重整的；（二）生产经营发生严重困难的；（三）企业转产、重大技术革新或者经营方式调整，经变更劳动合同后，仍需裁减人员的；（四）其他因劳动合同订立时所依据的客观经济情况发生重大变化，致使劳动合同无法履行的。”

三、典型案例或做法

案号	裁判立场
封某明与扬子江药业集团江苏制药股份有限公司、江苏卓源外包服务有限公司劳动争议案/泰州市海陵区人民法院(2018)苏 1202 民初 6817 号民事判决	封某明与扬子江公司实行劳务派遣的用工方式,根据《劳务派遣暂行规定》在劳务协议期满时将派遣劳动者退回劳务派遣单位。本案卓源公司、扬子江公司申请人间的劳务派遣协议于 2018 年 9 月 10 日到期,且不存在派遣期限应当延续的情形,派遣合同到期后介于用工单位经营需求,扬子江公司按照合同约定及《劳务派遣暂行规定》的规定,将派遣人员退回并无不妥,封某明主张扬子江公司给付封某明违法解除劳动合同经济赔偿金,并由卓源公司承担连带责任的理由不能成立,对其诉讼主张不予支持。
北京金寰亚管理咨询有限公司与被告北京巴布科克·威尔科克斯有限公司劳务派遣合同纠纷案/北京市石景山区人民法院(2019)京 0107 民初 13989 号民事判决	本院认为:原告被告之间的劳务派遣协议,系双方真实意思的表示,可以证明原告与被告之间存在合法有效的劳务派遣合同关系,因此该劳务派遣合同对双方应当具有约束力。 本案中,双方劳务派遣协议明确约定,乙方向甲方退回劳务派遣人员,依据国家法律法规应当向劳务派遣人员支付经济补偿金的,由乙方承担。四名劳动者因被告不同意续订劳动合同,导致原告支付了劳动者经济赔偿金,现原告已经向四名劳动者支付了全部的经济赔偿金。原告要求被告返还垫付的四名劳动者违法解除劳动合同赔偿款的诉讼请求,本院予以支持。

四、法理分析

1.在依法退工的情形下,实际用工单位不需要承担退工责任

《劳务派遣暂行规定》第 12 条第 1 款规定:“符合该款规定情形之一的,用工单位可以将被派遣劳动者退回劳务派遣单位。”从法律规则上看,该条使用了“可以”的表达模式,属于授权性规则,即赋予了用工单位在法定情形下退回劳务派遣人员的权利。再者,《劳务派遣暂行规定》《劳动法》《劳动合同法》等相关法律中并未规定用工单位依法退工,应承担退工责任。故,用工单位依法退工属于法定权利的行使,在此情形下无需承担退工责任。本案及典型案例 1 中,用工单位退回劳动者的情形符合《劳务派遣暂行规定》第 12 条的规定,法院认为其构成依法退工而无需承担退工责任。

2.在依法退工的情形下，劳务派遣单位应承担退工责任

根据《劳务派遣暂行规定》相关规定："被派遣劳动者退回后，劳务派遣单位应承担相关责任。如第12条第2款规定："被派遣劳动者退回后在无工作期间，劳务派遣单位应当按照不低于所在地人民政府规定的最低工资标准，向其按月支付报酬。"第15条规定，劳务派遣单位应当重新派遣劳动者；第17条规定了劳务派遣单位应当向劳动者支付经济补偿金的情形等。可见，在劳务派遣人员被依法退回后，劳务派遣单位是退工责任的主体，负责派遣人员的重新派遣、基本生活保障、支付经济补偿等等。

3.关于劳务派遣单位转嫁退工责任的风险防控

实务中，劳务派遣单位一般主张在劳务派遣协议约定相关退工责任由用工单位承担。如典型案例2，双方在劳务派遣协议中约定，乙方(用工单位)向甲方(用人单位)退回劳务派遣人员，依据国家法律法规应当向劳务派遣人员支付经济补偿金的，由乙方承担。由于该行为系双方真实意思的表示，且无违反法律、行政法规的强制性规定等无效事由，故法院一般认为该类约定对双方具有约束力，判定用工单位依约承担责任。

为规避上述责任转嫁风险，用工单位在订立劳务派遣协议时，应具有权利意识，以《劳务派遣暂行规定》第12条为谈判底线，拒绝不必要的责任承担；在《劳务派遣暂行规定》第12条规定的情形之外，可以采用"列举式＋兜底条款"的安排，明确自身的责任范围，以下具体操作可供参考：

1.用工单位仅列举约定自身对劳务派遣承担退工责任具有过错的情形，如(1)无正当理由擅自解除与用人单位之间的劳务派遣协议；(2)无正当理由拒付、迟延支付工资；(3)未提供工作岗位需要的安全工作条件等。

2.同时，建议增加兜底性免责条款，如约定：除上述列举情形外，发生的任何劳动争议、纠纷、法律责任、经济责任等，均与用工单位无关，用工单位无需承担任何责任。

因虚构基础交易产生的保理合同效力问题

刘　涵

保理融资是一种新兴的融资方式，保理合同涉及原债权人与原债务人之间的基础贸易合同关系，保理商与原债权人之间的借贷（融资）合同关系，以及保理商与原债务人之间继受的债权债务关系。若保理合同的基础贸易是虚假的，保理合同的效力该如何认定？保证人与保理商的保证合同还是否有效？以下结合一则案例说明之。

一、案情与裁判

案件名称：中国工商银行股份有限公司临武支行等与临武县泡金山铅锌矿有限公司等金融借款合同纠纷上诉案

案情来源：湖南省郴州市中级人民法院（2017）湘10民终2233号民事判决

案情简介：

2011年5月16日，姣龙公司（上诉人、原审被告）与泡金山公司签订《工矿产品购销合同》系双方基础交易合同。合同约定泡金山公司向姣龙公司预支货款定金并借款，自合同签订之日至2015年11月，姣龙公司均系以提前支付货款的方式向泡金山公司采购工矿产品。

泡金山公司为了办理保理融资业务，与姣龙公司签订了虚假的锡精矿购销合同，虚构其对姣龙公司享有应收账款的事实。2015年2月12日，姣龙公司配合泡金山公司向工商银行临武支行（上诉人、原审原告）提供虚假的《应收账款确认书》，认可其尚欠泡金山公司货款17629004.35元，承诺在2015年10月31日前全部结清所欠货款，将货款汇至工商银行临武支行指定的账户内。

2015年2月15日，泡金山公司（乙方）与工商银行临武支行（甲方）签订有追索权的《国内保理业务合同》，合同约定：乙方将应收账款债权及相关权利转让工商银行临武支行，甲方给予乙方总额为10000000元的保理融资。2015年2月16日，工商银行临武支行依约向泡金山公司指定的账户发放了10000000元融资款。

2015年2月15日，工商银行临武支行向姣龙公司送达《应收账款债权转让通知书》，姣龙公司在该份通知书的回执上签了字，并承诺在应收账款到期时将相应款项支付至指定的账户。

当日姣龙公司还与工商银行临武支行签订了《保证合同》，约定由姣龙公司对工商银行临武支行与泡金山公司签订的《国内保理业务合同》提供连带责任保证。在该《保证合同》签订之前，姣龙公司于2015年2月12日召开过股东会，同意为泡金山公司在工商银行临武支行处的10000000元融资款提供连带责任保证。

2015年2月15日，泡金山公司还向工商银行临武支行出具《承诺书》，承诺以公司股东及其配偶个人财产为该笔融资款承担连带责任担保，邝发良（被上诉人、原审被告）在该份《承诺书》的法人代表处签了字。

因姣龙公司未能按时将应收账款支付至工商银行临武支行指定的账户上，同时泡金山公司未能及时偿还贷款，工商银行临武支行遂诉至一审法院。

一审判决

湖南省郴州市临武县人民法院经审理认为：

1.泡金山公司与姣龙公司签订的《锡精矿购销合同》是虚假合同。因此本案所涉及的保理合同法律关系不存在真实有效的应收账款而失去了有效成立的前提和基础，应认定保理合同法律关系未能依法成立。本案所涉法律关系应为金融借款法律关系。

2.工商银行临武支行与姣龙公司签订的《保证合同》，是基于保理业务合同项下的主债权产生的担保关系，主合同无效，从合同无效。因此，本案中姣龙公司无须承担保证责任。但由于姣龙公司与泡金山公司签订了虚假合同，其行为存在过错，姣龙公司应对工商银行临武支行因此造成的损失承担侵权责任。

3.贷款前后工商银行临武支行未对姣龙公司和泡金山公司真实交易情况、借款资金走向、资金用途等情况进行认真核查，未尽注意职责，存在一定责任。

4.邝发良作为泡金山公司的股东兼法定代表人向工商银行临武支行出具《承诺书》，承诺以股东个人财产承担连带责任保证，系邝发良的真实意思表示，故邝发良应当对泡金山公司的融资行为承担连带责任保证。《承诺书》并未有邝军(被上诉人、原审被告)的签字,故对工商银行临武支行要求邝军承担连带责任保证的诉讼请求,不予支持。

二审判决

湖南省郴州市中级人民法院经审理认为:

1.本案中(1)由于泡金山公司对姣龙公司并不存在真实、有效的应收账款债权,工商银行临武支行与泡金山公司之间不发生债权转让的法律后果。(2)《国内保理业务合同》除对应收账款债权转让有约定外,还对融资贷款进行了约定,该约定是双方真实意思表示,双方之间因此形成了金融借贷法律关系,该借贷关系内容合法有效,对当事人具有法律约束力。

2.本案并不存在主合同无效而导致担保合同无效的情形,姣龙公司作为保证人仍应按照《保证合同》及《中国工商银行核保书》的约定,对泡金山公司所负的本案借贷本息债务承担连带保证责任。

3.泡金山公司股东与泡金山公司系两个独立的民事责任主体,泡金山公司向工商银行临武支行出具的《承诺书》中虽然载有"股东及其配偶个人财产为贵行全部融资承担连带责任担保"的内容,以及《承诺书》中有公司法定代表人签字及加盖有公司印章,但公司股东邝军并未签字,事后也未予追认,故工商银行临武支行要求邝军承担连带保证责任依据不足,本院不予支持。

二、相关规定

《合同法》第 54 条第 2 款(《民法典》第 148 条):"一方以欺诈、胁迫的手段或者乘人之危,使对方在违背真实意思的情况下订立的合同,受损害方有权请求人民法院或者仲裁机构变更或者撤销。"

《民法典》第 763 条:"应收账款债权人与债务人虚构应收账款作为转让标的,与保理人订立保理合同的,应收账款债务人不得以应收账款不存在为由对抗保理人,但是保理人明知虚构的除外。"

《担保法》第 18 条(《民法典》第 688 条):"当事人在保证合同中约定保证人与债务人对债务承担连带责任的,为连带责任保证。连带责任保证的债务人在主合同规定的债务履行期届满没有履行债务的,债权人可以要求债务人履行债务,也可以要求保证人在其保证范围内承担保证责任。"

《商业银行保理业务管理暂行办法》第 14 条:"商业银行受理保理融资业务时,应当严格审核卖方和/或买方的资信、经营及财务状况,分析拟做保理融资的应收账款情况，包括是否出质、转让以及账龄结构等，合理判断买方的付款意愿、付款能力以及卖方的回购能力，审查买卖合同等资料的真实性与合法性。对因提供服务、承接工程或其他非销售商品原因所产生的应收账款，或买卖双方为关联企业的应收账款，应当从严审查交易背景真实性和定价的合理性。”

《商业银行保理业务管理暂行办法》第15条：“商业银行应当对客户和交易等相关情况进行有效的尽职调查，重点对交易对手、交易商品及贸易习惯等内容进行审核，并通过审核单据原件或银行认可的电子贸易信息等方式，确认相关交易行为真实合理存在，避免客户通过虚开发票或伪造贸易合同、物流、回款等手段恶意骗取融资。”

三、典型案例或做法

案号	裁判立场
中国银行股份有限公司娄堰支行与江苏正达建设有限公司、张某琴等保证合同纠纷案/新疆维吾尔自治区高级人民法院(2016)新民终257号民事判决	商业银行开展以应收账款债权转让为核心的保理融资业务，应收账款债权得以产生的货物销售、服务提供等基础关系仅存在于债权人和债务人之间，保理银行并非基础合同的当事人，故基础合同无效并不当然导致保理合同无效。浦发银行乌鲁木齐分行与博湖公司签订的《保理融资申请书》《保理协议书》《应收账款转让登记协议》《保理额度及交易条件通知书》以及与七星集团、中泰公司签订的《最高额保证合同》，均系合同各方当事人的真实意思表示，内容不违反法律、行政法规的强制性规定，不损害国家、集体、第三人利益和社会公共利益，应当认定为有效合同。博湖公司未按合同约定向浦发银行乌鲁木齐分行支付融资款及利息已构成违约，七星集团、中泰公司应承担连带保证责任。
中国工商银行股份有限公司无锡惠山支行诉无锡市超群自动化设备有限公司等借款合同纠纷案/江苏省无锡市中级人民法院(2013)锡商终字第0698号民事判决	本案中因应收账款转让实际未通知到博西华公司，导致该转让对应收账款债务人博西华公司没有约束力，工行惠山支行在保理合同约定的融资期限届满后，按照保理合同中回购条款的约定向应收账款债权人超群公司主张实现追索权，主债权债务关系最终还是固定在工行惠山支行与超群公司之间，该保理合同所产生的实际法律后果与借款合同并无区别，超群公司应承担相应的还款责任。

续表

案号	裁判立场
中国信达资产管理股份有限公司湖北省分公司诉富特塑胶科技有限公司等借款合同纠纷案/湖北省武汉市蔡甸区人民法院(2016)鄂0114民初第561号民事判决	保理合同涉及保理商(即商业银行)与债权人、保理商与债务人之间不同的法律关系,即债权人与债务人之间的基础合同关系、债权人与保理商之间的应收账款债权转让关系、保理商与债权人之间的融资关系,上述法律关系具有相对独立性。从合同文本理解,工行蔡甸支行既可选择美的公司偿付应收账款又可要求被告富特公司履行还款义务;原告撤回了对美的公司的起诉,在本案中仅要求被告富特公司偿还保理融资以及相应的利息、逾期罚息以及相关费用;从被告富特公司向工行蔡甸支行借款,到期后原告要求返还借款并支付相应利息的行为特征考量,工行蔡甸支行与被告富特公司在《国内保理业务合同》中融资关系应认定为借款合同关系。原、被告双方均对借款关系不持异议,借款关系系当事人真实意思表示、未违反法律、行政法规的强制性规定,合法有效。

四、法理分析

保理合同是应收账款债权人将现有的或者将有的应收账款转让给保理人,保理人提供资金融通、应收账款管理或者催收、应收账款债务人付款担保等服务的合同。虽然《民法典》合同编新设保理合同一章对保理合同予以调整,但是案件发生时我国现行法律并没有对其进行立法规制,故对保理合同应按无名合同适用《合同法》总则相关内容,并可参照合同法分则或最相类似规则予以处理。

首先,本案保理合同有效。虽然《国内保理业务合同》涉及的基础交易虚假,但该保理合同本身只要不存在《合同法》第52条规定的无效情形,就应当认定为有效。故一审中认为工商银行临武支行与泡金山公司之间的保理合同法律关系未能依法成立,缺乏法律依据,本案保理合同合法有效,不存在无效情形。对于泡金山公司故意制造虚假交易,采取欺诈手段与银行订立保理合同,银行有权根据《合同法》第54条规定,行使撤销权,但既然银行并未行使撤销权,保理合同就仍然有效。本案中工商银行临武支行与泡金山公司之间签订的《国内保理业务合同》约定了融资贷款和债权转让两种法律关系。但由于泡金山公司与姣龙公司之间并不存在真实、有效的应收账款债权,所以关于债权转让的部分约定无效。但关于融资贷款部分是双方真实意思表示,合法有效,并且工商银行临武支行也已经实际履行，双方已经形成金融借贷法律关系，泡金山公司应按照合同约定履行合同义务。故一审中认为工商银行临武支行与泡金山公司之间的保理合同法律关系未能依法成立，缺乏法律依据，本案保理合同合法有效，不存在无效情形。

若是依据《民法典》，仍能得到相同的结论。根据《民法典》第 763 条“应收账款债权人与债务人虚构应收账款作为转让标的，与保理人订立保理合同的，应收账款债务人不得以应收账款不存在为由对抗保理人，但是保理人明知虚构的除外”可知，除保理人明知合同为虚构外，即使应收账款不真实，债务人也需依约履行合同，而不得以其与债权人之间不存在真实、有效的应收账款债权为由对抗保理商。

其次，保理合同的保证人仍应承担保证责任。对姣龙公司来说，姣龙公司还与工商银行临武支行签订了《保证合同》，约定对泡金山公司签订的《国内保理业务合同》提供连带责任保证，签订前姣龙公司也已召开过股东会并通过该决议，符合法律程序，故该公司签署的《保证合同》合法有效。根据《担保法》第 18 条第 2 款的规定“连带责任保证的债务人在主合同规定的债务履行期届满没有履行债务的，债权人可以要求债务人履行债务，也可以要求保证人在其保证范围内承担保证责任”，姣龙公司对泡金山所负贷款及利息应承担连带保证责任。

对泡金山的股东来说，虽然泡金山公司出具了《承诺书》，承诺公司股东及其配偶个人财产为该笔融资款承担连带责任担保，但公司与股东是两个独立的民事责任主体，泡金山公司仅有股东邝发良在该份《承诺书》签了字，其他股东并未签字，故工商银行临武支行仅能要求邝发良承担连带保证责任。

最后，银行自身也有一定责任。根据银监会发布的《商业银行保理业务管理暂行办法》第 15 条的规定“商业银行应当对客户和交易等相关情况进行有效的尽职调查，重点对交易对手、交易商品及贸易习惯等内容进行审核，并通过审核单据原件或银行认可的电子贸易信息等方式，确认相关交易行为真实合理存在，避免客户通过虚开发票或伪造贸易合同、物流、回款等手段恶意骗取融资”可知，商业银行在签订保理合同时存在对基础交易行为进行实质审查的义务，而本案中工商银行临武支行未对姣龙公司和泡金山公司真实交易情况、交易习惯、借款资金走向等情况进行认真核查，未尽必要的审查义务，其自身也存在一定责任。

涉外股权转让合同变更价款和支付方式不经报批是否生效?

董媛媛

中外合资经营企业股权转让合同已获批准后,当事人协议变更股权转让对价及支付方式是否属于应当报批的重大或实质性变更?合同法上合同内容的实质性变更与外商投资企业需经审批的重大或实质性变更之区别为何?以下结合审判实践说明之。

一、案情与裁判

案件名称:顺通化工机械贸易有限公司与津热供热集团有限公司股权转让合同纠纷上诉案

案情来源:天津市高级人民法院(2010)津高民二终字第33号民事判决

案情简介:

2007年1月16日,天津市津热供热集团有限公司(上诉人、原审被告,以下简称津热公司)与天津市顺通化工机械贸易有限公司(上诉人、原审原告,以下简称顺通公司)及国际金融公司、港联亚洲集团有限公司(以下简称港联集团)经协商一致后,约定了津热公司以1980万美元受让顺通公司持有的中晨能源仓储有限公司(第三人,以下简称中晨公司)60%的股权,港联集团分别受让顺通公司、国际金融公司持有的中晨公司15%和25%股权。各方为此订立了股权转让协议。两日后,顺通公司、津热公司签订《补充协议》,变更了给付方式并将股权转让对价变更为人民币6亿元,还约定顺通公司负责办理成品油经营资质,津热公司负责组织目标公司成品油项目建设及所需建设资金等合同义务,并约定签订之日起三年内完成全部合同内容。同年7月,商务部作出批复同意上述股权转让事宜。同月,顺通公司办理了股权转让工商变更登记。津热公司已支付人民币5000万元的转让款，为保证后续付款，其向顺通公司出具《承诺书》，确定了日2‰的违约金。同年12月，津热公司出现资金困难，遂向顺通公司发函要求终止协议的履行，但顺通公司未予回复。另查明：国际金融公司系中晨公司的外方投资者。现顺通公司以津热公司未按协议约定履行付款义务为由，提起诉讼，请求判令解除两份协议，并由津热公司办理股权行政审批、工商部门的变更登记手续，支付违约金和以同期银行贷款利率计算2010年1月19日至返还股权工商、行政审批手续完毕之日止的本金4亿元利息损失。

一审判决

天津市第二中级人民法院经审理认为：顺通公司与津热公司签订的股权转让协议是双方的真实意思表示，不违反法律禁止性规定，应认定有效。双方之后签订的补充协议，虽然变更了股权转让价格，但因该事项不属于《最高人民法院关于审理外商投资企业纠纷案件若干问题的规定》第2条中的"重大或实质性变更"，不属于商务部审查审批范围，故补充协议有效。津热公司在顺通公司已履行相应合同义务的情况下，发函表明不再履行合同，属根本违约。故判决解除股权转让协议及补充协议；顺通公司返还津热公司人民币5000万元；津热公司返还顺通公司、中晨公司60%的股权并协助办理工商、行政审批手续；津热公司赔偿原告顺通公司违约损失；驳回顺通公司其他诉请。

原被告均不服一审判决，提出上诉。

二审判决

天津市高级人民法院经审理认为：一审判决基本正确，但对由津热公司给付2010年6月30日至登记部门实际变更登记完毕之日的违约赔偿金的主张未予支持欠妥。故加判津热公司给付顺通公司自2010年7月1日至返还股权工商、行政审批手续完毕之日止的违约赔偿金，驳回津热公司的上诉请求。

二、相关规定

《中外合资经营企业法实施条例》第14条："合营企业协议、合同和章程经审批机构批准后生效，其修改时同。"

《最高人民法院关于审理外商投资企业纠纷案件若干问题的规定(一)》(法释〔2010〕9号)第1条[《最高人民法院关于审理外商投资企业纠纷案件若干问题的规定(一)》(法释〔2020〕18号)第1条]："当事人在外商投资企业设立、变更等过程中订立的合同，依法律、行政法规的规定应当经外商投资企业审批机关批准后才生效的，自批准之日起生效；未经批准的，人民法院应当认定该合同未生效。当事人请求确认该合同无效的，人民法院不予支持。前款所述合同因未经批准而被认定未生效的，不影响合同中当事人履行报批义务条款及因该报批义务而设定的相关条款的效力。”

《最高人民法院关于审理外商投资企业纠纷案件若干问题的规定(一)》(法释〔2010〕9号)第2条[《最高人民法院关于审理外商投资企业纠纷案件若干问题的规定(一)》(法释〔2020〕18号)第2条]：“当事人就外商投资企业相关事项达成的补充协议对已获批准的合同不构成重大或实质性变更的，人民法院不应以未经外商投资企业审批机关批准为由认定该补充协议未生效。前款规定的重大或实质性变更包括注册资本、公司类型、经营范围、营业期限、股东认缴的出资额、出资方式的变更以及公司合并、公司分立、股权转让等。”

《合同法》第30条(《民法典》第488条)：“承诺的内容应当与要约的内容一致。受要约人对要约的内容作出实质性变更的，为新要约。有关合同标的、数量、质量、价款或者报酬、履行期限、履行地点和方式、违约责任和解决争议方法等的变更，是对要约内容的实质性变更。”

《民法典》第502条：“依法成立的合同，自成立时生效，但是法律另有规定或者当事人另有约定的除外。依照法律、行政法规的规定，合同应当办理批准等手续的，依照其规定。未办理批准等手续影响合同生效的，不影响合同中履行报批等义务条款以及相关条款的效力。应当办理申请批准等手续的当事人未履行义务的，对方可以请求其承担违反该义务的责任。依照法律、行政法规的规定，合同的变更、转让、解除等情形应当办理批准等手续的，适用前款规定。”

三、典型案例或做法

案号	裁判立场
李某与珠海九运股权投资合伙企业股东出资纠纷上诉案/广东省珠海市中级人民法院(2015)珠中法民四终字第83号民事判决	关于本案所涉《补充协议》的效力问题。《补充协议》为双方真实意思表示，合同合法有效。双方签订的已经审批的《合资经营合同》约定以中外合资经营方式成立博观公司，投资总额为人民币1400万元，注册资本为人民币1000万元，双方出资方式均为货币。而《补充协议》约定：注册资金为首期第一年人民币1000万元，二年内注册资金增加到人民币3000万元；九运合伙企业以现金、李某以专利入股。可见《补充协议》对注册资本及出资方式均进行了变更，根据《最高人民法院关于审理外商投资企业纠纷案件若干问题的规定(一)》第2条的规定，《补充协议》已构成重大或实质性的变更，需经审批后才生效。故案涉《补充协议》因未经审批机关批准而未生效。

续表

案号	裁判立场
本溪北方煤化工有限公司与攀海国际有限公司股东出资纠纷上诉案/最高人民法院（2016）最高法民终745号民事判决	本院认为，根据《最高人民法院关于审理外商投资企业纠纷案件若干问题的规定（一）》第2条的规定，虽然《补充协议》对已经审批的《合资经营合同》《合资经营章程》进行了变更，且《补充协议》未经审批机构批准，但其仅是删去《合资经营合同》《合资经营章程》中"以国家进出口商品检验检疫局认定的价格为准"的内容，并未变更注册资本、公司类型、经营范围、营业期限、股东认缴的出资额、出资方式等，不构成重大或实质性变更。因此，不能以该《补充协议》未经审批机关批准为由认定为未生效。
香顺有限公司等与清远市快地新型建材有限公司股权转让纠纷上诉案/广东省清远市中级人民法院（2015）清中法民三终字第861号民事判决	关于涉案股权转让合同未生效的问题。案涉两份《股权转让合同》，已经批准的是金额为600万的股权转让合同。金额为2350万元的股权转让合同虽对股权价款及支付方式作出变更，但不构成重大或实质性变更，故此合同成立并生效，且双方当事人也一直履行此合同。本院注意到，我国对外商投资企业实行审批制度，但是该审批是着重对于外商身份、外方投资的产业是否影响我国的经济安全等重大事项，而对于合同履行方式、价款等属当事人意思自治范围，不是审批的重点。而今该审批制已变为备案登记制。综上，涉案合同已生效，香顺公司未履行报批义务应承担违约金的主张不予支持。

四、法理分析

首先，《补充协议》属合同法中实质性内容的变更。根据《合同法》第30条的规定，有关合同标的、数量、质量、价款或者报酬、履行期限、履行地点和方式、违约责任和解决争议方法等的变更，属合同法上的实质性变更。但实质性条款不限于法条所列内容，例如对法律的选择也应是实质性的条款。本案《补充协议》关于股权转让对价和给付方式的变更虽属于合同法上实质性内容的变更，但该协议系双方当事人真实的意思表示，不违反法律、行政法规的强制性规定，故而有效。

其次，《补充协议》非属需经审批的重大或实质性变更。根据《中外合资经营企业法实施条例》第14条的规定，合营企业协议、合同和章程的修改需经审批机构批准后生效。又据《最高人民法院关于审理外商投资企业纠纷案件若干问题的规定（一）》（法释〔2010〕9号）第2条的规定，"重大或实质性变更"是指注册资本、公司类型、经营范围、营业期限、股东认缴的出资额、出资方式的变更以及公司合并、公司分立、股权转让等。若补充协议对已获批准合同不构成重大或实质性变更的，不以未经批准为由认定为未生效。由此可知，作为设立阶段审批的延伸，变更阶段的审批遵循重大原则，其目的在于避免经设立阶段实质审批的企业利用股权转让等手段规避法律法规的强制性规定。尽管案涉《补充协议》变更股权转让对价和给付方式对当事人而言属合同内容的重要变更，但不属于变更审批时的重大或实质性变更事项，故该协议无需再次报批即可生效。

2016年9月3日，全国人大常务委员会审议通过《关于修改〈中华人民共和国外资企业法〉等四部法律的决定》，将不涉及国家规定实施准入特别管理措施的外商投资企业设立及变更，由审批改为备案管理，即不经审批只需备案协议即可生效。自2020年1月1日《外商投资法》施行后，《外商投资法》在备案制的基础上，强调建立外商投资信息报告制度。外国投资者或者外商投资企业应当根据《外商投资信息报告办法》的规定，通过企业登记系统以及企业信用信息公示系统向商务主管部门报送投资信息。

最后，津热公司应承担违约责任。本案《股权转让协议》系双方真实意思表示且已经审批后生效，《补充协议》无需审批即生效，故当事人应按照前述协议履行各自义务。顺通公司已完成股权变更登记，津热公司已支付部分股权转让价款，但之后发函要求终止履行。根据《合同法》第94条、第97条的规定可知，在履行期限届满之前，当事人一方明确表示或者以自己的行为表明不履行主要债务的，当事人可以解除合同。合同解除后，尚未履行的，终止履行；已经履行的，根据履行情况和合同性质，当事人可以要求恢复原状、采取其他补救措施，并有权要求赔偿损失。故法院判决支持顺通公司解除《股权转让协议》及《补充协议》主张，并依双方约定的按日2‰的计算方法计算违约金，按同期银行贷款利率计算自2010年1月19日至返还股权工商、行政审批手续完毕之日止的利息损失，由津热公司支付。

《民法典》第502条规定："依照法律、行政法规的规定，合同应当办理批准等手续的，依照其规定。未办理批准等手续影响合同生效的，不影响合同中履行报批等义务条款以及相关条款的效力。应当办理申请批准等手续的当事人未履行义务的，对方可以请求其承担违反该义务的责任。合同的变更、转让、解除等情形应当办理批准等手续的，适用前款规定。"由此可见，《民法典》吸纳了《最高人民法院关于审理外商投资企业纠纷案件若干问题的规定(一)》(法释〔2010〕9号)第1条第2款中"合同因未经批准而被认定未生效的，不影响合同中当事人履行报批义务条款及因该报批义务而设定的相关条款的效力"的规定，肯定报批条款及相关条款效力的独立性和违反报批义务可请求对方承担违约责任。

加盟连锁店与被加盟方的责任承担

付　琦

零售、餐饮、服装服饰等众多行业和领域中采取加盟经营模式者层出不穷，该模式凭借其扩张快、低成本、低风险、高效率的优点在我国获得了很大发展。那么加盟连锁店与被加盟方法律关系如何？加盟连锁店造成第三人损害时，被加盟方是否须承担连带责任？下面结合审判实践说明之。

一、案情与裁判

案件名称：深圳冠特家居健康系统有限公司、梁某定作合同纠纷案

案情来源：江西省赣州市中级人民法院(2020)赣07民终3178号民事判决

案情简介：

2019年6月1日，乙方梁某(被上诉人、原审原告)与甲方赣州经济技术开发区辰星全屋家具定制生活馆(被上诉人、原审被告，以下简称辰星家具馆)签订了《冠特定制家具订购合同》，约定：原告订购冠特定制家具，向被告辰星家具馆支付定金7.5万元(合同总额为7.9万元)，交货时间为2019年7月15日。定制家具交付时间届满后，被告辰星家具馆无法交付冠特定制家具，致使双方所签订的合同目的落空。

被告辰星家具馆是深圳冠特家居健康系统有限公司(上诉人、原审被告，以下简称冠特公司)在赣州经济技术开发区“冠特定制家具”的连锁加盟店，两被告于2019年1月10日签订《冠特定制家具经销商合同书》。主要约定：(1)冠特公司为专业的全屋定制企业，并创办了“冠特定制家具”品牌，用以特许经营形式授权经营。冠特公司授权辰星家具馆在赣州经济技术开发区设立“冠特定制家具”连锁加盟店。(2)辰星家具馆只能在合同有效期内经营冠特公司产品。(3)辰星家具馆只能代理冠特公司品牌，不可同时代理同行其他衣柜及家具品

牌，否则冠特公司有权取消辰星家具馆经销资格。不得用冠特名义与用户签订销售合同后，不下单生产或下单至别的工厂生产。(4)冠特公司负责按辰星家具馆发送的图纸或尺寸，进行核价生产[详见《合同》第 8 条第(3)项]。(5)辰星家具馆负责接单、上门测量、设计出图及产品安装、售后服务[详见《合同》第9 条第(5)项]。(6)合同有效期为一年，自 2019 年 1 月 1 日起至 2019 年 12 月 31 日止。

一审判决

江西省赣州经济技术开发区人民法院经审理认为：(1)原告梁某与被告辰星家具馆签订的《冠特定制家具订货合同书》是典型的定作合同法律关系，而非买卖合同法律关系。原告梁某向被告辰星家具馆订购的“冠特定制家具”，必须根据房屋的结构特点，进行“量身定作”，故原告为该“冠特定制家具”的定作人。(2)被告冠特公司和辰星家具馆为原告定作家具的共同承揽人。因为：(1)“冠特定制家具”是冠特公司的独特品牌产品，只有冠特公司才有资格、设备等要素进行生产，才能作为该品牌产品生产的承揽人。(2)被告辰星家具馆作为被告冠特公司的加盟店，与原告达成承揽合意后，负责为原告定制家具丈量尺寸，并进行图纸绘制，因缺乏资格、设备、技术等，不能独立完成承揽工作任务，必须依赖被告冠特公司完成。(3)被告冠特公司授权辰星家具馆开展冠特定制家具的销售活动，不是典型的家具成品买卖行为，双方实质上是承揽合作关系。被告辰星家具馆未按约定向原告交付“冠特定制家具”，导致合同目的落空，构成违约，应承担违约责任。冠特公司作为原告“冠特定制家具”的共同承揽人，对原告应当承担连带责任。

一审判决后，冠特公司不服，提出上诉。

二审判决

江西省赣州市中级人民法院经审理认为：梁某定制的家具并非家具成品，而是由辰星家具馆和冠特公司根据梁某的要求制作家具，并将制作的家具交付给梁某，由梁某给付报酬，符合承揽合同的特征，故当事人之间形成承揽合同法律关系。冠特公司上诉称本案当事人之间形成的是买卖合同法律关系，理由不能成立，不予支持。辰星家具馆以“冠特赣州专卖店”名义与梁某签订家具订货合同书，梁某有理由相信其定作的家具系冠特公司与辰星家具馆共同完成，实际上亦是由辰星家具馆负责丈量尺寸、下单、安装等工作，由冠特公司负责家具制作等工作。故一审判决认定辰星家具馆与冠特公司为共同承揽人并无不当。

二、相关规定

《合同法》第251条(《民法典》第770条):"承揽合同是承揽人按照定作人的要求完成工作,交付工作成果,定作人给付报酬的合同。承揽包括加工、定作、修理、复制、测试、检验等工作。"

《合同法》第267条(《民法典》第786条):"共同承揽人对定作人承担连带责任,但是当事人另有约定的除外。"

《合同法》第94条(《民法典》第563条):"有下列情形之一的,当事人可以解除合同:(一)因不可抗力致使不能实现合同目的;(二)在履行期限届满之前,当事人一方明确表示或者以自己的行为表明不履行主要债务;(三)当事人一方迟延履行主要债务,经催告后在合理期限内仍未履行;(四)当事人一方迟延履行债务或者有其他违约行为致使不能实现合同目的;(五)法律规定的其他情形。"

《合同法》第97条(《民法典》第566条):"合同解除后,尚未履行的,终止履行;已经履行的,根据履行情况和合同性质,当事人可以要求恢复原状、采取其他补救措施,并有权要求赔偿损失。"

《合同法》第107条(《民法典》第577条):"当事人一方不履行合同义务或者履行合同义务不符合约定的,应当承担继续履行、采取补救措施或者赔偿损失等违约责任。"

三、典型案例或做法

案号	裁判立场
金某仙等与张某林等共同承揽合同纠纷上诉案/浙江省衢州市中级人民法院(2015)浙衢民终字第463号民事判决	本案的焦点问题是:原告金某仙与被告张某林、张某明等是否为共同承揽关系。被告盛某松欲对其房屋进行修缮。于是,和被告张某林协商一致,以1600元的价格将修缮事宜交给被告张某林完成。2013年6月23日,原告金某仙、被告张某林等一起到被告盛某松家为其房屋进行修缮,在修缮过程中,原告金某仙从房屋上摔下受伤。原告金某仙与被告张某林等并非第一次合作,但基本上都是由被告张某林牵头,其从总工程款中抽取部分牵头人的劳务费,其余工程款系其与其他人平分,故总工程款不同,每个人所分得的钱也不一致。此次被告盛某松的房屋修缮亦是如此。据此,可以认定,原告金某仙与被告系共同承揽人的关系。

续表

案号	裁判立场
胡某凤、黄某怡、黄某银、邱某凤诉上海波涛装饰设计有限公司、刘某林生命权纠纷案/上海市第一中级人民法院（2013）沪一中民一（民）终字第858号民事判决	本案的焦点问题是：波涛公司、刘某林、黄某之间系何种法律关系。雇佣系具有人身依附性的劳务给付，波涛公司并不认识黄某，其只是要求刘某林再找人去拆除他人公司广告牌，报酬的给付亦非直接向黄某支付。故上诉人胡某凤等主张波涛公司雇佣黄某的依据不足。根据在案证据，波涛公司与黄某、刘某林之间更符合承揽的法律关系之特征。承揽系承揽人按照定作人的要求完成工作，交付工作成果，定作人给付报酬的行为。本案中，刘某林、黄某自备工具，完成波涛公司要求的拆除、破坏广告牌的定作工作，完成该工作后可以领取波涛公司给予的工作报酬。因此，法院依法认定波涛公司与刘某林、黄某成立承揽关系，波涛公司系定作人，刘某林、黄某系共同承揽人。
芜湖永辉汽车紧固件有限公司、钱某、芜湖县合力铆焊加工厂提供劳务者受害责任纠纷案/安徽省芜湖市中级人民法院（2020）皖02民终3424号民事判决	本案争议焦点是钱某1与铆焊加工厂、永辉公司是否为承揽关系。承揽关系是指双方当事人约定，一方按照他方的要求完成一定的工作，他方接受工作成果，并给付预定的报酬。承揽以完成工作成果为目的，定作人与承揽人之间不存在人身依附关系，承揽人对于工作如何安排可自行决定；在报酬支付方式上一般一次性结算劳动报酬。本案中，永辉公司以4万元价格将钢结构平台的搭建工作交给铆焊加工厂，定好规格并提供所有材料，不限工期，只需要铆焊加工厂一次性交给符合条件的钢结构平台，双方之间系承揽关系。铆焊加工厂承接该项目后又将具体焊接工作交给了钱某2、钱某1，钱某1自备工具、自己雇佣工人独立施工，亦只需要一次性交付劳动成果，不需要随时听从铆焊加工厂的指示，钱某2、钱某1与铆焊加工厂之间不存在人身依附关系，此外，根据钱某1、沈某才的陈述可知，钱某1、钱某2以总工作量获取报酬，不是按天计价，与铆焊加工厂之间符合承揽关系特征。

四、法理分析

仅就加盟双方而言，多数情况下加盟连锁店与被加盟方为特许经营合同关系，如本案中的冠特公司（特许人）与辰星家具馆（被特许人）同样是签订《冠特定制家具经销商合同书》，约定将“冠特定制家具”品牌以特许经营形式授权于辰星家具馆经营。加盟连锁店造成他人损害时，现有规范并未直接规定被加盟方是否需承担责任，应根据实际经营活动中的具体情况，分析加盟双方与第三人的实质法律关系，从而判定被加盟方是否需承担责任。如本案加盟连锁店与被加盟方实质上为共同承揽法律关系，应承担连带责任，下文予以详细说明。

首先，本案中的《冠特定制家具订购合同》为承揽合同。《合同法》第251条

(《民法典》第770条)规定:“承揽合同是承揽人按照定作人的要求完成工作,交付工作成果,定作人给付报酬的合同。承揽包括加工、定作、修理、复制、测试、检验等工作。”原告向被告辰星家具馆订购的不是常规的标准家具成品,而是根据其特定房屋的结构特点而定作的“冠特定制家具”。《冠特定制家具订购合同》并非是由出卖人转移标的物的所有权于买受人,买受人支付价款的买卖合同,而应是原告作为该“冠特定制家具”定作人的承揽合同。

其次,冠特公司为共同承揽人。由于加盟连锁店与被加盟方在经营的外观上具有一致性,尤其是加盟连锁店在特许经营中需要使用被加盟方的商标、商号等,这就可能使消费者产生合理信赖,且被加盟方对加盟连锁店的经营活动通常也会实施一定的控制,所以在加盟连锁店造成他人损害时,被加盟方仍有可能承担责任。本案中,冠特公司未对辰星家具馆明确授予代理权,其行为构成表见代理。理由如下:其一,二者合同约定辰星家具馆“只能下单至冠特公司进行生产”,其历来开展的业务均是二者共同完成;梁某亦是因相信冠特公司的品牌及生产制造能力才向其定制产品。基于上述代理权外观,梁某有理由相信辰星家具馆是与冠特公司共同完成其定制的产品,实质为共同承揽。其二,辰星家具馆是以冠特赣州专卖店的名义(就此合同而言,该名义应是代表冠特公司、辰星家具馆两家公司)与梁某签订家具订货合同书。梁某对辰星家具馆有代理权产生合理信赖,构成表见代理。基于表见代理,冠特公司(由辰星家具馆代理)、辰星家具馆共同与梁某成立共同承揽合同即《冠特定制家具订购合同》,上述三者成立共同承揽合同关系,冠特公司成为该共同承揽合同法律关系的当事人,为共同承揽人。

最后,冠特公司与辰星家具馆应承担连带责任。根据《合同法》第267条(《民法典》第786条):“共同承揽人对定作人承担连带责任,但是当事人另有约定的除外。”本案各方当事人并没有约定责任承担,作为共同承揽人,冠特公司应当与辰星家具馆承担连带责任。

委托理财合同保底条款的效力认定

郭靖康*

随着我国资本市场的不断成熟，委托理财逐渐成为一种重要的资产管理方式。由于现行《证券法》规定："证券公司不得对客户证券买卖的收益或者赔偿证券买卖的损失作出承诺。"所以为了规避投资所可能带来的风险，实践中委托人也经常会选择证券公司之外的普通机构或自然人委托理财，通过与其订立保底条款来实现自己收益的最大化。

保底条款是指受托人在协议中明确承诺由其向投入资本的委托人给付固定的收益，而该合同因此可能产生的法律风险和利益损失则由受托人承担，合同履行完成后委托人仍能收回其按约定投入的资本。那么保底条款的效力如何以及会对委托理财合同的整体效力产生什么影响，现行法律没有明确规定，本文结合案例简要说明之。

一、案情与裁判

案件名称：上海海欣资产管理有限公司诉上海海欣企业发展有限公司等委托理财合同纠纷案

案件来源：上海市第二中级人民法院(2002)沪二中民三(商)初字第6号民事判决

案情简介：

2001年7月24日，甲方上海海欣资产管理有限公司(原告，以下称海欣资产公司)、乙方上海海欣企业发展有限公司(被告，以下称海欣企业公司)、丙方河北证券有限责任公司上海九江路证券营业部(被告，以下称河北上证)三方签

* 郭靖康，山东大学法学院硕士研究生，浙江新台州律师事务所疑案研究中心研究员。

订《委托理财协议》一份，协议中约定：(1)甲方将人民币3000万元委托乙方投资理财。对于委托投资理财资产，由甲方直接汇入双方指定账户，乙方在双方指定账户上存入相当于委托资产30%的等额资金或股票市值作为对甲方的风险保证金。(2)在本协议中丙方只有监管责任。在监管过程中，当委托理财账户中资产市值低于乙方存入的保证金50%时，即刻通知甲方并要求乙方及时补仓，如其不及时补仓，丙方在征得甲方同意后代理甲方对乙方账户中的风险保证金平仓，予以补足甲方账户的资金。(3)乙方承诺甲方至委托期结束的收益率为5.4%，并保证在委托期限终止日付给甲方全部受托资产及收益，超出部分作为乙方委托理财收益。当乙方账户中风险保证金低于初始市值的30%时，甲方可要求乙方补足原值或平仓弥补甲方损失。当乙方在委托期到期时无法支付协议约定的本金及收益时，甲方有权对乙方账户中的风险保证金进行平仓，以弥补甲方本金和收益差额。

一审判决

上海市第二中级人民法院经审理认为：

1.该委托理财协议有效。中国证监会和中国人民银行对证券公司或其他非银行金融机构从事受托投资管理业务已作出相应规定，但现行法律法规未将证券受托投资理财纳入特许专营范畴，也未对非金融机构从事该业务的经营资质作出明确规定。因此，根据合同法司法解释的有关规定，只要不违反法律、行政法规禁止经营的规定，海欣企业公司作为受托人签订的该类合同不能以其超越经营范围而认定无效。另一方面，就委托人而言，海欣资产公司虽为上市公司的关联公司，但并无证据证明其委托理财资金来自上市公司，况且上市公司投资二级市场股票不违反中国证监会现行规定，因此海欣资产公司的委托理财行为也当属合法有效。

2.该委托理财协议不应认定为借贷关系。由于委托人指定资金用于证券投资，且资金和股票仍在委托人使用的账户内，其权属并不发生转移，故系争委托理财行为不符合借贷关系的法律特征；仅凭协议约定的保底条款，也不足以推定为借贷关系。因此，以借贷关系界定本案的法律关系性质，缺乏事实依据。

二、相关规定

《合同法》第52条第(5)项(《民法典》第153条)："有下列情形之一的，合同无效：……(五)违反法律、行政法规的强制性规定……"

《最高人民法院关于适用〈中华人民共和国合同法〉若干问题的解释（二）》（法释〔2009〕5号）第14条[①]："合同法第五十二条第（五）项规定的'强制性规定'，是指效力性强制性规定。"

《最高人民法院关于适用〈中华人民共和国合同法〉若干问题的解释（一）》（法释〔1999〕19号）第10条（《民法典》第505条）："当事人超越经营范围订立合同，人民法院不因此认定合同无效。但违反国家限制经营、特许经营以及法律、行政法规禁止经营规定的除外。"

《证券法》第135条："证券公司不得对客户证券买卖的收益或者赔偿证券买卖的损失作出承诺。"

三、典型案例或做法

案号	裁判立场
亚洲证券有限责任公司与湖南省青少年发展基金会、长沙同舟资产管理有限公司委托理财合同纠纷案/最高人民法院（2009）民二终字第1号民事判决	尽管该保底条款是资金委托管理协议双方以意思自治的形式对受托行为所设定的一种激励和制约机制，但该条款致使双方民事权利义务严重失衡，既不符民法上委托代理的法律制度构成，亦违背民法的公平原则。为此，本院认定本案委托理财协议中所涉保底条款无效。保底条款应属本案中委托理财协议之目的条款或核心条款，不能成为相对独立的合同无效部分，保底条款无效应导致委托理财协议整体无效。亚洲证券关于委托理财协议无效的主张，本院予以支持。
某控股集团有限公司诉杭州某投资控股有限公司委托理财合同纠纷案/上海市徐汇区人民法院（2010）徐民二（商）初字第1718号民事判决	本案原、被告签订的《委托资产管理服务协议》中约定了保底条款，该保底条款违背了公平原则和市场基本规律，不符合法律的规定，应属无效；保底条款系委托理财合同的目的条款、核心条款，故系争《委托资产管理服务协议》应认定为全部无效。

① 2020年12月29日，最高人民法院印发《关于废止部分司法解释及相关规范性文件的决定》（法释〔2020〕16号），决定废止2009年4月24日印发的《最高人民法院关于适用〈中华人民共和国合同法〉若干问题的解释（二）》。

续表

案号	裁判立场
孟某冰与徐某华委托理财合同纠纷案/广东省深圳市前海合作区人民法院(2016)粤0391民初1065号民事判决	根据《证券法》第144条的规定(现修改为第135条),证券公司与客户签订的委托理财协议中的保底条款无效,那么其他非证券投资机构乃至个人之间签订的委托理财协议中的保底条款的效力如何?本院认为,保底条款的内容扭曲了股票市场的规律,扰乱了正常交易秩序,易引发金融风险。按照举重明轻的原理,证券公司之外的其他主体与他人签订的保底条款应属于无效条款。“保底条款”作为民间委托理财合同的基础和核心条款,是合同存在的基础,其无效导致合同整体无效。

四、法理分析

设有保底条款的委托理财合同的性质、保底条款的效力以及对合同整体效力的影响等问题有待厘清,下文将结合审判实践予以简要分析。

首先,设定保底条款的委托理财合同的法律性质为委托关系,而非借贷关系。委托理财是委托人将其资金、证券等资产委托给受托人,由受托人将该资产投资于期货、证券等交易市场或通过其他金融形式进行管理,所得收益由双方按约定进行分配或由受托人收取代理费的经济活动。而借贷的本质是资金的拆借。与借贷移转资金的所有权不同,委托理财移转的是对于资金一定的管理权和使用权。根据《合同法》关于委托合同的规定并结合多个案件的裁判理由,本文倾向于认为委托理财是一种委托关系,即受托人接受委托人委托,处理委托事务,管理委托财产。

其次,保底条款不能一概认定有效或无效,而应当依据受托人主体资格以及保底条款约定的收益率是否合理来进行综合判定。在受托人为证券公司等金融机构的委托理财合同中,由于保底条款违反了《证券法》第143条(现行《证券法》第135条)的强制性规定,即“证券公司不得以任何方式对客户证券买卖的收益或者赔偿证券买卖的损失作出承诺”。所以应当认定其无效。而在以本案为代表的受托人为普通主体(包括非金融机构和自然人)的场合,原则上应当承认保底条款的效力,例外情况下才可以认定其无效。以本案为例,所涉保底条款确属于合同双方真实的意思表示,而且其内容未违反法律、行政法规的强制性规定，故应以认可其效力为宜。但是也要考虑到，若该保底条款约定的收益率过高(判定收益率是否过高应以银行活期存款利息为标准)，就会助长金融市场非理性行为之产生，从而引发金融风险，对市场秩序造成损害。因此，保底条款中约定的超出利息标准的部分无效。

最后，即使保底条款无效，也不必然导致委托理财合同整体无效。上述典型案例在认定保底条款无效的前提下，均以保底条款是委托理财合同的核心条款为由否定了委托理财合同的整体效力。笔者不赞同这种做法，根据《合同法》第56条的规定，“合同部分无效，不影响其他部分效力的，其他部分仍然有效，”合同整体是否有效取决于将保底条款剥离后是否能够继续履行，以及履行是否违反合同目的。委托理财合同订立的本旨是为了增加投资收益，如果除去保底条款，合同内容趋于合理，那么不轻易否定合同的效力会更有利于对投资者的保护。此外委托理财合同是双方意思自治的产物，认定合同部分有效也体现了对当事人契约自由的尊重，避免了公权对私权的过度干预。

从《全国法院民商事审判工作会议纪要》(法释〔2019〕254号)以及《民法典》的规定来看，本案所涉法条并未发生明显变动。针对核心问题——保底条款的效力，现行规定也只是进一步明确信托公司、商业银行等金融机构作为资产管理产品的受托人订立的保底条款无效，因此若将该案放置今日，依然可以遵循上文所提及的思路予以考量。